中国轻工业“十三五”规划教材
茶学专业应用型本科教材

茶叶商品学

张星海　主编

中国轻工业出版社

图书在版编目（CIP）数据

茶叶商品学 / 张星海主编. —北京：中国轻工业出版社，2021.5
ISBN 978-7-5184-2227-2

Ⅰ. ①茶…　Ⅱ. ①张…　Ⅲ. ①茶叶-商品学　Ⅳ. ①F762.2

中国版本图书馆CIP数据核字（2021）第041908号

责任编辑：贾　磊　　　责任终审：劳国强
整体设计：锋尚设计　　责任校对：朱燕春　　责任监印：张　可

出版发行：中国轻工业出版社（北京东长安街6号，邮编：100740）
印　　刷：艺堂印刷（天津）有限公司
经　　销：各地新华书店
版　　次：2021年5月第1版第1次印刷
开　　本：787×1092　1/16　印张：14
字　　数：350千字
书　　号：ISBN 978-7-5184-2227-2　定价：59.00元
邮购电话：010-65241695
发行电话：010-85119835　传真：85113293
网　　址：http://www.chlip.com.cn
Email：club@chlip.com.cn
如发现图书残缺请与我社邮购联系调换
170051J1X101ZBW

本书编写人员

主　编　张星海（浙江树人大学）

副主编　马军辉（浙江省丽水市农业农村局）

陈　勋（湖北省农业科学院）

许金伟（浙江经贸职业技术学院）

参　编　刘　莉（浙江经贸职业技术学院）

汪明明（安徽省合肥市滨湖区云川老年学校）

张小雷（浙江商业职业技术学院）

董占波（浙江省平阳县农业农村局）

廖若羽（广西商业技师学院）

前 言
Preface

从2017年开始主编《茶叶商品学》教材，到2020年完稿，已经快4年了。回想当年接受中国轻工业出版社的邀请，纯粹是个偶然。从2015年受全国商业职业教育教学指导委员会委托牵头起草《茶艺与茶叶营销专业概要》，到2016年出于对茶学专业教育的热爱，欣然接受了《茶叶商品学》教学任务。在当时，从事涉茶类教育教学工作已经13年，开设新课不少于10门，主持国家精品资源共享课和省级精品课各1门，几乎没有哪位老师会愿意再去开设一门新课，并且答应主编配套的教材。国内茶学教育领域距离20世纪60年代安徽农业大学陈椽教授主编《茶叶商品学》的出版已经30余年，如今再次编写一部与时俱进的新时期《茶叶商品学》教材，定能为茶学教育人才培养课程体系弥补缺憾。

看着最初相对中规中矩的编写纲要，总是感觉不太满意。便推倒重来，交稿时间推迟到2019年。很多章节都是相对陌生的领域，参编人员的初稿又不太满意，自己编写又没有那么多的时间和精力，在矛盾中纠结，在梦想中彷徨，感谢参编团队马军辉、陈勋、汪明明等老师的支持，2019年初稿提交并通过了“中国轻工业‘十三五’规划教材”评审立项。但是依旧对初稿中的部分章节不满意，还要继续修改，不怕贻笑大方，只恐误人子弟。2020年由于新冠疫情，难得一个如此漫长的寒假，居家70多个日夜，终于可以有时间重新梳理编写《茶叶商品学》，完成本教材的定稿工作指日可待。

编者一直想为中国茶业发展和茶文化传承培养后继人才做点力所能及的事，并以此为乐，以此为己任。但是往往理想很丰满，现实很骨感。做新时代优秀茶学教师，为学生创建“一课、一书、一空间”的习茶氛围，就是我们永不停息追求美好生活的梦想。在追求梦想的路上，难免会出现差错，留下遗憾，愿广大读者和同行给予指正、宽容和支持！

为民族传艺，为创新溯源；以茶育德，以文化人；文化传播如同黑夜里点燃的火把，若火把仅是燃在山洞，则只能照亮有限的空间，假如将火把置于山顶，则能照亮整片森林！

张星海

于杭州爱习茶苑

目 录

Contents

CHAPTER 1

第一章 中国茶的魅力

中国是茶的故乡。茶叶深深融入中国人的生活，成为传承中华文化的重要载体。从古代丝绸之路、茶马古道、茶船古道，到如今丝绸之路经济带、21世纪海上丝绸之路，茶穿越历史、跨越国界，深受世界各国人民喜爱。在中国，茶不仅是一种饮品，更是崇尚道法自然、天人合一、内省外修的东方智慧。一杯茶，既洋溢着阳春白雪的情调，又饱含下里巴人的质朴。翻开中华民族五千年的文明画卷，每一幅都飘出清幽茶香，每一卷都洋溢着茶诗茶韵。

第一节　中国茶叶产业取得的成就

中国是茶的发源地，中华茶文化源远流长。悠久的历史赋予我们文化自信，丰厚的积淀折射灿烂前景。进入新时代的中国，政通人和，天时地利，茶业兴盛如日中天；青山碧水，翠茗绿华，致富之路稳步攀升。

茶，原产于中国西南部。贵州晴隆县出土的茶籽化石显示了100万年前茶在中国西南生存的证据。目前，已在中国10个省（直辖市）200多处发现野生大茶树（图1–1）。

茶，最早栽培和利用于中国。唐代陆羽所著《茶经》载“茶之为饮，发乎神农氏，闻于鲁周公。”中国秦汉之前就开始栽培茶树，并发明了绿茶；明代开始创制有红茶、黄茶、白茶、黑茶、乌龙茶等（图1–2）。

茶，是中国对世界的一大贡献。

中国茶通过丝绸之路走向世界。茶树从中国引种至世界各地。迄今为止，全世界有60多个国家生产茶叶，170多个国家与地区有20多亿人口消费茶叶。茶叶也成为世界上消费量仅

（1）贵州晴隆县出土的100万年前茶籽化石

（2）世界上最大的栽培型古茶树——云南凤庆香竹箐古茶树（基围5.8m，树幅7m × 8m，树高10.6m）

（3）云南景迈山古茶园

（4）云南双江勐库古茶树群

图1-1　茶原产于中国的重要佐证

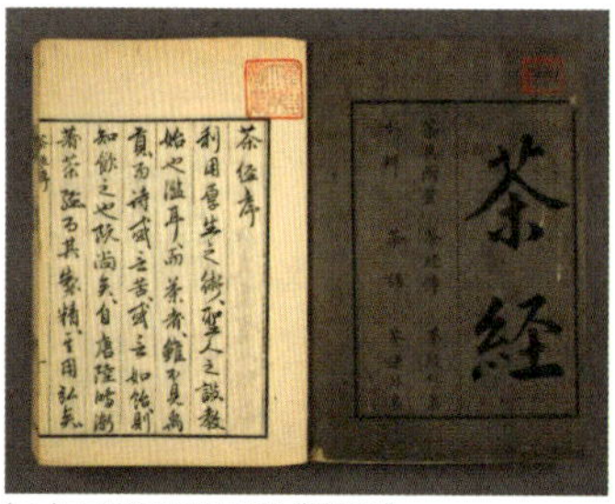

（1）唐代陆羽所著《茶经》

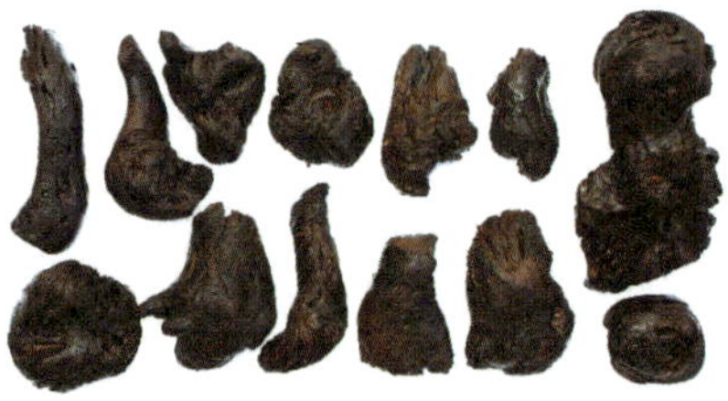

（2）浙江余姚田螺山遗址出土的古茶树根

（3）神农像

（4）汉景帝墓中的茶

图1-2　中国是最早栽培和利用茶的国家的重要佐证

（1）茶的别称及读音　（2）法门寺出土的唐代茶具　（3）现代茶艺　（4）清代粉彩盖碗　（5）明代时大彬壶　（6）唐寅《品茶图轴》

图1-3　茶是中国文化载体的重要佐证

次于水的第二大天然饮料。

茶，是中国文化的载体。中国是最早确立“茶”字的形、音、义的国家。现今世界各国的“茶”字及其读音均源于中国。中国有世界上最古老、保存最多的茶文物，有一批享誉世界的茶叶典籍、书画和器具等。中国茶文化凝聚了中华民族“天人合一”“以和为贵”的优秀文化精髓（图1–3）。

中国是世界上最大的产茶国。中华人民共和国成立以来，我国茶叶生产发展迅猛，2006年首次超过印度，成为世界第一产茶大国。从2015年开始，我国茶叶出口量超过斯里兰卡，成为全球仅次于肯尼亚的第二大茶叶出口国，2019年茶叶出口量36.7万吨。经过多年发展，我国茶产业布局更趋合理，茶园总面积和茶叶总产量连续多年位居世界第一，茶叶生产科技进步贡献率达53%。2019年我国茶园总面积在306.6万公顷，占世界的61.4%，茶叶总产量近280万吨，占世界的40%以上，均居世界第一位。

中国茶区分布辽阔。中国茶区分布在北纬18°～37°、东经94°～122°的广阔范围内，有20个产茶省区，1000多个产茶县（市）。分为四大茶区，即华南茶区、西南茶区、江南茶区、江北茶区。

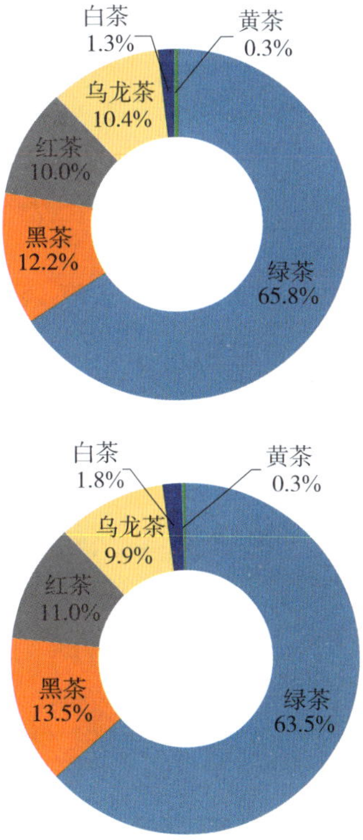

图1–4　2018年和2019年我国各茶类产量所占比例对比
（数据来源：中国茶叶流通协会）

茶叶产品丰富多彩。中国是世界上茶产品种类最丰富的国家。有绿茶、红茶、黄茶、青茶（乌龙茶）、白茶和黑茶六大基本茶类，还有花茶、紧压茶、速溶茶、茶饮料等再加工茶。2019年，绿茶产量占63.5%，黑茶（含普洱）、红茶、乌龙茶、白茶、黄茶分别占13.5%、11.0%、9.9%、1.8%、0.3%（图1–4）。

茶产业富裕了一方百姓。我国茶产业多分布在秦巴山区、武陵山区、乌蒙山区、大别山区、滇西边境山区等国家集中连片特困地区。茶产业已成为带动贫困地区经济发展、促进农户脱贫致富的支柱产业和农村经济发展的新亮点。

拥有完善的科教体系。目前，全国有国家级、省级茶叶专业研究机构14家，有中等职业、高等职业及普通本科茶科技与茶文化三级人才培养体系，其中在70多所高等院校设有茶学、茶文化、茶艺与茶叶营销、茶树栽培与茶叶加工等专业，15所院校设有博士点和硕士点。2008年建立国家茶叶产业技术体系，有首席科学家、6个功能研究室、27位岗位科学家和30多个综合试验站组成（图1–5）。

茶园良种化水平不断提高。育成国家级茶树品种134个，其中无性系茶树品种117个。全国无性系良种茶园面积占比52.5%，其中福建省达到94.1%，贵州省81.9%，浙江省70.8%（图1–6）。

茶叶生产机械化水平快速提升。全国装备的各型茶叶机械涵盖了茶园管理、采摘、修剪、加工、筛选、包装等生产过程。全国重点产茶县名优茶机械化加工比例已达80%以上，大宗茶生产已全部实现机械化（图1–7）。

图1–5 浙江是我国茶科技体系最完善最集中代表（某展会现场图）

（1）绿茶品种–龙井43
（2）绿茶品种–中茶108号
（3）特异品种–中黄1号
（4）特异品种–白叶1号
（5）红茶品种–英红9号
（6）特异品种–紫鹃
（7）乌龙茶品种–铁观音

图1–6 我国最具代表性的无性系优良茶树品种

（1）耕作
（2）机械化采摘
（3）开沟施肥
（4）喷灌
（5）绿茶自动化生产线
（6）红茶自动化生产线

图1–7 我国茶叶生产机械化水平的典型代表

茶叶深加工技术和产品不断创新。应用高新技术，开发出速溶茶、茶饮料、茶日化品、茶保健品等深加工新产品，拓展了茶叶的用途，延伸了茶产业链（图1–8）。

标准化和绿色发展水平不断提升。农业农村部对125个茶产品进行地理标志登记保护，体现了我国悠久的茶叶生产农耕文化。已制定茶叶相关国家标准110多项。全国已有1120多家茶企获有机茶认证，280多家茶企通过危害分析与关键控制点（HACCP）认证，60多家茶企通过良好生产规范（GMP）认证。全国有机茶园面积突破20万公顷，无公害茶园面积达195多万公顷，分别占茶园总面积的6.7%和65.0%，茶产业的标准化生产水平大幅提高（图1–9）。

（1）茶深加工生产线　（2）茶饮料　（3）茶保健品　（4）速溶茶　（5）绿茶粉　（6）茶护肤品　（7）茶提取物

图1–8　茶叶深加工技术应用产品的代表

（1）LED杀虫灯　（2）无人机喷洒农药　（3）防霜风扇　（4）吸虫机　（5）有机茶园　（6）生物农药　（7）产品地理标志

图1–9　茶叶标准化和绿色发展水平不断提升

第二节 神奇的“北纬30° 黄金产茶区”

“北纬30° ”，主要是指北纬30° 上下波动5° 所覆盖的范围，它贯穿四大文明古国，是一条神秘而又奇特的纬度带。在这条纬度带附近有百慕大三角、埃及金字塔、大西洲（即亚特兰蒂斯）、珠穆朗玛峰、西太平洋马利亚纳海沟……并且还是飞机、轮船常常失事的地方，人们又习惯上把这个区域称作“死亡漩涡区”。

“北纬30° ”虽然诡异频发，但它的中国段东起浙江舟山市，西至西藏日喀则地区，横跨浙江、安徽、西藏等九个省区；并且跨越长江三角洲、江汉平原、四川盆地、川西高原和青藏高原，被誉为“中国最美的风景走廊”。

中国茶叶产区从北纬18° 海南三亚市至北纬38° 太行山脉的灵寿县五岳寨，茶区千变万化。通过核实，在北纬30° 左右，确实有很多名茶（表1–1）。

表1–1 北纬30° 区域部分名茶

纬度	地区	名茶
北纬30°	浙江杭州市	西湖龙井
北纬31°	安徽黄山市	黄山毛峰
北纬31° 38′	安徽六安市	六安瓜片
北纬30° ～30° 26′	安徽太平县	太平猴魁
北纬29° 35′	江西庐山市	庐山云雾
北纬29° 50′	湖北恩施土家族苗族自治州	恩施玉露
北纬29° 35′ ～30° 08′	安徽祁门县	祁门红茶

这么多名茶都来自北纬30° 附近，是巧合还是另有原因？湖南省天然产物工程技术研究中心的施兆鹏教授曾做过这方面的研究，总结了“北纬30° ”产优质茶叶的三个原因。

（1）地球板块碰撞产生的奇异地貌和土壤母质　按板块构造理论，地球岩石圈是由七大板块组成，其中有6大板块的缝合交接线，就在北纬30° 附近。

板块在地质时期漂移过程中，会形成千奇百怪的地貌，如青藏高原、喜马拉雅山、黄山、庐山、张家界等，而物种矿藏也丰富多彩。“北纬30° ”还被人称为地球的脐带，据我国地质专家介绍，其含有丰富的微量元素、矿物质（图1–10）、磁场、电场、重力场，对人与环境都有重要影响。其中锌、硒等丰富的矿质元素和土壤富含有机质对茶叶品质的形成有非常重要的作用。

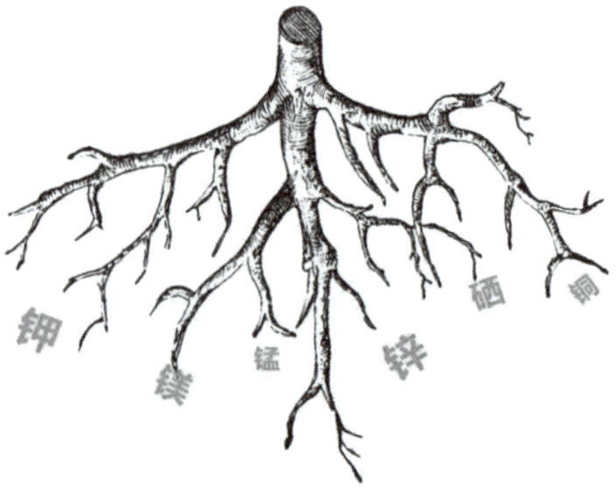

图1–10 茶树从土壤中汲取的矿质元素种类分布

（2）北纬30°的宜茶气候条件　北纬30°自西向东经过了热带沙漠气候、地中海气候、热带季风气候、高山气候、亚热带季风气候这几个气候类型。到了中国长江以南地区，由于受海陆位置和季风的影响，属于亚热带季风气候，这一区域气候湿润多雨，气候温和，植被茂盛，特别符合茶树生长所需的环境（图1-11）。茶树有效光合作用增强，新梢持嫩性好，内含物质丰富。

图1-11　处于北纬30°的安徽黄山毛峰茶区

随着纬度降低，气温升高，茶树叶片面积增大，茶叶中的内含物含量增加，儿茶素总量也增加，茶叶中多酚类与氨基酸比例增大，茶叶品质外形粗大，内质滋味浓烈而苦涩。反之，随着纬度升高，气温下降，茶树芽叶变小，茶叶中水浸出物和儿茶素总量均减少，酚氨比下降，茶叶外形细小，滋味偏醇。北纬30°地带所处位置恰当，酚氨比值在10左右，被认为是生产优质绿茶的理想条件。

图1-12　湖北神农架林区

（3）生物多样性带来良好的生态环境　北纬30°适宜的气候条件和复杂的地质变化，造就了生物种类的多样性。例如，位于这一纬度的神农架（图1-12）和卧龙山、壶瓶山自然保护区、雅鲁藏布江大峡谷，被誉为“生物基因库”。

生物多样性对于茶产区而言，意味着植被丰富、土壤肥沃，鸟类、蜘蛛等茶树虫害的天敌较多，所以茶树抗病、抗虫能力较强，茶园中生物自身调节功能比较健全。再加上后期的合理培管、防治，一般不会发生大的病虫害。

专家学者的研究证明，“北纬30°黄金产茶区”并不是巧合，它确实为茶提供了良好的环境和土壤。但只是给茶提供了一个“地利”，若没有“天时”与“人和”，茶叶依旧不会达到很好的品质。当然不能仅因为以上优势就过分依赖与炒作“北纬30°”的概念，茶真的好喝才是最重要的。

第三节　香满天下的中国茶

“茶之为饮，发乎神农氏，闻于鲁周公。”中国是茶的故乡、茶文化发祥地、世界最大产茶国。中华民族五千年文明画卷，每一卷都飘着清幽茶香。从“一片叶子，成就了一个产业，富裕了一方百姓”的经典论述，到“万里茶道”“茶酒论”“茶之友谊”等“茶叙外交”，我国高度重视茶产业发展和茶文化交流，在多次出访中介绍中国茶文化，为“中国茶”的共享发展指明了方向和路径。

在我国，茶产业一头连着千万茶农，一头连着亿万消费者，是为茶农谋利、为饮者造福的产业。党的十八大以来，茶叶生产规模不断扩大，茶园面积和产量均位居世界第一，茶叶生产科技进步贡献率达53%；品牌建设稳步加强，涌现了一批大型茶叶集团，创响了一批知名茶叶品牌；伴随共商共建共享“一带一路”倡议，“走出去”步伐明显加快，出口量居世界第二，中国茶产业发展翻开了历史新篇章！

一、以茶兴业

茶业是中国传统的优势产业，我国茶园面积占世界的60%以上，产量占世界的40%以上，有20个省份、900多个县产茶，是世界上唯一生产绿茶、白茶、青茶、黄茶、红茶、黑茶等六大茶类的国家。

2016年，农业部出台《关于抓住机遇做强茶产业的意见》，对未来五年茶产业的发展做出了整体规划。传统茶产业开始提质增效，转型升级。“做强中国茶产业，是推进农业供给侧结构性改革的重要内容，是助力脱贫攻坚的重要途径，是发展现代农业的重要任务。”农业农村部时任部长韩长赋表示，将采取有力措施促进茶产业发展，主要包括：坚持绿色发展，做优茶品质；坚持市场导向，叫响茶品牌；坚持传承创新，弘扬茶文化；坚持互利共赢，共建茶平台。

划定优势区，确定最宜区，与资源禀赋、生态条件相匹配的生产布局逐渐形成，茶产品结构进一步优化。“目前，已经形成了长江中下游名优绿茶、东南沿海优质乌龙茶、长江上中游特色和出口绿茶、西南红茶和特种茶等四大优势区域。”2019年我国名优茶产量占48.4%，比2008年提高9个百分点。

与此同时，茶产业链条不断延伸，茶食品、茶保健品、茶日用品等衍生品不断涌现，市场供应更加丰富多样，综合利用发展势头强劲。

党的十八大以来，各地持续发力，一批区域特色突出、产品特性鲜明的区域公用品牌享誉国内。在2017年举办的首届中国国际茶叶博览会上，西湖龙井等10个品牌被授予“中国十大茶叶区域公用品牌”称号，福鼎白茶等17个品牌被组委会授予“中国优秀茶叶区域公用品牌”称号。要把中国国际茶叶博览会打造成茶业品牌的“孵化器”，营销推介茶品牌，不断提升中国茶品牌的知名度和美誉度，让中国茶飘香世界。

二、以茶富民

我国茶产业多分布在山区，是当地的特色产业和农民收入的重要来源，集中产区茶叶收入占农民收入50%以上。大别山、武陵山、乌蒙山……一座座山脉连绵，阻挡住农民脱贫增收的脚步，一个个茶园则为贫困山区农民凿出了一条致富路。党的十八大以来，茶经济的持续发展不仅解决了千万茶农的增收问题，也为农村转变经济增长方式提供了新的思路。延伸

图1-13　贵州湄潭县永兴茶海

产业链，一、二、三产业融合，绿水青山真正变成了农民的金山银山。

茶叶生产给大别山贫困村带来了新希望，近年来茶产业直接带动安徽省六安市裕安区独山镇8300名贫困户脱贫，户均增收4000元以上。在贵州省湄潭县，茶产业已成为农民脱贫增收的支柱，“6亩茶，一年收入上10万元”，四成贫困人口从中受益。位于湄潭茶海核心区（图1-13），全组73户农民以黔北民居、生态茶园入生态资源股，走上了茶旅融合的发展路，2016年人均纯收入已达2.5万元。

茶产业是富民产业，也是绿色产业，绿色兴茶方能真正富民。近年来，农业农村部大力加强茶园土壤治理，用健康的土壤生产优质茶叶。在优势区、最宜区选择21个重点县开展“茶—沼—畜”模式及有机肥替代试点，在41个重点县开展统防统治与绿色防控融合示范，在19个重点县开展病虫全程绿色防控试点，减少化学农药用量，提高茶叶质量。

三、以茶为媒

“茶是中国与世界各国交流与合作的桥梁纽带。”穿越历史、跨越国界，茶的地位与价值已得到人们的广泛认同。以茶为媒，以茶会友，茶的旅程历久弥新。从古代的丝绸之路、茶马古道、茶船古道，到今天的丝绸之路经济带、21世纪海上丝绸之路，路因茶而生，贸易因茶而兴。中国的茶叶在19世纪已经传遍全球，目前，有170多个国家和地区的20多亿人钟情于饮茶，全球茶叶消费量由2006年的357.3万吨增加到了2019年的585.9万吨，增长近64%，市场潜力巨大。

“一带一路”倡议的提出更为中国茶“走出去”带来千载难逢的机遇。“一带一路”涉及国家中，除了印度、越南、印度尼西亚、土耳其、斯里兰卡等国有茶叶生产外，大部分为茶叶消费国。随着“一带一路”倡议的加快实施和消费结构升级，茶叶的消费群体不断扩大，消费水平不断提高，贸易交流越来越广泛。茶叶已经成为中国与世界人民，特别是“一带一路”沿线众多国家相知相交的重要媒介。

中国茶叶“走出去”需要开放、包容的心态，必须走差异化发展战略，发挥比较优势。适应国际茶叶消费的特点和变化趋势，重点进行中国特有茶类的国际市场开发。需要支持企业提升出口绿茶档次和出口发酵茶的竞争力，引导茶叶企业联合开展国际贸易，提升茶叶国际市场份额。对于中国人来说，茶是流淌于血液中的文化因子，茶文化更是中华文明传播于全世界的重要象征。中国国际茶文化研究会周国富会长建议，大力推进融“喝茶、饮茶、吃茶、用茶、事茶”为一体的三产融合、全价利用，充分发掘茶和茶文化的物质价值和文化价值，全面推进茶和茶文化的提质增效、创新发展。

“半壁山房待明月，一盏清茗酬知音。”小小的一片茶叶，被赋予深厚的文化底蕴和内涵。进入新时代，在这杯沁人心脾的茶香中，传递着千年古国“以茶导和”的价值诉求，展现着“平等、包容、互鉴、分享”的价值理念，更蕴含着产业转型升级的方向和广袤乡村脱贫致富的新希望！

第四节 再造中国茶之荣光梦

1980—2030年这50年，我们定义为中国茶的“今天”。其中，1980—2005年称为中国茶的复兴年，2006—2030年称为中国茶的黄金年（图1-14）。恰巧，2005年中国茶的总产量超过印度，成为世界上最大的产茶国。

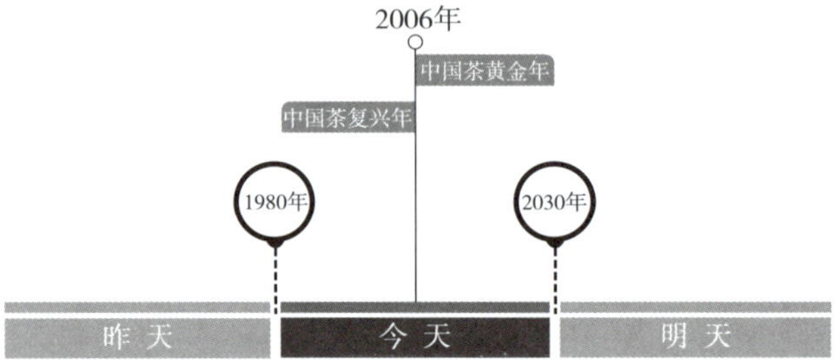

图1-14 中国茶业的“三天”划分

一、中国茶的复兴年（1980—2005年）

中国茶的复兴年，早在20世纪30年代，当代“茶圣”吴觉农先生就已提出。受美国《茶叶全书》（*All About Tea*）影响，他启动了中国的茶叶科学，在各地建立了茶叶科学研究所，从育种、加工来深入剖析茶叶。此外，他还在高等院校设立茶叶科学系，推动茶叶科学的发展。所有努力的目的是解决温饱，追求生存与进步。

人均国内生产总值（GDP）1000美元是一个重要测量指标。世界大多数经济学家公认，人均GDP到1000美元是评价某一地区贫困程度和生活状况的重要指标。1980年我国人均GDP为463元，约为100美元；1998年人均GDP为6796元，突破1000美元；2006年人均GDP约为16500元，达到2000美元；2020年我国人均GDP已达1.1万多美元，人民生活水平大幅提升。人均GDP 1000美元，这个重要指标标志着大众开始从解决温饱到追求生存和进步。

中国茶的复兴年经历25年，解决了基本温饱，推动人均GDP达到2000美元。

二、中国茶的黄金年（2006—2030年）

将2006—2030年定义为“中国茶的黄金年”，概念始于浙江大学王岳飞教授。这将是中国茶叶发展顺风顺水的时代（图1-15），此时解决的核心目标是追求快乐与健康，享受美好生活。

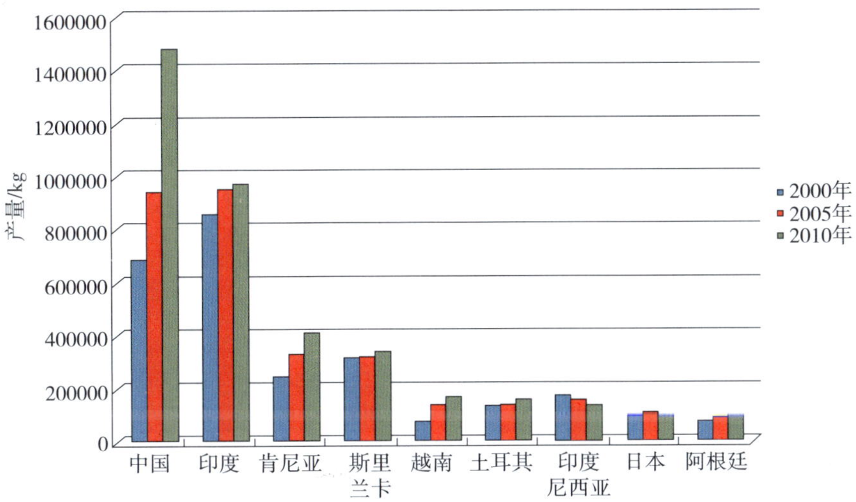

图1-15　世界主要产茶国2000、2005、2010年产量变化

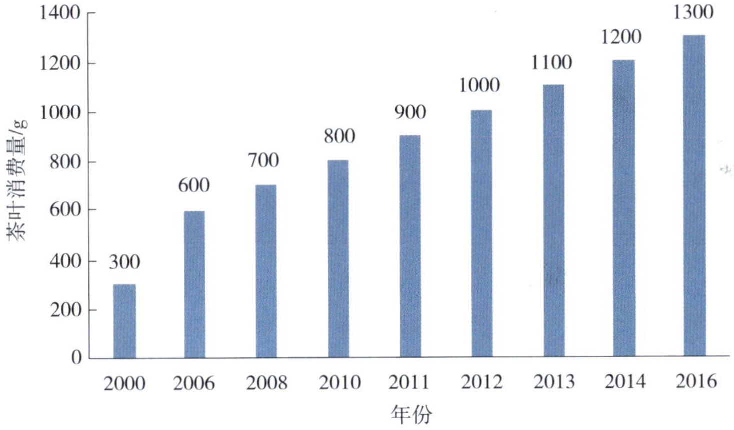

图1-16　中国2000—2016年人均消费茶量变化

如果从公元758年唐代陆羽写成世界上最早的茶叶专著《茶经》算起，中国用了约1200年达到2000年人均饮茶量约300g，2006年人均饮茶量400g的进程。而从2006年到2019年，中国茶飞速发展，2019年人均饮茶量达到1.48kg（图1-16）。意味着人均每天消耗1g茶上升到人均每天消耗4g茶，有着完全不同的意义。

人均饮茶量解决的是最高级的心理需求。如果这个阶段“茶”解决了快乐与健康，这将是最好的时代。相较酒和咖啡，也许可以解决“快乐”，但解决不了“健康”。虽然茶过去解决健康，但由于载体方式和商业方式的设计，并没有解决快乐。喝茶是一个快乐的“游戏”，所以现在无论是“喜茶”“奈雪的茶”还是“小罐茶”，如果解决了“快乐”，就会满足这个阶段的享受目标。

土耳其的年人均饮茶量超过3kg，人均饮茶量为世界第一。相比人均3kg，中国茶还有广阔的空间发展，相信我们的饮茶量也将持续提升。刚过去的50年，是人类历史上最神奇的50年。很庆幸，我们可以站在茶的立场，以茶的角度，去享受这50年，去体验这50年。

三、再造荣光关键期（2012—2020年）

如今中国作为茶的祖国，已经是全球最大的茶叶生产、消费国，在全球茶叶贸易中也占有重要地位。2001年到2019年，我国茶叶出口量从24.97万吨增长到36.7万吨，年均增长2.6%，同期出口额从3.42亿美元增长到20.2亿美元，年均增长27.25%。在出口结构中，绿茶是我国最大的出口品类，2019年绿茶出口占总出口量的82.9%，占出口额的65.3%。从国际比较来看，我国茶叶出口额占全球的比例不断提高，2015年开始，我国茶叶出口额超过斯里兰卡，成为全球仅次于肯尼亚的第二大出口国。

尽管经过近年来的发展，我国茶叶出口规模跻身了全球前两位，但与我国作为茶叶大国和故乡的地位极不相称，与历史上丝绸之路辉煌时期的国际地位相比仍有较大差距，在国际市场无定价权和话语权，缺乏比肩立顿、TATA等的国际性茶叶品牌。

导致这一局面的原因包括以下三大方面。

（1）国内外消费习惯与结构的差异　国内消费是以绿茶为主的多元化消费（图1-17），而国际上是以红茶为绝对主导的单一性消费；冲泡方式上我国以热水冲泡清饮为主，国外则比较流行调饮与冷泡；产品形态上我国以原叶茶为主，比较注重茶叶外形，国外则以方便快捷的袋泡茶为主；产品档次上国内偏好附加值高的名优茶，国外则偏好性价比高的优质茶。

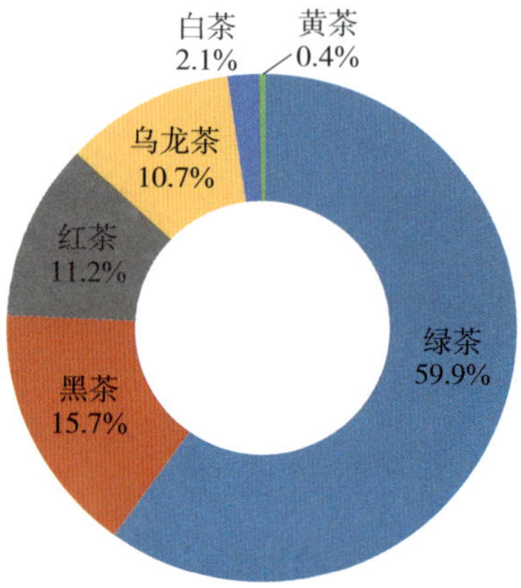

图1-17　2019年我国各茶类内销量对比
（数据来源：中国茶叶流通协会）

（2）国际贸易壁垒的影响　在关税水平不断降低的经济全球化时代，茶叶贸易壁垒更多地体现在WTO《实施动植物卫生检疫措施的协议》（SPS）与WTO《技术性贸易壁垒协议》（TBT）方面，特别是以欧美、日等发达地区为代表的农药残留标准为主的贸易壁垒对我国茶叶出口造成了实质性阻碍，有些标准已经超出了保护本国消费者健康的实质性意义，逐渐变成了贸易保护的主要手段，结果要么增加了茶叶出口企业的成本，要么直接让出口企业放弃了出口市场。

（3）国际经济文化与政治因素的影响　目前国际茶叶贸易格局的形成是一个历史演化的结果，标准、习惯都可以通过教育、谈判、技术改进加以解决，唯独经济文化政治是很难跨越的隐形贸易鸿沟。当前的茶叶主要出口国与进口国历史上大多都是宗主国与殖民地的关系，在政治经济文化上有千丝万缕的联系，因此这些国家开拓国际市场具有独特的优势。从消费文化的角度看，咖啡、茶、可乐是当今世界消费量最大的三种饮料，其实这三种饮料分别代表了不同的文化认同，折射了当代世界的竞争格局。

盛世兴茶，这是历史规律，也预示中国茶叶的未来。我们坚信，随着中国综合实力的提升，中国茶必将重拾历史辉煌，继续扮演中国与世界进行文化交流的载体角色，而不仅仅是一种出口商品。在未来的茶业国际化进程中，中国茶产业要坚持实施差别化的发展战略，用开放、包容的心态进入国际市场。中国要致力于比较优势，重点进行中国特有茶类的国际市场开发，瞄准中高端市场需求，激发新的市场活力。

在发展战术上，要重点做好以下几点：一是瞄准目标区域市场，掌握不同区域特有的茶饮习惯，推动出口市场结构调整优化，利用中国的茶叶生产优势和丰富的茶类结构优势，开发适销对路的产品；二是提升茶叶品质，规避贸易壁垒，按照新潮、时尚、安全和产业化、品牌化、标准化的要求，做好行业自律、预警平台和可追溯体系建设，强化全产业链的管理；三是参与标准制定，提高贸易话语权，制定与国际接轨的认证与标准体系，加强对茶叶标准的科学性研究，争取使我国的标准成为国际标准；四是融入文化交流，要重视对中国茶文化的宣传，让国际社会在感受中国茶文化魅力的同时接受中国茶，可以考虑投资设立中国茶艺馆，在“一带一路”沿线国家举办形式多样的展销会、博览会、研讨会、文化节，组织赴重点主销地区开展交流推销活动，从而提升我国茶文化的软实力；五是扶持龙头茶叶企业，打造国际化品牌，要加强对中国知名茶叶品牌的培育，让有品牌的龙头企业作为国际市场开拓的主体。

拓展阅读

《爱习茶》三字经

中国茶，源流长，
发神农，起汉唐。
先入药，后成汤，
闻四海，传八方。
茶经书，陆羽撰，
人工培，吴理真。
产茶区，布长江，
存古树，在西南。

炎帝神农氏画像

数茶制，工艺繁，
六大类，同树干。
红绿白，黑青黄，
俱神韵，不一般。
红茶柔，绿茶香，
黄茶悠，青茶扬，
白茶雅，黑茶亮。

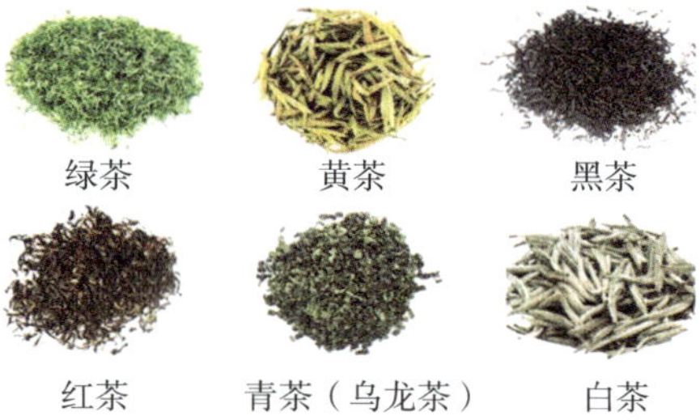

六大基础茶类样品

毛尖细，出信阳，
毛峰奇，长黄山，
寻龙井，到西湖，
索黄芽，问君山，
饮甘露，在蒙顶，
品普洱，入云南。

第二届国际茶博会西湖龙井展区

六堡茶，篓子装，
千两茶，柱子扛，
茯砖茶，发泾阳，
老青砖，号三川。
宝炎沱，走下关，
古藏茶，看雅安。

古道金藏茶

手捏饼，龙凤团，
捞青去，蒸青转。
散茶兴，复而砖，
行边销，把马换，
走西域，入蒙藏，
经印度，涉扶桑，
苏俄喜，欧美尚。

茶马古道

白银流，列强颤，
一叶茶，引战争，
开锁国，启闭关，
过重洋，流不断，
有典故，说不完。

波士顿倾茶事件图

五千年，路漫漫，
茶脉络，大篇章，
文字早，见尔雅，
为贡品，纳周王，
晏子论，同菜肴，
梦粱录，等米盐。

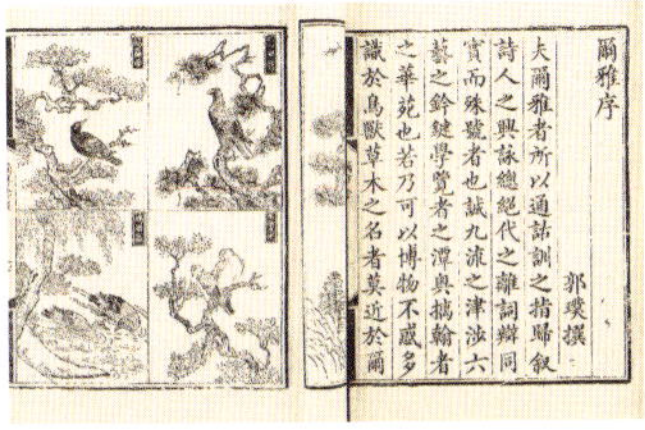
爾雅序
郭璞撰
夫爾雅者所以通詁訓之指歸敘詩人之興詠總絕代之離詞辯同實而殊號者也誠九流之津涉六藝之鈐鍵學覽者之潭奧摛翰者之華苑也若乃可以博物不惑多識於鳥獸草木之名者莫近於爾

茶的最早文字记载《尔雅》

茶代酒，吴孙皓，
茶入药，本草纲，
茶学士，乾隆封，
茶大观，出宋皇，
撰叶嘉，苏东坡，
蒸乌茶，朱元璋。

孙皓赐茶代酒

喝茶去，千年偈，
破孤闷，七碗酣，
余甘氏，苦口师，
儒释道，同参悟，
涤尘俗，达深观，
依静寂，存和雅，
体甘苦，即是禅。

卢仝七碗茶歌

养生道，有善端，
维生素，矿物质，
多酚类，氨基酸，
抗氧化，降脂糖，
提精神，促胃肠，
常饮用，保健康。

神奇树，文化茶，
寻源路，在脚下。
走武夷，上班章，
入祁门，访六安，
福鼎看，白牡丹，
安化赏，黑金香，
羊楼街，寻茶贩，
滇藏路，赶马帮，
银生城，古木生，
千家寨，拜茶王。

会名丛，云雾依，
品真水，逐冈峦。
山泉活，江心软，
煎茶水，有经传。
鱼眼观，蟹珠串，
取二沸，莫鼓浪。
天水轻，地水重，
究源头，正误判。

临沧市的凤庆县古茶树王

多比对，学问专，
茶不同，须研掌。
嫩芽尖，可冲泡，
老叶梗，闷煮上。
水温低，难出味，
浸时久，易涩酸。
感观美，清透亮，
味觉美，柔滑香。

陆羽煎茶法

水为母，不可缺，
器为父，方为憾，
茶水器，好成双。
憧约始，见茶具，
法门寺，证汉唐，
拂瓢碗，碾则夹，
招式多，样齐全。

水中芭蕾

称先生，有十二，
细罗列，达廿八。
木竹石，可雕琢，
陶瓷泥，价更高，
古窑变，多传世。
注茶器，远紫砂，
红泥细，绿泥稀，
性温润，塑性大。

法门寺地宫出土唐代宫廷茶具

枯树瘿，供看捏，
仿僧帽，景舟献。
寅春壶，爱追捧，
大彬枝，世人夸。
一方土，养宜兴，
一方人，振中华。

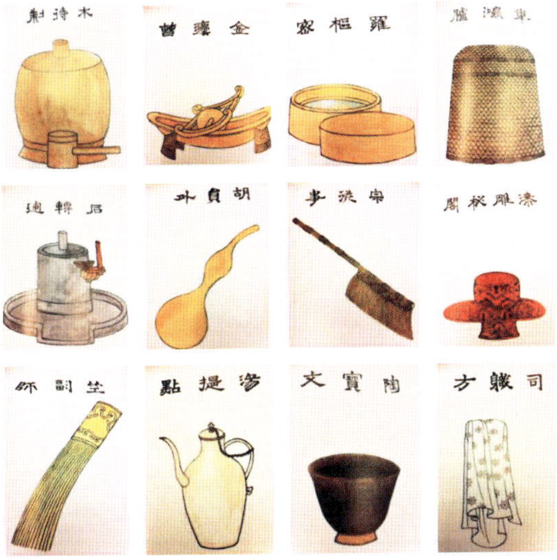
宋代审安老人十二先生（茶具图赞）

尊孔孟，追炎黄，
菩提下，读老庄。
施仁爱，知美善，
四书通，六艺长。
国学修，国茶旺，
有志者，应担当。

浙江省安吉县溪龙乡茶区

溯茶源，撰茶史，
致茶事，励茶商。
善茶品，倡茶饮，
重茶德，守茶纲，
弘茶俗，传茶艺，
扬茶道，精茶藏，
立茶愿，扬茶帆，
一绿叶，全球航，
中国茶，世界畅。

2017年2月6日《关于实施中华优秀传统文化传承发展工程的意见》正式公布

CHAPTER 2

第二章

全价利用中的茶商品

第一节　商品的本质

一、什么是商品

在马克思主义政治经济学中，商品的定义是“用于交换的劳动产品”，随着经济的发展，许多自然资源以及非劳动产品也进入交换领域，因此现代经济学家在原定义的基础上对商品定义进行了扩展与外延，得出了广义的商品定义，即“商品是用于交换的使用价值”。其中特别强调“必须通过交换过程，实现使用价值的转移才叫商品”。

商品具备经济和金融两种意义。经济意义上的商品指专门用来交换的产品，即生产者本身并不消费，而是用来向其他生产者交换自己需要的其他产品。在社会化大生产时代，几乎所有工业产品和绝大部分农产品都属于商品。金融意义上的商品实际上是指商品期货，即标准化的商品远期合约。

商品是为了出售而生产的劳动成果，是人类社会生产力发展到一定历史阶段的产物，是用于交换的劳动产品。恩格斯对此进行了科学的总结：商品“首先是私人产品。但是，只有这些私人产品不是为自己消费，而是为他人的消费，即为社会的消费而生产时，它们才成为商品；它们通过交换进入社会的消费”。

通常商品主要有以下三种不同的定义：一是商品是为了出售而得到货币，有一定使用价值的劳动产品。二是商品是满足人们某种需要的，用来交换的劳动产品。三是商品是经过交换且非进入使用过程的劳动产品。

狭义的商品仅指符合定义的有形产品；广义的商品除了可以是有形的产品外，还可以是无形的服务。如“保险产品”“金融产品”等。在商标法事务中，适用于狭义的商品的有关的规定，也同样适用于服务。

二、马克思对商品概念的三次扩大

（一）商品概念的第一次扩大——劳动力也是商品

由于商品是政治经济学研究的出发点，所以马克思在《资本论》第一卷第一篇第一章第一节用一整节的篇幅对商品的一般概念进行了规定和分析。在这里，马克思主要讲了以下几层意思："商品首先是一个外界的对象，一个靠自己的属性来满足人的某种需要的物"；商品是用来交换的劳动产品；商品是由使用价值和价值两个内在因素构成的。

马克思运用商品的一般概念论证了货币的起源之后，便开始了对商品特殊即对资本主义商品生产的研究。《资本论》第一卷第二篇正是从这里开始的。这一篇，马克思意在研究货币向资本的转化，揭示剩余价值的来源。按照商品的一般概念，在它和货币交换的时候，由于价值规律的作用，交换的双方必须是等价的。但是，在资本主义条件下，资本家在购买了生产资料和劳动力之后，生产过程开始了。但当把生产的商品再卖出去的时候，货币发生增殖。马克思说："要从商品的使用上取得价值，我们的货币所有者就必须幸运地在流通领域内即在市场上发现这样一种商品，它的使用价值本身具有成为价值源泉的特殊属性，因此，它的实际使用本身就是劳动的物化，从而是价值的创造。货币所有者在市场上找到了这种特殊商品，这就是劳动能力或劳动力。"

（二）商品概念的第二次扩大——位移也是商品

关于位移也是商品的问题，马克思是在《资本论》第二卷第一章《总循环》一节中提出来的。运输业（货运和客运）是资本主义生产总过程的动脉。就货运而言，有的附属于生产，有的附属于流通，它既是完成生产的必要条件，又是使产品实现消费的必要过程。就客运而言，运输过程本身就是旅客的一种消费。但不管货运和客运，都有一个共同的特点，那就是都只能使物品和旅客发生位移，而产品总量却不会因运输而增大。于是，在理论上就提出了一个问题：既然运输业本身不提供新的物质产品，那么从事运输业的劳动是生产的，还是非生产的呢？如果只从商品的一般概念出发，必然会得出运输业的劳动是非生产劳动的结论。因为商品的一般概念是把物品的使用价值仅仅理解为物品的形态和性质对人的有用性，而没有把物品的位移、场所对人的有用性考虑在内。这种理论，在实践上很容易造成对运输业特别是客运业在国民经济中的特殊地位和作用的忽视，并且也违背了投到运输业的那部分资本的运动规律。正是为了纠正商品的一般概念可能造成的这种理论上的偏差，所以马克思深刻地分析了运输产业在产业资本总循环中的特殊地位和作用，并根据运输业的特殊运动规律，对商品概念再一次进行扩大。马克思说："有一些独立的产业部门，那里的生产过程的产品不是新的物质的产品，不是（物质）商品。在这些产业部门中，经济上重要的，只有交通工业，它或者是真正的货客运输业，或者只是消息、书信、电报等等的传递。""运输业所出售的东西，就是场所的变动。"马克思在《资本论》第四卷中也专门讲过运输问题，并明确指出："除了采掘工业、农业和加工工业以外，还存在着第四个物质生产领域……。这就是运输业，不论它是客运还是货运"。

关于位移商品的这一特点，马克思说："它产生的效用，是和运输过程即运输业的生产过程不可分离地结合在一起的。旅客和货物是和运输工具一起运行的，而运输工具的运行，它的场所变动，也就是它所进行的生产过程。这种效用只能在生产过程中被消费；它不是一种和生产过程不同的，只有在生产出来之后才作为交易品执行职能，作为商品来流通的使用物。但是，这种效用的交换价值，和任何其他商品的交换价值一样，都是由其中消耗的生产要素（劳动力和生产资料）的价值加上运输工人的剩余劳动所创造的剩余价值决定的。至于这种效用的消费，它也是和其他商品完全一样的。如果它是个人消费的，那么它的价值就和消费一起消失；如果它是生产消费的，从而它本身就是处于运输中的商品的一个生产阶段，那么，它的价值就作为追加价值转移到商品本身中去。”

（三）商品概念的第三次扩大——劳务也是商品

马克思对商品概念的第三次扩大，集中反映在《资本论》第四卷。在《资本论》前三卷中，马克思通过对商品概念的两次扩大。准确地解释了资本主义制度下所呈现的各种经济现象，深刻地揭示了资本主义生产总过程中所反映出的资本主义关系的尖锐矛盾。但必须看到，马克思在这一研究过程中，是暂时把从事非物质资料生产的劳务活动舍弃掉了的。但是，劳务活动问题，毕竟是资本主义经济生活中大量存在的一个现实问题，并且，随着生产社会化程度的提高，人们的生活也向社会化发展，从事劳务活动的服务业在整个国民经济中所占的比重越来越大，地位也越来越显得重要。另一方面在客观上，资本主义生产关系不仅体现在物质生产领域，同时也必须体现在服务领域。由于以上原因，所以马克思在研究了资本主义生产总过程之后，在《资本论》第四卷又对服务业重新进行考察。马克思在《资本论》第四卷中对劳务活动的分析，概括起来，主要讲了以下几个方面的问题。

首先，阐明了劳动的物质规定性。马克思说：“劳动的物质规定性，从而劳动产品的物质规定性本身，同生产劳动和非生产劳动之间的这种区分毫无关系。”因为在这里“劳动作为生产劳动的特性只表现一定的社会生产关系。我们在这里指的劳动的这种规定性，不是从劳动的内容或劳动的结果产生的，而是从劳动的一定社会形式产生的。”马克思还指出：“对劳动的物化等，不应当像亚当·斯密那样按苏格兰方式去理解。如果我们从商品的交换价值来看，说商品是劳动的化身，那仅仅是指商品的一个想象的即纯粹社会的存在形式，这种存在形式和商品的物体实在性毫无关系；商品代表一定量的社会劳动或货币，使商品产生出来的那种具体劳动，在商品上可能不留任何痕迹。”既然生产劳动的特性只表现为一定的社会生产关系，并且商品的存在和物体的实在性没有必然联系，那么从事劳务活动的服务业尽管在许多场合不生产物质财富，但这种劳动却依然可以具有生产劳动的性质。

其次，明确提出服务就是商品。马克思说：“假定资本已掌握了全部生产，……收入必须或者完全由资本来生产和出卖的商品交换，或者同这样一种劳动交换，购买它和购买那些商品一样，是为了消费，换句话说，仅仅是由于这种劳动所固有的物质规定性，由于这种劳动的使用价值，由于这种劳动以自己的物质规定性给自己的买者和消费者提供服务。对于提供这些服务的生产者来说，服务就是商品。服务有一定的使用价值（想象的或现实的）和一定的交换价值。”在这里马克思不仅指出了服务是商品，而且还明确指出了“想象的”即无形的商品也和其他物质商品一样，具有使用价值和交换价值。

再次，指出了劳务商品的使用价值和一般商品的使用价值的共性和区别。马克思说：“服务这个名词，一般地说，不过是指这种劳动所提供的特殊使用价值，就像其他一切商品也提供自己的特殊使用价值一样；但是，这种劳动的特殊使用价值在这里取得了‘服务’，这个特殊名称，是因为劳动不是作为物，而是作为活动提供服务的”。“某些服务，或者说，作为某些活动或劳动的结果的使用价值，体现为商品，相反，其他一些服务却不留下任何可以捉摸的、同提供这些服务的人分开存在的结果”。这就是说，劳务商品和一般商品相比较，其共同点在于它们都各自为消费者提供了某种使用价值；其不同点则是一般商品的使用价值作为活动或劳动的结果，都是一个现实的物质实体，而从事服务的劳动所提供的使用价值，或者说劳务商品的使用价值，有些情况可以是现实的物，如饮食服务业。但在很多情况下，从事服务的劳动所提供的使用价值，则是一个同提供服务的人不能分开存在的结果，即不是一个现实的物。例如，浴室服务员的劳动或理发员的劳动，他们给服务对象提供的使用价值就不是一种物质产品，而是一种卫生条件的变化，是一种生理上的需要和精神上的享受。

最后，劳务活动既转移旧价值，也创造新价值。马克思说：“消费品的总额，任何时候都比没有可消费的服务存在时要大。其次，价值也大了，因为它等于维持这些服务的商品的价值和这些服务本身的价值。要知道，在这里就像每次商品和商品相交换一样，是等价物换等价物，因而同一价值则具有二重的形式：一次在买者一方，另一次在卖者一方。”这就是说，劳务商品的价值也同任何物质商品的价值一样，都是由物化劳动和活劳动形成的。例如，浴室服务员所生产的劳务商品的价值，就包括浴室设施、热水、毛巾、肥皂等转移的价值和服务员的活劳动创造的新价值两部分。

三、商品的整体概念

商品的概念是随着人们消费观念的不同而逐步改变的。根据马斯洛的需要层次理论，人们的需要分为五个层次，即生理需要、安全需要、社交需要、尊重需要和自我实现的需要。而且，这五个层次是由低到高逐步发展的。体现这种需要的消费当然也会有不同的要求，这便形成了不同的消费观念。随着人们需要层次的不断发展和消费观念的不断更新，商品的概念也就不断地变换着内涵。商品的整体概念包括三个层次（图2-1）：商品实质层、商品实体层和商品延伸层。

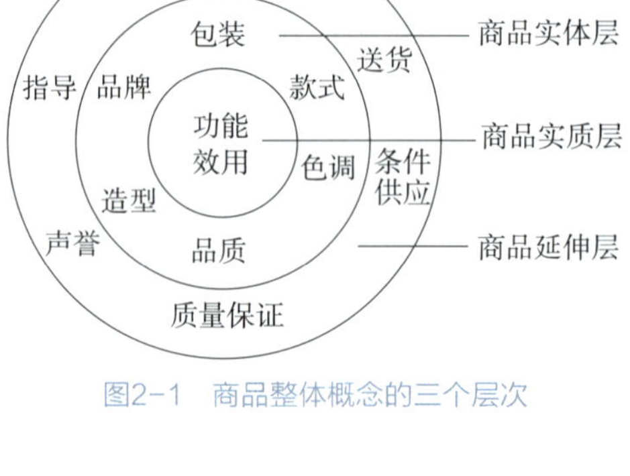

图2-1　商品整体概念的三个层次

（一）商品实质层

商品的实质层即商品的功能和效用。消费者购买某种商品，不仅仅是为了获得商品本身，更主要的是要获得商品给他带来的某种需求的满足。例如，消费者购买VCD实质上是为了满足其闲暇时休息和娱乐的需要，购买茶叶是为了喝茶品饮、馈赠礼品的需求。商品的实质层是商品的效用给消费者带来的满足，缺少这一层，消费者就不会去购买这种商品。因此，企业在制定开发和营销策略时，首先要考虑到商品的实质，明确商品能够带来的功效和益处。

（二）商品实体层

商品的功能和效用总是通过一定的具体形式反映出来。商品的实体层向人们展示的是商品实质的外在特征，它包括外观形式和内在质量以及促销成分，即质量、包装、品牌、造型、款式、色调等。在消费水平不高或商品供给不足的情况下，消费者购买商品主要考虑的是功能和效用，而对商品的形式的要求居次。随着消费观念的提高和买方市场的出现，消费者的要求越来越高，选择余地也越来越大，除了考虑商品的效能外，商品的质量、造型、颜色、品牌等外在形式在很大程度上影响着人们的消费决策。

（三）商品延伸层

商品延伸层是指消费者在购买和使用商品时获得的各种附加利益的总和。这一层次包括售前的咨询服务，售中的交易条件（如赊购、提供信贷或各种担保等），以及售后的送货、维修服务等。

商品的整体概念（图2-2）是以消费者的基本利益为核心，强调服务是商品的组成部分，体现了现代市场营销思想。对于企业而言，同时也应认识到，伴随着商品销售提供的各种服务不但不是额外负担或可有可无的点缀，恰恰相反，对商品延伸层的精心策划和管理，是企业提高市场竞争力的保证。特别是当商品的实质层和实体层与竞争者相仿的情况下，企业竞争的高下往往取决于商品的延伸层。因此，正确认识商品的整体概念，提高服务质量，使消费者购买商品时得到更多的附加利益是商品开发和管理中的一项重要的基础工作。

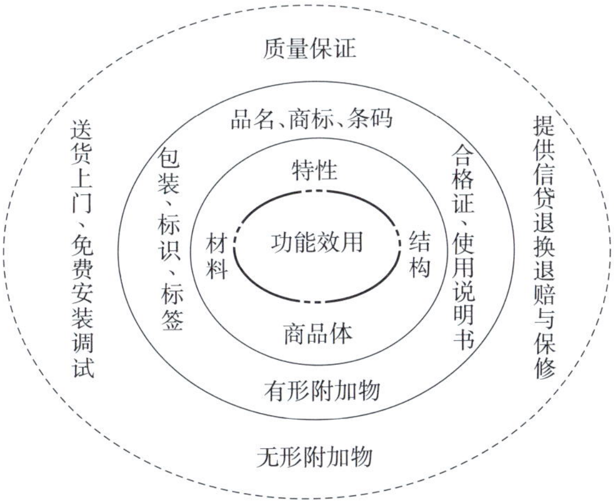

图2-2 商品球模型

四、商品的基本属性

商品的基本属性是价值和使用价值。价值是商品的本质属性，使用价值是商品的自然属性。

（一）商品的价值

商品的价值指凝结在商品中的无差别的人类劳动。“无差别”指某一商品人们不去追问是使用什么样的生产工具制造出来的、该商品究竟劳力劳动付出的多还是体力劳动付出的多。商品的价值具有五种属性，即基本属性、本质属性、共有属性、特有属性、社会属性。

“价值是商品的基本属性”指价值是商品的根本性质、根本属性，是商品之所以成为商品的基本条件，若某样东西不有价值，它就不可能成为商品。

“价值是商品的本质属性”指价值是对商品有决定意义的特有的属性，我们能够把商品从五彩缤纷的物品、产品世界中区别开，正是因为商品有价值，其他物品、产品没有价值。

“价值是商品的社会属性”指价值体现的是一种社会关系，一种交换劳动的关系。价值是凝结在商品中的无差别的人类劳动，但并非付出劳动，劳动就会凝结起来，即使劳动凝结起来也不一定就形成价值，只有把凝结起来的劳动用于交换才会形成价值，交换劳动是离不开社会的，必须在社会中进行，如果在一个家庭内部或对一个人而言就没有交换的需要。

“价值是商品的共有属性”指只要是商品都有价值，没有价值的商品是不存在的。琳琅满目的商品世界里，无论哪种商品再特别、哪种商品再平常它们都有着共同的东西，这就是价值，某样东西如果没有价值，它就不具备成为商品的资格，不是商品。

“价值是商品的特有属性”指只有商品才有价值，不是商品的东西，不论它里面凝结着多少劳动，也不论它披着多么形象的商品外衣，表面看起来与商品有多相似，如果它没有价值，就不是商品。

（二）商品的使用价值

商品的使用价值是商品能够满足人们需要的物品的有用性，不同的商品具有不同的使用价值，不同的使用价值是由物品本身的自然属性决定的；同一种商品具有多种自然属性，因而具有多方面的有用性。商品的使用价值是维持人类的生存和繁衍、维持社会的生存和发展所必需的。因此，不论财富的社会形式如何，使用价值总是构成财富的物质内容。

“使用价值主体特性的不确定性”，指事物对于不同生理、心理和精神素质的使用主体将表现出不同的使用价值，事物对于同一使用主体的不同生理、心理和精神方面的变化状态也将表现出不同的使用价值。使用价值的主体特性决定了任何事物的使用价值会随着使用者素质和状态的变化而变化，表现出较大的模糊性和不确定性。

“使用价值客体特性的复杂性和多样性”，指不同品质特性的事物对于使用者将表现出不同的使用价值。事物的品质特性是复杂多样的，可以分别用物理的、化学的或数学的方法来描述和度量，如物体的几何尺寸可用“米”来度量，质量可用“千克”来度量，化学能量可用“焦耳”来度量。

“使用价值介体特性的可变换性”，指事物对于不同的环境条件将表现出不同的使用价值，对于同一环境条件下在不同的时间与空间区域内也将表现出不同的使用价值。使用价值的介体特性的可变换性，使事物的使用价值表现出较大的不确定性。

“主观使用价值与客观使用价值的不同步性”，指主观使用价值总是或多或少地偏离客观使用价值。主观使用价值是客观使用价值的主观反映，其大小受个人的生理、心理和精神因素的影响，必然会随着人的欲望、感情和情绪等因素的变化而变化，具有较大的主观随意性。

（三）商品的交换价值

一种使用价值与另一种使用价值相交换的量的关系或比例，是商品的交换价值。两种不同的使用价值之所以能按一定的比例相交换，表明它们之间存在着某种共同的东西，这种共同的东西在质上应是相同的，从而在量上才可以进行比较。这种同质的共同东西，就是凝结在商品中的无差别的一般人类劳动。商品中的这种无差别的一般人类劳动的凝结，就是商品的价值。因此，交换价值是价值的表现形式，价值是交换价值的内容。价值反映了商品的社会属性，体现了商品生产者之间互相交换劳动的社会生产关系。

（四）价值与使用价值之间的关系

价值是交换价值的基础，交换价值是价值的表现形式，人们总是把商品的使用价值和价值称作商品的二因素，把它们看作一个整体。任何社会经济形态中的商品，都是使用价值和价值的矛盾统一体。一方面，商品的使用价值和价值是统一的，缺少任何一个因素都不成为商品。价值的存在要以使用价值的存在为基础，使用价值是价值的物质承担者。另一方面，商品的使用价值和价值又是矛盾的。使用价值作为商品的自然属性，反映的是人与自然的关系；价值作为商品的社会属性，反映的是商品生产者之间的社会关系，即人与人的劳动关系，二者是对立统一的，缺一不可（图2–3）。

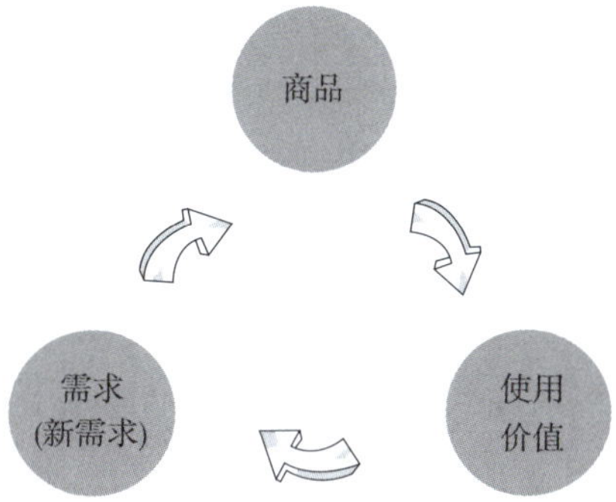

图2–3 商品价值与使用价值之间的关系

使用价值是一切有用物品包括商品所共有的属性，是永恒的范畴；价值是商品所特有的属性，是商品经济的范畴。商品生产者生产一种商品，是为了取得商品的价值；商品消费者购买一种商品，则是为了取得该商品的使用价值。因此，商品只有先证明自己具有社会使用价值，才能实现其价值；而为了实现价值，又必须先具有使用价值。可见，一种具有使用价值的劳动产品，如果只是用来满足商品生产者自己的需要，或只是无偿地交付给别人使用，都不能成为商品；只有通过商品交换把商品卖出去，才能使商品生产者实现商品的价值，使消费者得到使用价值，商品的使用价值和价值的矛盾才能得到解决。

商品具有二因素是因为生产商品的劳动具有二重性，既是具体劳动又是抽象劳动。具体劳动是在一定的具体形式下进行的劳动，千差万别的具体劳动创造出千差万别的使用价值。抽象劳动是指撇开劳动的具体形式无差别的一般人类劳动，即人的体力和脑力的生产性支出。它是商品价值的唯一源泉。抽象劳动和具体劳动的关系是对立统一的。

商品的价值量是由生产商品所耗费的劳动量决定的，而劳动量是用劳动时间来衡量的。私人劳动与社会劳动的矛盾是商品经济的基本矛盾。

五、商品与产品的区别

狭义的商品仅指符合定义的有形产品；广义的商品除了可以是有形的产品外，还可以是无形的服务，如“保险产品”“金融产品”等。在商标法事务中，适用于狭义的商品的有关的规定，也同样适用于服务。

一般认为，商品的范围是两个不同的劳动产品集合的差集。这两个集合一是经过交换的劳动产品的集合，它包含从第一次交换实现开始到劳动产品毁灭止，中间所有的劳动产品；二是进入使用过程的劳动产品，它包含从最后一次交换实现开始，到劳动产品毁灭止，中间所有的劳动产品。这意味着：

①商品是劳动产品从产生到灭亡全过程中的一段过程的称谓。当这段过程完成后该劳动产品就不称商品了；

②商品过程有的经历的时间长，有的经历的时间短。如果有的劳动产品生产出来使用者即刻买到手里，那么它的商品过程仅是一瞬间；

③未经过交换的劳动产品和进入使用过程的劳动产品均排除在商品之外；

④如果使用者经交换所属的产品，使用一段时间后又售出，那么该产品就经历了二次商品过程。

第二节　茶叶的全价利用

一、茶叶全价利用与跨界开发理念

传统茶业发展的核心路径是，良好农业规范（GAP）→良好生产规范（GMP）→营销渠道（MC）的建设和发展。茶产业是农业中最富有发展性的特色产业之一，针对传统茶产业存在优良经济性状种植资源匮乏，传统茶园设施陈旧，生产技术滞后及装备连续化程度低。工艺清洁化程度不够等问题，围绕茶树种质资源创新、特异性品种选育、生态茶园建设、茶叶加工及配套装备等方面的重大关键技术问题进行集中攻关。研发出一批新技术、新工艺、新装备、新管理模式，促进名优茶产业的技术升级，实现传统茶产业标准化、低碳化、高值化发展。注入传统茶业以新的活力，特别在我国的国际茶叶贸易中，显得非常重要。

（一）倡导茶资源全价利用理念

“全价利用、跨界开发”是科技创新、文化引领、商业模式创新、生态保护、政产学研机制深化，跨界食品、医药、日化、食用菌、水产、畜牧、种植等行业，集科技、商贸、休闲、旅游、社区等多元一体的产业优化发展形态与行为。茶资源“全价利用、跨界开发”内涵不仅仅局限在科技方面的创新，包括微观层面、文化传播和市场运作等多层面，将茶产业从传统红海推向现代蓝海。茶资源全价利用是现代茶业优化发展的有效路径之一，是一门新兴学科，它是以茶树（含茶树根、茎、叶、花、果等）为基本原料，以现代科技手段，对其内含物（主要是功能性成分）进行全方位利用和开发，最大限度地发挥茶的消费价值。茶树全身各部分都不同程度地含有多种有开发价值的功能成分物质，目前传统茶叶生产加工只是较多地利用了茶树的较幼嫩的芽叶部分，而其余各部分基本未被科学合理地开发利用。茶资源全价利用就是充分挖掘这些功能性成分的营养保健功效、药用价值和其他功能价值。通常，茶资源因选择性采摘遗弃的“废弃物”约占可采量50%，原茶加工过程产生“废弃物”约占采摘量20%，泡饮和深加工提取后产生的“废弃物”约占投泡量70%，这些严重的资源浪费，使全价利用茶资源成为必要。而膜分离、超微粉、超临界萃取、改性技术、分离重组等相关科学技术的产业应用使全价利用茶资源成为可能。

（二）实现茶资源跨界开发目标

“风物长宜放眼量”，跳出茶业研究茶业，实现茶资源衍生产品的跨界产品开发是全价利用理念的最终归宿，是现代茶业优化发展的必由路径。现代社会进入求新、求异、求变的消费多元时代。对于茶饮，人们不仅消费传统的大宗茶、名优茶，而且将有更多的人群喜爱袋泡茶、速溶茶、保健茶以及各种茶饮料，特殊人群需求茶功能成分（如茶多酚、茶色素、茶氨酸）开发的产品。围绕茶资源的“全价利用、跨界开发”理念，在科技层次上进行实践，形成了四大科技创新体系（图2-4），即茶—食品—健康产业协同创新体系、茶—医药—绿色产业升级创新体系、茶—日化—天然产业跨界创新体系、茶—其他产业领域融合创新体系。开展系列茶食品如茶烘焙食品、现代茶饮料、全茶糖果、茶豆制品、茶肉制品、茶乳制品等；以茶功能成分（茶多酚、儿茶素、茶氨酸、茶黄素、茶皂素、茶多糖、茶色素、咖啡因等）为功效的茶保健食品，如具有抗氧化的茶多酚片剂、降血脂的茶黄素软胶囊、安神和提高记忆力的茶氨酸胶囊等；生态循环模式体系则是将茶渣、茶修剪枝条等栽培食用菌，菌糠作禽畜饲料或有机肥料完成回归茶园的循环。因此，茶资源衍生产品可以是饮品、食品、保健品、日用品、旅游消费品、药品、工业产品，或者是这些产品的组成部分，应用领域将不断扩张，全新的茶资源利用市场将快速拓展和进一步细分，让茶叶得到真正意义上全价利用。

总之，从营销角度思考，传统茶业是“红海”产业，现代茶业是“蓝海”产业，充满无限的发展空间。现代茶产业创新发展路径为：茶资源“全价利用、跨界开发”，即时间维度

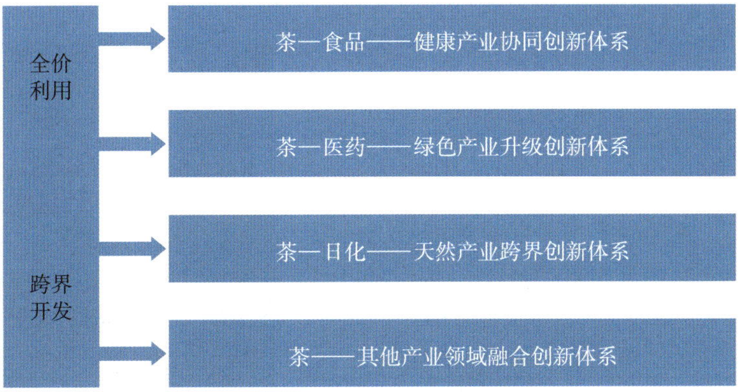

图2-4　茶资源四大科技创新体系

的春夏秋三季茶资源利用，空间维度的茶植株的根茎果花叶的多组织器官利用，产业维度的一、二、三产业融合发展；产业逻辑重构，行业的文化呈现要紧密结合生产和生活诉求，以满足消费者多元的利益作为终极目标，让生活因茶更美好。

二、茶叶全价利用之衣食住行

吃喝玩乐，衣食住行，茶把我们生活的24小时都健康地串联起来，新世纪人们将“喝茶”变为“喝茶、吃茶、用茶、乐茶”等消费形态。可以早上刷着茶、中午吃着茶、身上穿着茶、下午喝着茶、嘴上说着茶、脸上敷着茶、脚下泡着茶、晚上睡着茶，茶成为人们的生活必需品。

（一）衣

1. 茶染服

茶染工艺是通过从茶叶里面提取出的色素，然后将其加工为染料的一种技艺，这是一种绿色环保、无任何污染的染色技术。中国一直以来都是产茶最多的国家，与许多植物染料一样，茶染工艺中采用的材料均为纯天然的，其主要来源是从茶叶中提取出来的原料，具体操作就是对颜色不同的茶枝、茶叶进行分类，然后选出其中可用的进行打磨，最后将打磨得到的粉末进行调制，得到染色所需要的染料。很多国家的科研人员开始致力于开发“天然环保染料”“环保清洁染整工艺”等技术，“可持续性设计”的理念也随之得到更为广泛的认同和重视。在这样的情况之下，“茶染”将是未来服装行业的时尚先驱。“茶染”的染料可以是新鲜的茶叶，也可以是筛选食用茶叶后所废弃的碎茶末，甚至是过期的茶叶、茶渣都可以拿来用作“茶染”的染料，可谓是废物利用、变废为宝的环保行为。经过“茶染”的织物可获得一定的保健功能。另外，还可以直接将茶叶中的功能性成分加入到纺织物中，让我们的衣物不但带有清新茶香，还有防虫防蛀、保护皮肤、提神醒脑、悦志益思的功效。当代服装的设计是具有很强的应用性的一种技术，在运用茶染工艺可以很好地提升其应有价值，其具体表现在茶染工艺可以很好地符合当代人对高质量生活的要求。

美国爱荷华州立大学服装设计专业一个科技团队正在努力开发用茶叶副产品生产的特殊纤维材料，意图取代传统的服装面料，尤其是皮制品。在爱荷华州立大学网站上发布的一篇文章称，这种SCOBY薄膜在成型并干燥后，性质与皮革相似，可以用于制作服装、鞋履或手包。对很多消费者来说，支持一个环境友好型品牌很重要，但服装的外观和穿戴感会影响购买决定。他们还组织了一次调研，向大学生展示了一件由纤维素制成的马甲样品（图2-5），大部分学生都以为这件马甲是由皮革、生牛皮、纸浆甚至塑料制成的。参与调研的大学生最关心这种材料的颜色和质感，他们询问了舒适度、耐用度和养护事项，对这种可持续性材料持积极态度，认为它是皮革的一种有趣的替代品。

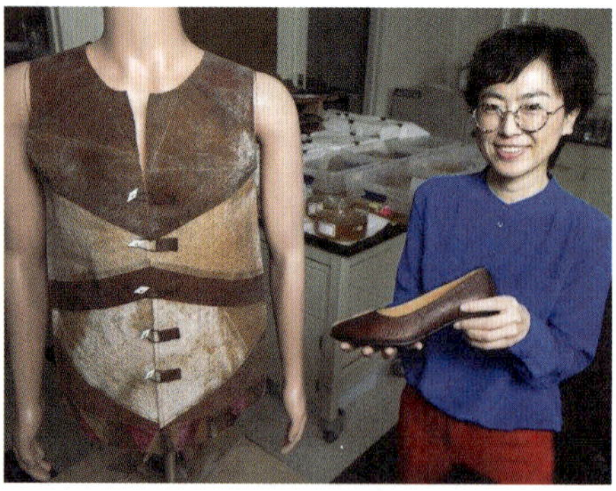

图2-5　茶叶副产品生产的特殊纤维材料

图2-6这两双鞋，你能发现它们有什么特别吗？是不是和平素见到的皮鞋没什么两样？然而，它们的制作原料竟然是：茶叶！

2. 茶人服

茶人服即茶服，始于汉，是一种有着千年历史，专适于茶事活动的职业服装。一般以苎麻、粗布制作，具有宽简、质朴、舒适、大方的特点。茶人服取茶文化之特性，吸收汉服的宽缓、庄静之美与唐装流畅、舒适的特点，并融合现代服饰的简约设计理念，裁体舒简、色系清素、式样典雅，将传统服饰之文化与现代，既适于茶人们悠游自在的茶事着装风格，也适于现代人自然、素朴而个性的日常着装，充分体现出中国人文精神中独有的中和之美。

近几年来，饮茶之风渐渐复苏，茶馆、茶庄、茶铺慢慢出现于各个城市的优雅安静之处，越来越多的爱茶之士穿梭其间。他们大多身着宽松，优雅的中式传统服饰，在繁杂的都市，他们的出现总能令人如沐春风，焕发着独有的青烟淡墨、超凡脱俗的气质，洋溢着浓浓的复古气息的茶人服，虽然借鉴了历史上哪款式样并不明晰，但是这些带着点新意的对襟、盘扣、开衩、绲边、结饰，无不展示着中国传统服饰的优雅风度。雍容的茶人服表现了传统文化所倡导的“和”的审美理念，呈现出“天人合一”的儒家风范。调和、内敛、悠远的审美情愫在茶人服的服饰格律上一再得到表现。“茶服”是现代中国服装发展中产生的较新的名词概念，最早由茶人服衍化而来，随着市场的发展，更多人接受并喜爱这种日常的着装风格，以至于不再局限于茶人从事茶事时的穿着，而是更多地被大众纳入日常着装当中，并形成了一股不可小觑的时尚潮流。绝大多数的茶服采用棉麻材质、中式元素以及宽松的廓形，具有比较明显的服饰语言，但不是说所有具有这些特性的服装都是茶服。茶服是设计师在理解和升华中国传统文化元素的基础上，创作出的集复古与时尚兼具的独特风格，它不仅仅体现茶人的精神，更多的是表现现代中国人对传统文化的追溯，对现代生活方式的反思考，对慢生活的向往。

市场上的茶服产品多样，形式丰富。款式主要有短款上衣、中长款上衣、宽大外套、长袍、长裙、阔腿裤等（图2-7）。领口多用立领变形，圆领与盘扣的结合，立领翻领的结合等，相比其他，最大的特点就是服帖，不裸露。上衣多开门襟，形式也是多样，有正门襟，有斜门襟，有旗袍改良也有左衽变形等。有些用木制、贝壳等特殊的扣子，有些按扣，有些甚至省去扣子，门襟呈自然下垂，褶皱的形式也很多见。长裙多为罗裙改良，大摆、飘逸或

图2-6 茶叶副产品制成的“皮”鞋

图2-7 茶服

者有塑形，空间感强。细节处理也是丰富，方式多种，常见的有刺绣、抽丝、印花、压绉等方法，主要通过褶皱、明线、叠加等形式丰富的设计，达到古今融汇的时代特色。

茶服最初是茶人从事茶事活动时的着装，它需要展现茶人的品格，宽大的形态，优美的线条，舒适的材质，非常适合调整现代人快节奏的生活状态。于是慢慢地，越来越多的人把这些茶人服作为日常穿着，自此茶服不再仅仅是茶人的职业服装，而成为当下深受人们喜爱的日常穿着的服饰风格。如今的茶服主要消费群体有：茶人，推崇茶文化、热爱中国传统文化的人以及欣赏和喜爱慢生活方式的人。其中，有教师、艺术从业者和公务员等，他们年龄大多在30～40岁，也有一部分为25岁左右的年轻人及50岁以上的中老年人。这类消费人群有共同的爱好和追求以及相似的生活方式，容易形成忠实的消费关系；有稳定的人际关系圈，容易产生连锁消费；有一定的消费能力、较好的知识储备和欣赏眼光，容易接纳品牌设计师所表达的思想，体会其中的文化内涵。

（二）食

茶叶已经在我们的饮食中扮演了一个不可或缺的角色。茶已经深深地渗入饮料、食品、医药保健等行业中，为我们的生活带来健康。对于茶饮，人们不仅消费传统的大宗茶、名优茶，还将有更多的人群喜爱袋泡茶、速溶茶、保健茶、调饮茶，以及根据特殊人群需求茶功能成分开发的产品，同时我们最新研发的茶酒也将是餐桌上的一枚新贵。

茶系列食品，这类产品以茶叶为主要原料，借助现代食品高新技术，生产出既保持茶叶原有风味，又体现时代特色，能满足不同层次消费者需求的新颖、健康的产品。如茶面制品、茶糖果、茶乳制品、茶豆制品、茶籽油、茶膳食纤维、茶蛋白等。

茶的医药保健功效主要是以茶功能性成分（包括茶多酚、儿茶素、茶氨酸、茶黄素、茶皂素、茶多糖、茶色素、咖啡因等）开发的产品，目前主要包括具有某一功效成分的保健食品和药品，如具有抗氧化、降血脂作用的茶黄素软胶囊、抗氧化、延衰老作用的茶多酚片剂、减肥瘦身的左旋肉碱茶多酚片、安神和提高记忆力的茶氨酸胶囊等；同时茶中的功能性成分还能作为一些疾病治疗、癌症化疗的辅助用药，提升治疗效果。

除了以上的几项直接的食品、医药、保健品之外，茶还可以间接地为我们培育出美味佳肴，如在食用菌产业和养殖畜牧产业上的应用。茶在初加工与深加工中之后会产生茶渣、茶籽壳等茶叶废弃物，我们对这些废弃物利用一定的生物技术让其进行转化成为食用菌的栽培基料，可以使栽培出来的食用菌色泽好、口感细腻、产量更高；或者按一定的比例添加到饲料、肥料中，有助于增强动物的免疫力，稳定肉质的色泽、提高肉质的抗氧化和系水力作用的同时，还能延长饲料的保质期，提高饲料的抗氧化能力。茶不仅是人类饮食的最佳伴侣，还能添加到宠物粮食中，成为动物饮食的好拍档。

茶食品指的是以茶作为原料的辅以面食、果干等食品制作出来的具有茶风味的食品。经过发展，茶食品已不仅仅包括以上所说的以茶为原料的食品，甚至把可与茶搭配的小佐食囊括在内。在春秋时期时，我国人民已不满足于仅仅把茶作为一种饮品，开始尝试把茶掺入日常的菜肴和粥中，此时，茶食品已出现，但还未形成一种成熟的茶食品体系。到了唐朝，“茶点”一词已出现在相关文献中，专指以茶作为原料或辅料制作的糕点，截止唐代，茶食品已初具规模，主要以茶点为主。进入明朝，茶连同茶食品得到了极大的发展，市场上开始出现品类繁多的独具风味的茶食品，包括各式茶零食、茶瓜子、茶点等，并不断地发展壮大，形成了规模巨大的茶食品体系。清朝时，达到了茶食品的鼎盛时期，茶食品走进了千家万户，不仅能当作主食食用，更是渗透进我国人民的饮食生活的各个部分。

中国是世界上最早种茶的国家。从公元前的周朝初期人们就开始吃茶叶了。《诗经》云："采荼薪樗，食我农夫。""荼"就是"茶"。《神农本草经》记载："神农尝百草，日遇七十二毒，得荼而解之。"神农氏因此发现了茶，救了自己，也造福了人类。他最早发现茶是消炎解毒之药。最先是采摘野生茶树上的嫩叶当作新鲜"蔬菜"或"食物"来嚼食，或是配以必要的佐料一起食用。随后"嚼吃"转为"调煮"，与谷物等食物一起煮成羹或粥，或是出于治病需要将茶叶熬成汁液服用。后来发展为煮食、腌食、凉拌、烧烤或晒干后煮食，或烹煮做成茶粥。到春秋战国、秦汉时期，这种羹饮和粥饮的"吃茶"方式已非常盛行。三国时期，人们把茶鲜叶炙制成干茶饼，再将之捣碎成茶末用于煮制茶汤、茶羹或茶粥。"欲煮茗饮，先炙其色赤，捣末置瓷器中，以汤浇覆之，用葱、姜、橘子芼之。"出自张揖的《广雅》。据现有史料记载，这种"吃茶"方式，一直流传至魏晋初期或此之前，历时约3000年之久。西晋时，人们将茶叶煮成汤饮用。张孟阳"芳茶冠六清"就是说香茶胜过其他六种饮料，是所有饮料之冠。从唐朝中期起，茶叶成了中国的举国之饮，那时流行用煎茶法。按陆羽《茶经》记载，就是"将茶团先敲碎，再碾成粉末状，与葱、姜、枣、橘皮、茱萸、薄荷等熬成粥吃。"陆羽认为以前的这种煮茶法不可取，提出只添加盐调味，不添加其他佐料的煎茶法。

到了宋朝，饮茶之风大盛，社会上的"斗茶""茗饮"及茶馆文化的崛起，被誉为"盛世之清尚"，点茶法成为时尚。《梦粱录》里讲到南宋临安大茶坊冬天卖的七宝擂茶，吃者好比吃八宝粥。宋代人还喜欢弄些香料，把龙脑珍菜、菊花之类与茶在一起，茶香与花香交融，吃进口里，吃出了一股香气，一种味道。足见宋人"吃茶"味厚香浓，重实用，可解渴疗饥。元明清时期，大量出现以茶为辅料制作的各种茶风味食品。如元代用紫笋茶和炒米混合磨成粉的"玉磨茶"；用枸杞和雀舌茶碾成细末拌以酥油，用温酒调食的"枸杞茶"。明代时期的茶点品种繁多而富有创意，在清朝"茶菜"开始蔚然成风。

今天，我国许多地方仍保留着"吃茶"的习惯。如云南基诺族有吃凉拌茶叶的习俗。湖南洞庭湖一带，吃姜盐茶、芝麻豆子茶。湘西少数民族至今还流行吃芝麻糯米茶、擂茶等。一些少数民族仍有把茶熬为菜食的生活习惯。

"吃茶"一直贯穿于我国整个茶文化的历史，只是各个历史时期含茶食品的形态和种类有所差异。历史的长河将茶赋予了不同的使命，食用、药用、饮用，使茶叶物尽其用。

含茶食品就是以茶叶或茶叶提取物为原料，配以各种可食用物质或食用香料，经过各种加工工艺制作而成的食品。含茶食品集茶叶及食品的功能为一体，作为中国的传统食品，一直以来都受到大众的喜爱。目前，我国深加工茶食品主要有含茶主食、茶菜、含茶零食和含茶饮料等。茶食品中保留了茶叶内含的营养成分，与各天然功能成分协同发挥保健功效，而且符合人们对低热量、高营养、保健化、便捷化、多元化的饮食要求。

茶主食和茶菜也常称为茶膳（图2–8），是将茶作为饭食和菜肴的主要原料进行烹制而成的。目前含茶主食主要有茶粥、茶面条、茶饺子等。茶菜注重茶的味道与菜的本味相辅相成，色泽鲜艳，清香爽口，增进食欲。超市、面包店售卖的利用超微茶粉制作的茶面包、茶蛋糕、茶月饼等在一定程度上减轻了这些传统焙烤制品油腻浓甜的特点，不仅延长了保质期，还增加了营养与保健功能。

含茶零食（图2-9）是把茶、茶提取物与其他传统食材融合在一起，制成的各种含茶食品，包括：糕点类，如茶饼干、茶酥等；蜜饯类，如茶果脯；糖果类，如茶糖、茶爽、茶果冻等；干果类，如茶瓜子、茶杏仁等；巧克力类，如绿茶、红茶巧克力等；还有冲泡类，如绿茶燕麦、红枣奶茶等。品种繁多，风格各异并呈品种日益增多的趋势。

含茶饮料（图2-10）是以茶叶的水提取液或者是浓缩液、茶粉等为原料，加入水、糖、酸味剂、食用香精等食品添加剂制成，保持茶汁原有风味的饮料。人们熟知的康师傅、雀巢、王老吉、和其正等品牌在夏天极受消费者喜爱。据资料表明，2011年中国茶饮

图2-8 茶膳实例

图2-9 含茶零食实例

图2-10 含茶饮料实例

料消费市场已占整个饮料消费市场20%左右的份额，与碳酸饮料、果汁饮料形成了鼎足之势，而且每年以30%的速度增长。此外，便于携带，冲水即溶，无余渣，口感柔和的速溶茶；风味独特的茶可乐、奶茶、果茶；冰爽绵蜜的抹茶冰淇淋、抹茶慕斯、抹茶拿铁等都拥有相当比例的年轻消费群体，在饮料市场中独居特色。

饮用茶：主要包括瓶罐装饮料、功能型茶饮、高含量γ-氨基丁酸降血压绿茶、“回春花”牌茉莉健身茶、花香型蒸碎茶、脱咖啡因茶、低氟砖茶、绞股蓝茶、菌菇茶、花草茶、原茶、调饮茶。

除此之外，还有茶酒（图2-11）、袋泡茶（图2-12）等。

茶作为抗氧化剂，直接添加作为肉制品抗氧化剂；通过浸含、活性包埋等技术作为食品添加成分。

其他还有食品风味改良剂、食品天然色素、食品功能助剂、茶乳制品、茶豆制品、茶籽油、茶膳食纤维、茶蛋白。

在医药保健方面，茶叶中的活性物质作为一些疾病治疗、癌症化疗的辅助成分（图2-13、图2-14）。

图2-11 茶酒实例

图2-12 袋泡茶实例

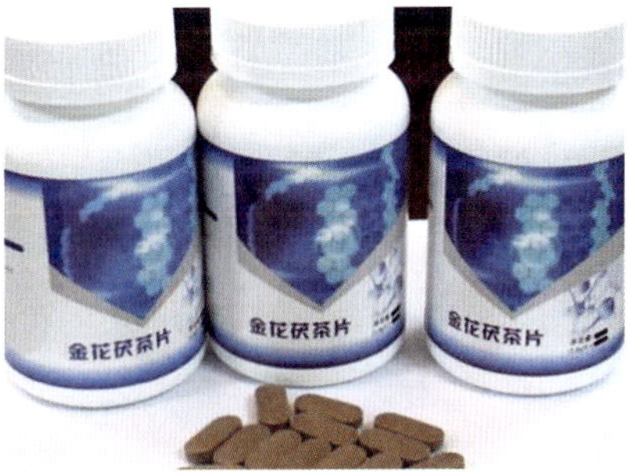

图2-13 茶保健用品实例

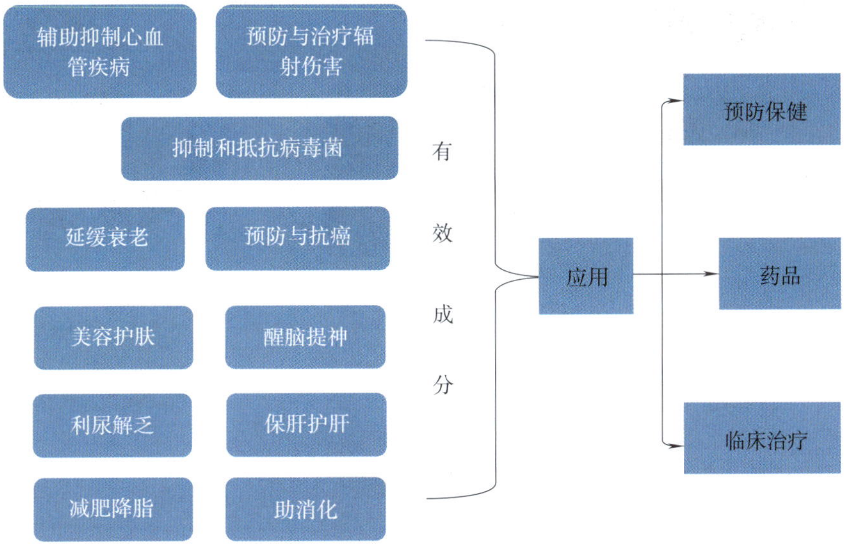

图2-14 茶叶有效成分在医药保健方面的应用

（三）住

在未来，茶能在我们温馨的家中无处不在（图2-15），茶纺织用品，能够消味抑菌；茶家居装饰品，让生活更清新；茶作为一种良好的吸味剂，无论是用于室内除味剂还是装修隔板中，都能够吸收甲醛，净化空气；茶中有效成分添加的茶枕等床上用品中有助于提高我们的睡眠质量；使用添加茶的美容用品、化妆用品以及洗涤用品等，能让我们的肌肤更亲近自然。

1．茶具介绍

中国的茶具有着悠久的历史，茶具制造的工艺精湛，种类繁多。茶具不仅是饮茶的工具，而且还拥有极其深厚的文化气息。茶具是伴随着茶叶而产生的，具有悠久的历史，伴随着茶叶被大家广泛的接受，茶具也应运而生，出现在大家的视线里。古代的茶具泛指与茶有关的一切工具，这其中包括种植茶树的工具、采茶制茶工具、储存茶以及饮用茶的工具。现在社会随着各项分工的明确化，茶具已经不再包含那么多的用途。现在的茶具主要是指与泡茶相关的器具（图2-16、图2-17）。

在泡茶过程中的茶具也有广义和狭义之分。广义是指完成泡茶这个动作需要的全部器具，狭义上是指在泡茶中的主要器具。中国的茶具具有跟茶一样悠久的历史，茶具制造的工艺相当精湛，种类繁多，刚开始的茶具制作粗放，主要注重它的实用性，后来到唐朝时期，茶具的制作趋于精良，到宋代时茶具多以淡雅风格著称，清代的茶具则较为明艳，多姿多彩。茶具随着时代的不同也有着不同的制作工艺和风格，这不仅推动着我国茶文化的发展，也使我国的茶产业不断向前发展。

图2-15　茶叶在未来家居中的使用

图2-16　盖碗茶具

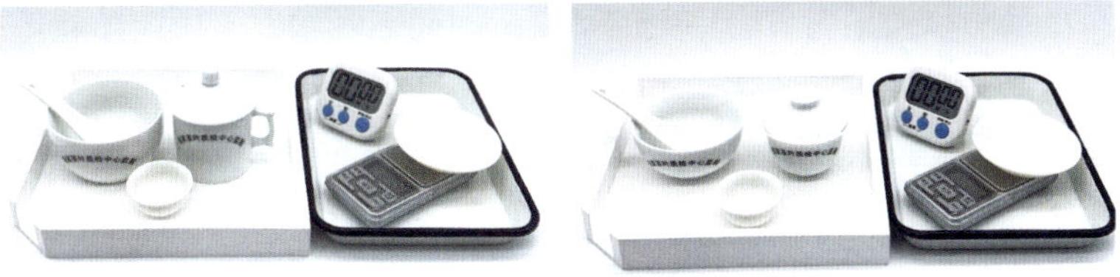

（1）锯齿口审评杯碗套装组合
（SC认证精制茶通用型茶叶审评杯碗套装组合）

（2）乌龙茶专用审评杯碗套装组合
（SC认证乌龙茶专用审评杯碗套装组合）

图2-17　茶叶审评茶具

（1）时尚化　随着物质文化水平的不断提高，人们对精神生活的要求也越来越高。在茶具的欣赏上，人们更加追求茶具的审美性。茶具作为一种商品，它也必须紧跟时代潮流，才能不被市场所淘汰。在追随时代潮流过程中，时尚化是一个重点。时尚化不是肤浅的追求奢侈和时髦，而是一种生活态度。因而在茶具造型设计时要紧跟时代发展的潮流，不断使茶具设计时尚化从而体现出茶具的美感。

（2）个性化　千篇一律的产品注定会被市场所淘汰，追求个性化是产品设计的要素之一。在茶具设计时也要遵循这一要点。设计师在设计茶具造型时要打开思维，从不同的角度寻找立脚点，充分运用中华文化中博大精深的一面，使设计出的茶具造型不仅适应时代要求，追求时尚性，而且还可以从茶具造型中展现中华文化。

（3）功能性　物品的首要价值就是它的功能性价值。功能是产品满足人们需要的第一要素。茶具在设计时要科学地考虑到它的功能性的体现。首先，设计时要考虑茶具的尺寸大小是否符合使用要求，手把使用是否科学简易；其次，茶具的设计还要考虑科学环保，尽量做到简易安全，这样能够做到安全、卫生；最后还要考虑清洁问题，这也是人性化考虑的一点。

（4）审美性　随着物质文化水平的不断提高，人类社会的不断进步，人们对精神生活的要求也越来越高。在茶具的欣赏上，人们更加追求茶具的审美性。茶具已经不再是单调地用来泡茶，它还可以被用来表达文化，传递思想。茶具的审美性要求茶具在设计时追求空间造型的美感、形状线条的美感、色彩色调的美感等。造型是消费者第一眼就能观察到的，因而整体造型的成功与否是关键。色彩可以影响消费者的视觉效果，好的色彩设计可以瞬间抓住消费者的眼球，提高消费者的购买欲。当然在设计茶具色彩时要注意整体协调性的把握，色彩的互补性原则必须遵守。除此之外，茶具材质是整体档次的一个元素，好的材质可以使茶具整体档次有所提高，同时不同的材质带给人的视觉感受也有很大的不同。创新性材质可以大胆利用环保材料，使茶具的制造更加绿色化、健康化。

（5）环保性　当代社会所有产品都在追求安全环保，茶具的设计也不例外，在选择材质时要使用安全无害的环保材料，保证产品的无毒无害，不能对使用的消费者产生危害。

（6）经济性　茶具是商品，所有的商品都有其价值。设计师在考虑茶具的设计时也要着重考虑茶具的经济性原则，既要关注不同层次消费者的承受心理，也要考虑制作茶具所消耗的成本价格，综合考虑，时刻关注市场走向，了解市场信息。

（7）协调性　在饮茶的过程中，人们非常讲究周围环境、人的心境与茶的一致协调性。好的环境可以营造出一种良好的氛围，好的心境可以在品茶时使自身得到提升，品质优良的茶产品可以使消费者得到美的享受，因而三者的完美协调才能造就一场良好的饮茶行为。

茶具是我国茶文化中不可或缺的一部分，茶具本身已经不仅仅是市场上的一种商品，很多时候还是一种文化象征、精神象征。而且茶具与我们的日常生活息息相关。当下，科学技术不断进步，茶具设计也在不断地更新，人们在茶具设计上不断创新，使茶具在造型上更加具有美感，并且利用先进的科学技术使茶具设计更加科学和便利。我国是一个有着悠久茶历史的国家，茶具也是我国茶文化的一个重要元素，茶已经走向世界，广受好评，茶具的设计也有其积极的意义和价值，茶具不仅是饮茶的工具，还是一种文化的载体和寄托。

2. 茶叶包装

随着我国市场经济的快速发展，以及各种审美理念的竞相涌现，我国茶叶包装也出现了复杂化、烦琐化的发展偏差。很多企业觉得包装越是华丽，就越能吸引消费者的眼球。但是随着现代审美意识的增强，很多消费者开始更加喜欢那些包装简约质朴的产品。“少即是多”，包装设计越是简单化，就越能考验企业的包装设计水准。

（1）茶叶包装形式　我国现有的茶叶包装形式较为丰富，但是如果归纳起来的话大致可以分为三大类：硬包装、半硬包装以及软包装。人们常见的硬包装多为玻璃瓶、瓷瓶、金属瓶以及一些富有艺术特色的木质或是竹质的包装形式。半硬包装多为一些硬纸盒茶叶产品。软包装则多为一些软纸盒、塑料袋包装等形式。不同的茶叶产品，会根据其茶叶类型以及产品定位，选择不同的包装形式。

①金属材料包装：一般来说，茶企采用金属作为产品包装材料，往往会选用镀锡薄钢板，因为其材质硬度适中，可塑性强，便于制成各种形状。常见的形状为方形和圆筒形两种，方形包装一般内装多为袋茶，而圆筒形包装内装基本为大袋茶。从密封性上来看，金属材料的茶产品可分为一般罐和密封罐两类。

②衬袋盒装：衬袋盒装大多采取了防水、防潮工艺，一般在袋子内层加上一层塑料薄膜，或是涂上防水防潮的涂料，以此来隔绝外部水分对茶叶的浸透。因此衬袋盒装相比单纯的纸盒或木质包装来讲更具保护性，但其又具有很强的折叠性和收缩性，在储存和运输的过程中，可以节省更多的空间，为企业降低成本。

③纸复合包装：纸复合包装是近些年来出现的一种新型包装材质。其上下均为金属材质，能很好地固定产品，避免因为冲击、碰撞等外力原因对包装产生不必要的破坏。而中间的材质则为聚乙烯、纸板铝箔、胶版纸等复合材质制作而成。这种现代制作工艺有诸多优点，一方面其有着不错的保鲜性，对于一些对保鲜技术有较高要求的茶叶来说是最好的选择，另一方面其重量较轻，和金属材质的包装相比便携性更好。另外，由于采用的是现代包装技术，因此其设计空间也更大，设计者可以将更多的设计创意运用到纸复合包装上。

④木质、竹质材料包装：木质或竹质的茶叶包装是我国传统的茶包装形式，而随着时代的发展，尤其是消费者对中国传统文化的愈加青睐，这种包装形式也被越来越多的厂家运用到茶产品的包装上。其往往造型考究而精致，有较强的艺术性和审美价值，多运用礼品类的茶叶包装。消费者往往在饮用完茶叶后，会将包装留下，或是欣赏，或是进行二次利用。但是这一形式的产品包装也有其弊端所在，就是防水性和密封性都较差，同时也容易受到外力

作用而损坏。因此其难以进行大批量的市场推广，往往定位一些小众群体，很难进入大众消费的范畴当中。

（2）茶叶包装简单化趋势 随着极简主义以及绿色主义的日益盛行，现代消费观念的转变，消费者对于产品包装的审美取向也在悄然发生着变化，那就是更加注重包装设计的简单化。

①茶叶包装的最少化：近些年，无论是国家还是个人层面，环保意识都在逐年加强。国家政策的趋势和消费终端价值追求的变化，迫使越来越多的茶企在包装设计上秉承绿色环保理念。茶叶包装的简单化趋势首先应当体现在最少化原则上。最少化原则一方面强调要用最少的材料种类进行茶叶包装，就是说一个包装包含的材质种类越少越好，越少也就意味着越能减少对原材料的使用，也能极大降低生产过程中产生的废物数量。另一方面强调包装要尽量用最少的材料数量，包装结实、美观即可，没有必要采用那种一层套一层的复杂设计形式，也就可以极大地减少包材制造对自然界的索取。而这两方面的设计理念都建立在现代包装技术水平发展的基础之上，秉承绿色无污染的基本包装理念。如英国泰特力公司设计出的一种新型外包装，先将产品用防水防潮的小包进行封装，然后再用纸盒进行打包。这种包装方式一方面降低了包装所用的材料数量，让包装更加简约质朴，另一方面更是节约了包装的储存和运输空间，降低了企业的成本。

②茶叶包装的可回收：日常生活中因为消费品包装而产生的垃圾越来越多，在某些城市已经超出了当地的垃圾处理能力。很多地方由于缺乏先进的垃圾处理系统，因此对这些垃圾仅仅是采用简单的焚烧或是填埋，造成了大量的空气污染和土壤污染，对当地的生态环境造成了无法挽回的破坏。因此，富有社会责任感的企业开始思考包装的再利用问题，在茶叶包装的设计上遵循可回收性原则。一方面，茶叶包装所选用的材质尽可能多地使用绿色无污染的材质，如速生木、竹子等生长速度快的自然材料，即便是大规模生产，也不会对自然环境造成太多破坏。同时，这些材料的外包装，可以让消费者在饮用完茶产品后，能够继续在日常生活当中使用，如充当杂物盒、笔罐等。另一方面，茶企为了进一步提升产品的可回收性，尽量选择具有本地特色的材质，这就能为包装的二次利用提供有价值的用途，即便是茶企不再回收利用，别的企业因为也会采用相同的材质，增加了其二次利用的概率。另外，采用本地特色的材质还能够带动本地相关产业的发展。

③茶叶包装的轻量化：在保障产品安全的基础上尽可能地去减轻产品的包装重量，这是茶叶包装简单化趋势的一个重要发展方向。其优势在于能最大程度减少对原材料的使用，降低对自然资源的消耗。一些茶企在这方面也做出很多卓有成效的探索，如说研制新型材料、优化包装内部的结构等。

④茶叶包装的适度化：茶叶包装的简单化趋势，一方面是外包装的材质更加简约，另一方面是包装的设计风格也要更加简单而质朴。纵观世界上著名品牌的产品，其包装设计往往是很简约的，没有什么华丽元素的堆砌，也没有各种色调的复杂呈现，往往用最简洁的线条、最少的颜色和最明了的图案和文字，才能让消费者视觉体验舒适从而感觉内心愉悦，在最短的时间里记住产品的标志及品牌信息，并激发购买欲望。对于茶叶包装来讲，首先在颜色数量上要尽可能地少，包装的颜色控制在三种以内，有主色调，也有辅助色调。在颜色选

用上，要根据自身茶叶的自然属性进行有针对性的选取，比如说绿茶的主色调可以采用绿色，但是也不要过于单一和死板，在突出绿色的基础上还要适当选取绿色相搭配的其他颜色。比如说与白色搭配，会给人以生动清爽的感觉；与黄色搭配，则给人青春活泼的感觉；与黑色搭配则显得尊贵华丽。另外，在设计元素的融入上力求少而精，做到主次分明，突出品牌标志和产品名称。一些烦琐的设计元素能免则免，因为会分散消费者的注意力，降低品牌标志的聚焦度，甚至会喧宾夺主，让包装失去视觉焦点。

⑤茶叶包装的文化性：茶产品是茶文化的具体呈现，而茶叶包装在文化展示中起着至关重要的作用。我国茶文化历史悠久、博大精深，茶产品种类更是丰富多样，不同茶产品背后所蕴含的茶文化也各具特色。在茶叶包装简单化的过程中，一方面要尽可能选取能与产品相匹配的文化元素，如西湖龙井，可将杭州的历史古迹、自然风光用现代化的设计手法进行高度凝练和抽象概括，既符合现代包装设计中的简约化理念，另外又可为消费者呈现出龙井茶背后的历史以及人文内涵，诸如此类，不一而足。另外，在茶产品的标志设计时，也要从中国传统书法、绘画艺术中借鉴灵感，并赋予其一定的现代气息，让传统与现代交相呼应。如此，才能让茶叶包装更加符合消费者的审美取向，让茶产品更富市场竞争力。

（四）行

在车内等有空调的地方，都有儿茶素空气过滤网和儿茶素空气清新剂，在车外有茶多酚口罩、手机防辐射贴等，让我们不再备受空气污染和手机辐射的困扰，尽享绿色出行（图2–18）。

文旅融合观念和文旅运营思维已经成为国家层面的战略思维。近年来，茶旅融合理念不断成熟，已经成为一种新型产业模式。茶园不只是一个旅游景点，具有美的特点，供游人欣赏，它也能让游客，特别是学生群体体验劳动的乐趣，同时学习茶知识、了解茶文化、习得茶礼仪，所以茶旅游比其他农家乐、踏春游更富有内涵。茶旅融合不是两个产业的简单结合，而是以茶为主题、以茶基地为载体、以旅游为内容、以市场为动力，将茶园建成旅游景区，将茶产品开发成旅游产品，将茶文化打造成旅游品牌，实现茶旅文化一体化、茶旅品牌一体化、茶旅产品一体化。

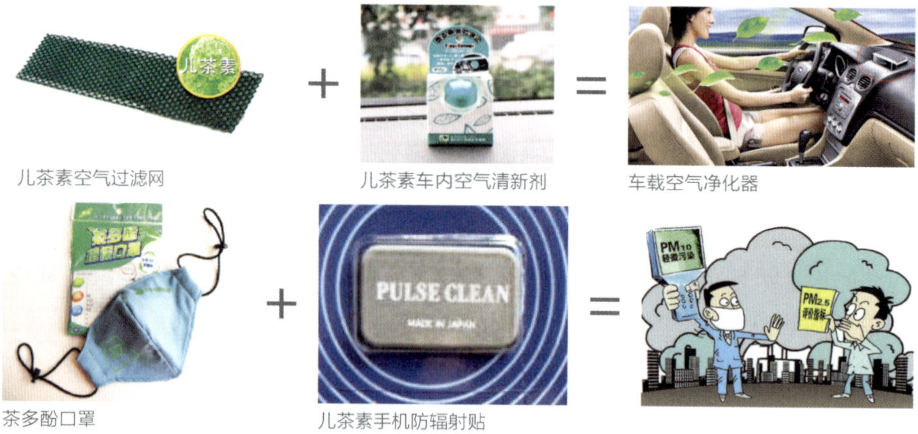

图2–18 茶在未来出行和生活方面的应用

茶旅一体化是茶业与旅游业及相关配套服务业一体化发展的新模式，是围绕茶主题、依托茶资源，以茶基地为载体，以市场需求为导向，以旅游体验为核心内容，将旅游体验茶产业的各个环节，形成茶旅经济链，最终实现“茶业在旅游体验中增值，旅游通过茶产业添彩”的一体化发展目标。实施茶旅一体化发展是丰富旅游新业态，助推旅游供给侧改革的重要途径，也是带动茶乡人民全面小康的有效手段。以“茶旅”的思维创新茶旅游产品是有效推进茶乡茶旅一体化发展的必由之路。茶产业中蕴含的茶景观、茶文化、茶加工、茶产品既是天然的旅游要素，又是茶旅融合发展的优质领域，可以全面实施茶旅一体化发展。

1. 美化茶园环境开展生态旅游

在不影响茶叶生长的前提下，通过景观改造和花木补植，适当美化茶园的景观，形成良好的生态旅游资源，充分利用现有的条件，加强对茶园的管理，注重保护茶园及茶园周边的生态环境，适当开展生态旅游。

2. 延伸茶俗茶事开展节事旅游

通过茶文化旅游节事节会，使茶文化与旅游业有机结合，实施整体对外营销。充分发挥会展节庆活动的联动效应，精心打造茶文化旅游节的品牌。

3. 创新茶艺表演开展休闲旅游

在开发中应注重泡茶、赏茶、茶艺表演的休闲旅游价值，通过适当创新，引领论茶、品茶新风尚。让品茶的味觉享受融入视觉、听觉的立体享受，让品茶成为一种高品质、高舒适、高境界的体验，成为特色休闲旅游产品。

4. 整合茶业加工开展工业旅游

在发展茶加工旅游时，要引导茶叶加工企业把发展茶加工旅游作为公司或企业的发展战略，同时政府职能部门要主动上门辅导其提升，建设“工农业旅游示范基地”，开发茶特色工业旅游产品。

5. 挖掘茶叶功效开展旅游

登览名山，参观茶园，了解茶叶的功能，采购适合自身身体状况的茶叶种类，体味品茶情趣，并在茶区清新空气、优美的景致中修身养性，是目前旅游市场的追求。

6. 利用茶学科普推动研学旅游

我国茶文化博大精深，可以利用茶园优美的自然环境和丰富的茶文化知识，开展研学旅游产品。还可针对寒暑假推出以山水生态游为主题的茶乡夏令营、冬令营活动。

7. 结合宗教文化开发修行旅游

在有条件的茶乡，可以利用现有茶与宗教文化资源举办一些国际或国内的禅茶文化节，以其独特的佛、道茶文化内涵吸引众多的爱茶之人，开发禅修旅游产品。

三、茶产业转型升级发展未来

（一）茶行业上、下游关系

中国茶行业产业链上游主要是茶叶种植行业，中游是茶叶加工行业，下游主要是茶叶流通消费领域。

1. 茶叶种植

茶叶种植为茶叶加工提供最基础的原材料供应。中国的茶叶种植有着悠久的历史，并在长期的发展过程中形成了自己的特点：以传统的生产加工方式为主，生产组织形式以（茶场、市场、公司）+农户为主；区域分布明显，新型茶区，尤其是绿茶快速发展；茶叶产业技术水平与先进产茶国相比，存在较大的差距，表现为茶树良种普及率低生产力整体水平低下。

2. 茶叶加工

茶叶加工属于茶行业产业链中间环节，对上游和下游的发展都起到一定的影响，同时上下游的发展对茶叶加工行业也有较大的影响。经过多年的发展，我国已经形成了独特的加工工艺，茶产品结构也朝优质、有机、特色、质优价廉方向发展。但是，我国的茶叶加工行业仍然存在劳动强度大、生产效率低、产品品质参差不齐等弊端。

3. 茶叶流通消费

流通消费环节是指产品（服务）由生产者到终端消费者的一系列过程，主要包含流通和消费两部分。其中，茶叶流通主要是通过贸易市场、批发市场、经销商等各种批发渠道进入茶庄、专卖店、茶馆以及商场专柜等零售商；近年来，茶加工企业更加注重品牌建设，在批发渠道的基础上，建立了符合自身发展特点的直销渠道，不仅降低了流通环节的费用，还有利于在消费者当中树立良好的企业形象。而在消费领域，根据消费习惯的不同，茶叶的消费主要可分为家庭消费、服务性消费、团体消费、礼品消费、休闲消费以及收藏消费等。

（二）行业发展趋势

1. 政府发挥导向作用促进茶叶产业提档升级

茶叶是重要的经济作物，也是传统优势产业。近年来，我国茶叶生产快速发展，面积不断扩大，产量不断增加，成为世界第一大产茶国。当前，我国农业发展进入新阶段，"一带一路"倡议加快实施，发展方式加快转变，消费结构加快升级，茶产业提档升级发展迎来难得的机遇。2016年10月，原农业部发布《农业部关于抓住机遇做强茶产业的意见》，强调到2020年的未来一段时期的发展目标为提高茶叶质量效益、提高茶产业竞争力、提高茶产业持续发展能力；2017年2月5日，中央一号文件——《关于深入推进农业供给侧结构性改革加快培育农业农村发展新动能的若干意见》于21世纪以来首次明确提到"茶"，强调要"做大做强优势特色产业"，提出实施优势特色农业提质增效行动计划，促进茶叶等产业提档升级。

2. 茶叶消费多元化成产业发展新趋势

自2016年起，自饮茶展现出新的增长潜力，开始回归日常饮品的属性，2017年，茶行业市场将继续这一趋势。数据显示，过去10年间人均茶叶消费量复合增长率达到11.1%。消费升级和人口红利的双重叠加，营造出更好的产业成长氛围。"国八条"发布以来，茶叶的产品结构也在逐步调整，高端茶市场遇冷，行业的整体利润率自2013年以来出现回落。行业利润的回落预示着茶叶的消费也渐渐回归饮品的基本属性。从消费习惯来看，2017年消费群体将进一步细分，多元化的消费观念成为茶叶消费的新趋势。茶叶天然、健康的特点以及对茶文化的推广，茶叶为越来越多的人所接受，茶叶的主要消费人群也从中老年男性为主向各类人群扩散。不同类别的消费者对茶叶的消费需求也存在较大差异。茶叶消费从最初的“礼品”“自饮”不断延伸和细化，由此衍生出多元化的新需求、新模式。创新产品和新的茶叶衍生品的发展，将进一步满足不断分化的消费需求。

3. 更加注重品牌建设与品牌内涵发展

目前我国茶叶行业企业数量多而分散，企业整体规模不大，作坊式小企业较多，达到一定规模并拥有种植、加工、销售全产业链的品牌企业较少。随着国内消费水平提高，消费者对茶叶的品质、安全日益重视，已经由购买非品牌茶叶逐步转向购买品牌茶叶。品牌内涵变得更加重要，符合消费者感知且独具特色的品牌将崭露头角。未来几年，茶行业“品类强，品牌弱”的局面还会长期存在，其中一个重要因素就是高度同质化和简单粗放的品牌建设思维。在对消费者的调研中，“品牌”成为消费者选购茶叶时的首要关注因素。消费者对于知名茶企的品牌溢价接受度远远超过我们的想象。另一方面，新的业务模式以及跨界融合，将为茶企带来更多的机会。“+互联网”“+旅游”“众商模式”“私人订制”等新的业务模式和跨界融合不断出现。

4. 健康主题的消费需求日趋强烈

饮茶是一种有利于身体健康、可提高生活品质的习惯，符合现阶段消费者对健康和高生活品质的诉求。饮茶人群的增长带动着茶叶市场规模扩张，促使茶业企业扩大生产，使一些品牌认可度高的茶叶企业脱颖而出。随着人们生活水平的提高，对生活品质的要求越来越高，有机茶类似的健康类食品，必然将进入千家万户。特别是在食品安全丑闻不断出现的今天，一些中高端人群，需要健康的食品和绿色的食品。

（三）茶产业未来发展目标

从“一片叶子，成就了一个产业，富裕了一方百姓”的经典论述，到“万里茶道”“茶酒论”“茶之友谊”等“茶叙外交”，习近平总书记高度重视茶产业发展和茶文化交流，在多次出访中介绍中国茶文化，为“中国茶”的共享发展指明了方向和路径。做强中国茶产业，是推进农业供给侧结构性改革的重要内容，是助力脱贫攻坚的重要途径，是发展现代农业的重要任务。

党的十八大以来，我国茶叶生产规模不断扩大，茶园面积和产量均位居世界第一，茶叶生产科技进步贡献率达53%；品牌建设稳步加强，涌现了一批大型茶叶集团和一批知名茶叶品牌；伴随“一带一路”倡议，“走出去”步伐明显加快，出口量居世界第二，中国茶产业发展翻开了历史新篇章！未来茶产业的发展有一稳定、两翻番、三提高的发展目标。一稳定是指稳定茶园面积，划定优势区、发展最宜区，到2020年茶园面积稳定在4200万亩左右。两翻番是指到2020年，干毛茶产值达到3000亿元、比2015年翻一番，茶叶出口额达到30亿美元、比2015年翻一番。三提高则是提高茶叶质量效益、提高茶产业竞争力、提高茶产业持续发展能力。到2020年，无性系良种茶园面积占比达70%以上，比2015年提高15个百分点以上；培育5个销售额超50亿元的茶叶集团、20个销售额超20亿元的茶叶集团。坚持绿色发展，做优茶品质；坚持市场导向，叫响茶品牌；坚持传承创新，弘扬茶文化；坚持互利共赢，共建茶平台。

第三节 现代茶叶商品延伸

一、采茶工与制茶工

马克思对商品概念的第一次扩大——劳动力也是商品。马克思说："要从商品的使用上取得价值，我们的货币所有者就必须幸运地在流通领域内即在市场上发现这样一种商品，它的使用价值本身具有成为价值源泉的特殊属性，因此，它的实际使用本身就是劳动的物化，从而是价值的创造。货币所有者在市场上找到了这种特殊商品，这就是劳动能力或劳动力。"

（一）采茶工

在广大产茶地区，都有一个现象，采茶工难招。这几年采茶农民的工资也节节攀升，从30～50元/天到80～100元/天，如今不少地方都达到了150～200元/天，甚至更高。随着采茶工工资标准的提高，当地农民的平均收入随之增高，因此应聘采茶工者，年龄在70岁以上的不在少数。但现实情况确是在招聘采茶工时，往往并不能招到需求的数量，主要原因有以下两点：一点是茶难采，而用工单位的招工竞争，让农民采茶工的工资一再攀升；另一点是采茶的地点通常道路不便，且采茶呈现季节性，虽然日工资高，但并不稳定。

（二）炒茶工

目前，龙井炒茶工面临"断档"。在每年的新茶开摘时，茶农除了雇人抓紧采摘外，炒茶工也会变得抢手。由于年轻人大都不爱学这苦差事，会这项手艺的仍以中老年人为主，因此炒茶工缺口不小。目前，西湖龙井茶的发源地、西湖龙井一级保护区的西湖风景名胜区内有茶农5700多人，但会炒茶的仅有50%左右，而且年纪大多在40周岁以上。

2018年下半年，西湖龙井的传统炒茶技艺申报国家级非物质文化遗产将激励更多人从事炒茶工作。未来预计手工炒茶在江浙甚至江西、四川都有可能消亡。即便手工茶的价格继续扶摇直上，因为没有足够经验的老茶工，也会导致手工茶一代不如一代，直至消亡。为了防止这种窘境出现，多地都在行动，但目前我国唯一的茶类国家级非物质文化遗产是福建武夷岩茶（大红袍）制作技艺。

二、茶叶商贸物流

马克思对商品概念的第二次扩大——位移也是商品。马克思说："有一些独立的产业部门，那里的生产过程的产品不是新的物质的产品，不是（物质）商品。在这些产业部门中，经济上重要的，只有交通工业，它或者是真正的货客运输业，或者只是消息、书信、电报等等的传递。""运输业所出售的东西，就是场所的变动。"

（一）物流含义

物流是物品从供应地向接收地的实体流动过程中，根据实际需要，将运输、储存、装卸搬运、包装、流通加工、配送、信息处理等功能有机结合起来实现用户要求的过程。对于"物流"的概念，不同国家不同机构不同时期有所不同，关于物流活动的最早文献记载是在英国。1918年，英国犹尼利弗的哈姆勋爵成立了“即时送货股份有限公司”，目的是在全国范围内把商品及时送到批发商、零售商和用户手中。二战期间，美国从军事需要出发，在战时对军火进行的供应中，首先采用了“物流管理”（Logistics management）这一词，并对军火的运输、补给、屯驻等进行全面管理。二战后，“物流”一词被美国人借用到企业管理中，被称作“企业物流”（Business logistics）。企业物流是指对企业的供销、运输、存储等活动进行综合管理。

据新加坡《联合早报》网站2018年5月31日援引俄罗斯卫星通讯社报道，中国邮政服务质量在金砖国家中排名首位，印度总排名第23位，俄罗斯排名第37，巴西排名第44，南非排名第88。据《俄罗斯报》2018年5月15日报道，两年后，包裹电子运单使用率将达到90%以上，不再使用纸张打印。到2020年时，超过一半的包裹将使用可降解包装材料。中国邮政已投入157.4亿美元（1000.98亿元人民币）推进信息化建设和邮政实物网建设。

（二）中国物流业发展方向

1．绿色

在绿色方面，越来越多快递公司选择使用绿色包装。整体而言，快递对环境的影响主要来自于快递包装物。降低包装物对环境影响的关键，在于使用可循环的绿色包装材料。包装材料的选择和使用，主动权掌握在快递公司手中，只要成本在可接受范围之内，企业没有理由拒绝使用环境友好型包装材料。此外，包装物的逆向物流回收也很重要。但由于需要用户的配合，实际操作难度可能较大。目前来说，快递包装物的回收仍旧依赖于传统渠道，快递公司的末端回收尚未普及，运作模式尚未成熟。

2．智能

在智能方面，智能化信息技术的应用，使得物流的运营和作业具备了相应的智能化功能和倾向。无人机配送、无人操作设备的使用，便是物流智能化的有益探索。虽然目前尚未大规模推广，但在可预见的未来，智能化技术的物流业应用将越来越普及。

3．高效

在高效方面，中国物流业的发展有目共睹。众所周知，衡量物流效率的重要指标是物流时间。中国物流效率的提升源于两方面的原因，其一为技术推动，其二为市场需求推动。市场竞争对快递时间的高要求，迫使快递公司采取一些先进技术，包括硬件技术、管理技术和配送方案的优化，以尽可能缩短物流时间。此外，越来越多的企业根据大数据分析，采取预调拨的方式，提前在各区域配送中心备好货物。这也是中国物流效率大幅提高的重要原因。

尽管物流绩效逐步改善，但中国物流产业仍有改进空间，物流费用占国内生产总值（GDP）的比重仍然较高。据中国物流与采购联合会的报告数据显示，2017年中国物流总费用与国内生产总值之间的比率约为14.6%，这是该数值连续5年下降，但仍高于世界平均水平。作为世界第二大经济体，中国物流市场需求巨大，推动着物流业不断向前发展。中国物流业的整体服务质量在不断上升，但服务细节的改善仍需要服务者和服务对象的共同努力。绿色是从可持续发展的角度对物流发展提出的要求，智能和高效则是从市场竞争的角度提出的要求。虽然中国物流业的发展跟发达国家相比具有一定差距，但中国发展的加速度比其他任何国家都快。从宏观上来看，绿色、智能、高效对物流市场的规范化提出了新的要求，势必推动整个产业向前发展。

三、茶叶商贸服务

马克思对商品概念的第三次扩大——劳务也是商品。“从事劳务活动的服务业尽管在许多场合不生产物质财富，但这种劳动却依然可以具有生产劳动的性质。”马克思说：“……仅仅是由于这种劳动所固有的物质规定性，由于这种劳动以自己的物质规定性给自己的买者和消费者提供服务。对于提供这些服务的生产者来说，服务就是商品。服务有一定的使用价值（想象的或现实的）和一定的交换价值。”马克思说：“服务这个名词，不过是指这种劳动所提供的特殊使用价值，就像其他一切商品也提供自己的特殊使用价值一样；但是，这种劳动的特殊使用价值在这里取得了‘服务’，这个特殊名称，是因为劳动不是作为物，而是作为活动提供服务的”。

（一）电子商务

“21世纪，要么电子商务，要么无商可务”比尔·盖茨的一句话道破的不仅仅是一门生意，更是一个时代。目前，包括茶叶产业在内的经济实体都在加速拥抱电子商务这一虚拟形式。电子商务正以前所未有的力量改变着整个的经济模式和未来的经济格局，在如此大潮中，各行各业都在经历一次蜕变，茶叶行业也不例外。但归结到每一个企业的电子商务实践，又都或多或少的“摔过跟头”“交过学费”，因此在互联网经济背后，应当根据企业自身的情况，因地制宜，既不盲目跟风，又不错失机遇；以理性的视角来看待电子商务的实质与发展。愿所有的茶商企业都能在电子商务的大潮中，找到属于自己的那艘船。茶叶企业电子商务有以下几种形式。

（1）建立自己的网站进行企业品牌的宣传，以促进线下交易。企业进行电子商务实践，可以先从建立自己的品牌网站开始。可以说建立自己的网站是开启电子商务的第一步。设计合理，美观大方的网页设计不仅成为展示企业的网络名片，更加可以增加品牌形象、增进用户体验，促进线下的交易。

（2）在淘宝、京东等互联网购物平台建立网店，或直接建立独立网店进行网上销售。电子商务的核心目的是促成交易，因此建立网上销售是最直接有效的方法。建立网上销售主要有两种模式：一种是在淘宝、京东这样的网购平台建立网店；另一种是直接建立自己的独立网店进行网上销售。

（3）将企业客户管理系统与网站销售系统以及其他企业管理模块整合，将电子商务升级为企业网络化、信息化。电子商务作为一种企业的商务活动，归根到底是为了企业长久发展。因此，作为企业营销和管理的一部分，电子商务最终会与企业的其他管理模块进行资源整合，成为企业网络化和信息化的一部分。

（二）“新零售”推动茶行业创新

“新零售”的概念，源于2016年10月马云在云栖大会的一次演讲之中。简单来说，“新零售”就是以互联网为依托，运用大数据、人工智能等技术手段，实现线上线下两大渠道的融合，以及用户体验的升级，以改造传统行业的一种新型零售业态。茶品汇作为我国集科研、销售、服务和金融为一体的综合性茶业企业，率先以“新零售”为核心理念，打造了国内茶叶领域首家投资消费一站式“新零售”的应用程序（APP）平台——茶品汇万重利。茶品汇商城平台是茶行业全品类的领先者，它所包含的品类不仅仅是多种层次的名贵茶叶，以及茶相关的实物商品，还囊括了茶旅游、茶培训、茶众筹、茶银行、茶收藏、茶空间等于茶文化相关的服务和场景。未来，茶品汇将采用“线上茶品汇APP+线下云之茶连锁经营”相结合的销售模式，突破传统零售行业的限制，融合线上线下的茶渠道，整合优势的茶产业链和精品服务，打通旗下茶叶购物、交易、服务等全平台会员体系，促进商流、物流、信息流、资金流的资源共享，推动茶行业实现创新商业模式、“产品+服务”一体化的“新零售”目标！

（三）茶艺师服务

茶艺师是茶文化的传播者、茶叶流通的“加速器”、温馨且富有品味的职业，特别是高级茶艺师是茶产业人才队伍的重要组成部分。茶产业是打造地方特色名片及产业文化的重要一环，是一个系统性的工程，离不开专业人才的支撑。一名合格的“高级茶艺师”除了能够独立组织茶艺表演并介绍其内涵外，还能根据不同消费群体和季节，为其推荐相应的茶饮品。在与消费者进行交流沟通时，能够适时介绍茶叶的典故、文化，激发起消费者品茗兴趣。“高级茶艺师”参与到产业链的具体环节，可以让茶产业发展速度加快。

未来茶艺会逐步变成人们物质文化与精神文明的使者，成为人们健康生活的人生伴侣；必将更加注重科学沏泡和健康品饮，不会过多关注外在的表演形式；必将成为人们知书达礼、修身养性的重要精神食粮，成为有品位、有身份成功人士的价值取向。同时也会成为人们购销茶制品、茶服务的重要网媒。

拓展阅读

茶的未来畅想

余秋雨先生是戏曲评论家，他有句经典的名言："中国很多优秀的古老剧种都死在了那些老戏迷的手里。"老戏迷专注传承，拒绝创新，拒绝接纳更多消费者、欣赏者的介入，是极少数人小范围的自娱自乐。中国茶人也一样，所以中国茶叶从业者要共同在规模、标准体系建设等方面，有自己全新的思考。

茶是一个有灵魂的东西，是可以托付终身的。中华全国供销合作总社杭州茶叶研究院开展了培训班，一些来自全国各地、世界各地的人到研究院来做交流。很多来自各行各业的朋友，到这里来学习茶艺、茶道、品茶、制茶，他们私下里跟我讲，茶叶界的人真的很傻，因为他在跟周边同事做交流的时候，每个人都很坦诚。而有的行业的人在交流的时候，就不那么坦然，总有一点点保留。我们茶人的这种从容、淡定和自信，与其他行业相比是独有的。

世界规模最大的茶企立顿，对茶的理解是"好茶是设计出来的"。中国茶叶从业者则认为，好茶是种出来的。"好茶是种出来的"这句话，从逻辑上讲不太严谨，我认为真正的好茶应该是从种植开始的。一款好茶不光要有好的生态环境，还要有好的品种、好的工艺，还需要有更多的运营手段，更多在终端与消费者达成灵魂深处交流和对接的一些有效路径，这样才能真正地制造出一款好茶。立顿对茶产业发展的理解，就用了更多工业的概念、精细的西方人的思维方式，要求有稳定的品质标准、稳定的色泽标准、稳定的内含物质的标准。在世界各地，不管你在高尔夫俱乐部，还是街边小店，或是在机场，喝到的任何一款黄袋的立顿茶叶，口感差异从一般的感官上是很难判定的，这就是立顿西方人的工业化思维。

说到中国的茶叶，现在拿过"中国十大名茶"的大约有三百个品牌，真正是全国知名品牌的大约有上千个品牌。这么多品牌，都在用各自的标准经营着各自的产品。我去过一些企业，公司里总有一个荣誉墙，罗列着参与过的各种比赛、评比、交流的奖状。我跟这些人交流的时候，我给他传递的信息就是，这些评比固然重要，但是我们茶人应该用一颗最坚守的、最从容的心赋予茶更多的品质。所以我觉得好茶从种植开始，一款好茶还要赋予它更多的灵魂和责任。

中国茶叶分布的县将近1000个，有近300个县把茶叶作为支柱产业，中国的涉茶人口有8000万，中国的茶农有3000万，中国茶叶的农业产值是1500个亿左右，第一、第二、第三产业的关联产值在3500亿左右。有这样海量的从业者，以及能够占据世界茶园面积第一、产值第一、产量第一的产茶大国和茶叶原产国，茶叶行业依然是一个高能耗低绩效的行业。茶行业的从业者也经常在思考，是不是要做品种改良、是不是要做工艺的优化提升、是不是要做品牌的构建。这些都重要，但是更重要的是我们要在宏观层面找准中国茶产业存在的宏观战略困局。

中国茶产业发展有两个路径：一是消化过剩的产能，二是把丢掉的功能利用好。这样茶行业就能迎来一个更好的发展契机。中国茶产业突破的机会在于由加工变成制造。加工是一个农产品的概念，没有标准、没有规模。制造是工业品的概念，要求工业品必须以规模和标准为前置条件。没有这两个条件，茶叶产业的发展可能就会有问题。

现代茶产业的发展，有一个优化路径，是全价利用、跨界开发。这个概念已经是国家科技部和国内五个重点产茶省的核心指导理念。它的概念是指，用现代技术全方位的开发茶叶的价值，开发茶资源的衍生价值。在时间维度上，指春、夏、秋三季茶怎么利用茶；在空间维度上，茶叶这种特殊的植物植株的根茎、果实、花叶都是可以利用的；还有在产业链的维度上，一产、二产、三产之间如何能够有效地、高效地融合互动。

未来茶产业的发展，不光是一个功能性的饮品，除了从食品的角度，从医疗、环保、健康、日化、旅游等角度，茶产业都完全可以开发出更多的、关联的、衍生的产业发展的蓝海空间。

茶和食品怎么结合。茶与食品结合，茶给食品注入更健康的元素，而当茶作为食品以后，又为茶产业找到了一个更广阔的发展蓝海。比如与烘焙食品的结合，不单单是茶资源和它的结合，里面还有很多基础理论的研究。比如功能性的配伍、功能是否是协同增效的？它合理的配比比例、加工的工艺等，很多方面都是要通过技术层面的研究开发来实现。

还有茶叶和地方产业发展之间的一些对接，比如浙江新昌县是中国第一的胶囊生产大县，全球胶囊将近50%的生产基地在浙江新昌。我们把茶叶里深加工的副产物：茶叶多糖、蛋白还有一些纤维组织，提取出来作为药用胶囊的囊材，来做医药原料。通过这样的一些开发，跟地方的茶产业和地方的一些特色的产业之间进行高度结合，形成新的产业机会。

茶和日化产品的结合这方面我们也做了很多的探索，和浙江万事利集团联合推出了一款具有茶功能的丝巾。这也是杭州某国际盛会期间指定使用的，所有到杭州的总统夫人的床头都会拿到一款万事利的茶香丝巾。这个茶香丝巾不只有茶的风味，还用了特殊的包埋技术，把茶的风味和功能与丝绸进行高度结合，用缓释控技术，让它可以在两年24个月之内进行定向的释放。我们在这方面也做了更多的探索，终端的产品也已经都开发出来了。

食物摄取的方式是动物和植物之间分类的根本标准之一。人是异养动物，植物是自养。植物是通过自己的根茎以及叶面的光合作用来吸取营养，而动物是通过体外来吸取营养。所以说，食物的摄取方式，决定了我们作为自然界生命体存在的状态。从食品的摄取方面，我觉得也有伦理的概念。比如在摄取食品的过程中，肯定有哪些植物从健康角度是不能吃的，还有些国家保护层面的植物也是不能吃的，包括动物同样如此，这是在食材的选择上的伦理。其次是工艺上的伦理，在食品加工过程中，抗氧化剂、风味改良剂和其他的一些功能助剂，在中国基本都还是化学合成的，而在西方，20世纪90年代，欧盟、美国就立法禁止化学合成的食品抗氧化剂、风味改良剂和功能助剂在食品里使用。我们现在把茶叶里天然的风味提取出来，和大食品行业结合，它们之间可以成全彼此，茶让食品更健康，食品让茶具有更广阔的发展空间。

CHAPTER 3

第三章

破译茶商品中的编码

第一节　商品分类

一、何谓分类

分类，是指按照种类、等级或性质分别归类。语出《书·舜典》附亡《书》序："帝釐（lí）下土，方设居方，别生分类，作《汩（gǔ）作》。"分类，把无规律的事物分为有规律的，按照不同的特点划分事物，使事物更有规律。

将集合总体按一定的原则和方法，按一定的标志特征进行区分和归类，形成范围更小、特征更趋一致，直至成最小的单位集合体，并建立起一定的分类系统和排列顺序，以满足某种需要。将集合总体科学地、系统地逐次划分的过程称为分类或归类。

如茶树的植物学分类地位：

茶树的拉丁学名为［*Camellia sinensis*（L.）O. Kuntze］，它的植物学分类地位如下：

界　植物界（Regnum Vegetabile）

门　种子植物门（Sperma tophyta）

亚门　被子植物亚门（Angiospermae）

纲　双子叶植物纲（Dicotyledoneae）

亚纲　原始花被亚纲（Archichlamydeae）

目　山茶目（Theales）

科　山茶科（Theaceae）

亚科　山茶亚科（Theaideae）

族　山茶族（Theeae）

属　山茶属（*Camellia*）

种　茶种（*Camellia sinensis*）

其中最为重要的是茶树属于山茶科。

二、何谓商品分类

商品种类繁多，据不完全统计，在市场上流通的商品有25万种以上。为了方便消费者购买，有利于商业部门组织商品流通，提高企业经营管理水平，需对众多的商品进行科学分类。

商品分类是指为了一定目的，选择适当的分类标志（即分类依据），将商品集合总体科学地、系统地逐级划分为门类、大类、中类、小类、品类以至品种、花色、规格的过程称为商品分类。

（一）商品分类依据

商品分类依据是分类的基础。商品的用途、原材料、生产方法、化学成分、使用状态等是这些商品最本质的属性和特征，是商品分类中最常用的分类依据。

1. 用途

一切商品都是为了满足社会上的一定用途而生产的，因此商品的用途是体现商品使用价值的标志，也是探讨商品质量的重要依据，因此被广泛应用于商品的研究、开发和流通。它不仅适合对商品大类的划分，也适用于商品种类、品种的进一步详细划分。

按商品用途分类的优点是便于比较相同用途的各种商品的质量水平和产销情况、性能特点、效用，能促使生产者提高质量、增加品种，并且能方便消费者对比选购，有利于生产、销售和消费的有机衔接。

2. 原材料

原材料是决定商品质量和性能的重要因素，原材料的种类和质量不同，因而成分、性质、结构不同，使商品具有截然不同特征。此种分类方法适用那些原材料来源较多且对商品性能起决定作用的商品。

按原材料分类优点很多，它分类清楚，还能从本质上反映出各类商品的性能、特点，为确定销售、运输、储存条件提供了依据，有利于保证商品流通中的质量。但对那些用多种原材料组成的商品如汽车、电视机、洗衣机、电冰箱等不宜用原材料作为分类标志。

3. 生产方法

很多商品即便采用相同的原材料，由于生产方法不同，也会使商品具有不同的质量特征，从而形成不同的品种。按生产方法分类，特别适用于原料相同，但可选用多种工艺生产的商品。

优点也比较明显，因为生产方法、工艺不同，突出了商品的个性，有利于销售和工艺的革新。但对于那些虽生产方法有差别但商品性能、特征没实质性区别的商品不宜采用。

如六大茶类，因制造工序（生产方式）不同，所以成品茶的品质就存在很大差异（表3–1）。

表3–1　六大茶类（按制造工序分类）加工工艺及产品特征

茶类	加工工艺	品质特征
绿茶	鲜叶→摊放→杀青→揉捻→干燥	绿叶绿汤
黄茶	鲜叶→杀青→揉捻→干燥（初干+闷黄）	黄叶黄汤

续表

茶类	加工工艺	品质特征
黑茶	杀青→揉捻→晒干→渥堆→紧压	叶色黝黑，汤色褐黄或褐红
白茶	鲜叶→萎凋→晾干	干茶茸毛多呈白色，汤色浅淡
青茶	鲜叶→晒青→晾青→做青→炒青→揉捻（包揉）→烘焙	绿叶红镶边，汤色金黄
红茶	鲜叶→萎凋→揉捻（揉切）→干燥	红叶红汤

4. 化学成分

由于商品中所含化学成分、种类和数量对商品质量、性能、用途等有着决定性的或密切的影响，故按化学成分的分类方法便于研究和了解商品的质量、特性、用途、效用和储存条件，是研究商品使用价值的重要分类方法。商品的特殊成分也可用作分类标志。

按化学成分分类能反映商品的本质特性，对于深入研究商品的特性、保管和使用方法以及开发新品种、满足不同消费者的需要等具有重要意义，但对成分复杂的商品（如水果、蔬菜等）或成分区分不明显商品则不适用。

（二）商品类目

门类是按国民经济行业共性对商品总的分门别类，属最高类别，我国商品分23个门类。

大类是按商品生产和流通中的行业来划分的，我国商品在门类的基础上分88个大类，如食品类、五金类、日用工业品、针纺织品类、印刷品类等。

中类即商品种类，也称商品品类或品目，是若干具有共同性质或特征的商品总称。它包括若干商品品种，如针棉织品、塑料制品、橡胶制品等。

小类是根据商品的某些特点和性质进一步划分的。如针棉织品又可分为针织内衣类、针织外衣类等。

品目或品类是指具有若干共同性质和特征的商品种类的总称，如茶类包括绿茶、红茶、黄茶等。

商品的品种是按商品的性质、成分等特征来划分，是指具体商品的名称，如西服、皮鞋、啤酒等。

商品的细目是对商品品种的详细区分，包括商品的花色、规格、品级等，如一级西湖龙井茶等。商品分类的实用实例见表3-2。

表3-2　商品分类的类目及其应用实例

商品类目名称	应用实例一	应用实例二
商品大类	食品类	日用工业品
商品中类	植物性食品	家用化学品
商品小类	茶和茶制品	化妆品

续表

商品类目名称	应用实例一	应用实例二
商品品类	茶叶	护肤用品
商品种类	绿茶	护手用品
商品品种	炒青绿茶	护手霜
商品细目	西湖龙井	绿茶护手霜

（三）商品分类作用

商品分类可以掌握每类商品的共同特征，深入地分析商品的质量变化规律，为提高商品质量和合理使用、储存与运输商品创造条件。

商品分类可以确切地掌握商品的生产和销售情况，为商品管理业务创造条件，使商品的业务、计划、统计、会计核算等工作顺利进行。

商品分类是实现现代化管理的前提和必备手段，为建立统一的经济信息自动化系统，提供信息交流的共同语言，促进经贸活动的发展。

商品分类可以实现管理，为政府各部门、行业和企业实施各项管理活动以及实现信息化管理奠定了科学基础；有利于商品标准化的实施和商品质量标准的制定。

商品分类便于经销，有利于在一定范围内使商品名称、类别统一化，便于有秩序的商品市场供给，从而便于消费者和用户的选购。

商品分类有利于教研，将商品科学分类，才能使编制的商品目录有条理，层次分明，眉目清晰；同时也有利于开展商品研究和教学工作。

（四）商品分类原则

科学性，指商品在分类中所选择的标识必须能反映商品的本质特征并具有明显的区别功能和稳定性，以满足分类的客观要求，发挥分类的作用。科学性是商品分类的基本前提。

系统性，指以选定的商品属性或特征为依据，将商品总体按一定的排列顺序予以系统化，并形成一个合理的科学分类系统。系统性是商品分类的关键。

实用性，首先应满足国家总政策、总规划的要求，同时应充分满足生产、流通及消费的需要。应结合部门、系统、各行各业及消费者实际，满足各方面的需要。实用性是检验商品分类的实践标准。

拓展性，进行商品分类要事先设置足够的收容类目，以保证新产品出现时不至于打乱已建立的原有的分类体系和结构，同时为下级部门便于在本分类体系的基础上进行开拓细分创造条件。

兼容性，商品分类要与国家政策和相关标准协调一致。又可与原有的商品分类保持连续性和可转换性，以便进行历史资料对比。

唯一性，商品分类体系中的每一个分类层次只能对应一个分类标识，以免产生子项互不相容的逻辑混乱。

（五）商品分类方法

1. 线分类法

线分类法也称为层级分类法，将拟分类的商品集合总体按选定的属性或特征层层依次划分，并编制成一个大类、中类、小类、品种等不同层次构成的分类体系（图3-1）。

线分类法优点：信息容量大，层次清楚，逻辑性强，符合传统应用的习惯，既适用于手工操作，又便于计算机处理。缺点：一旦分类完成，其分类体系结构便不再能改动，因而弹性较差。采用线分类法编制商品分类体系时，必须预先留有足够的后备容量。

2. 面分类法

面分类法也称平行分类法，它是把拟分类的商品集合总体，根据其本身固有的属性或特征，分成相互之间没有隶属关系的面。每个面中都包含一组类目，将某个面中的一种类目与另一个面中的一种类目合在一起，即组成一个复合类目（图3-2）。

面分类法优点：灵活方便、结构弹性好，适用于计算机处理。缺点：组配的结构太复杂，不利于手工处理，也不能充分利用其信息容量。一般都把面分类法作为线分类法的辅助。

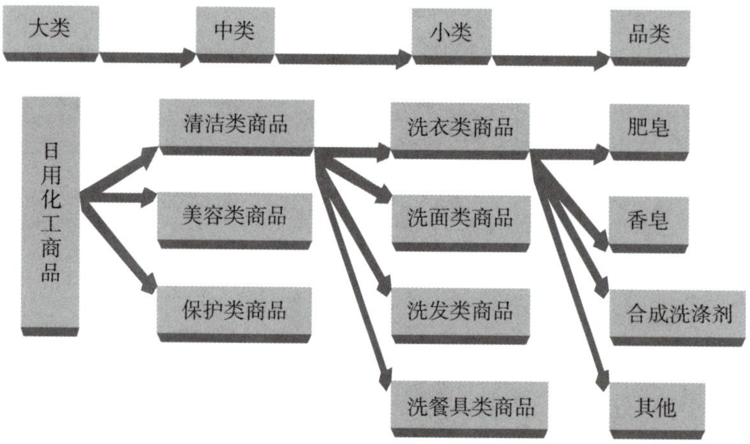

图3-1 线分类法举例

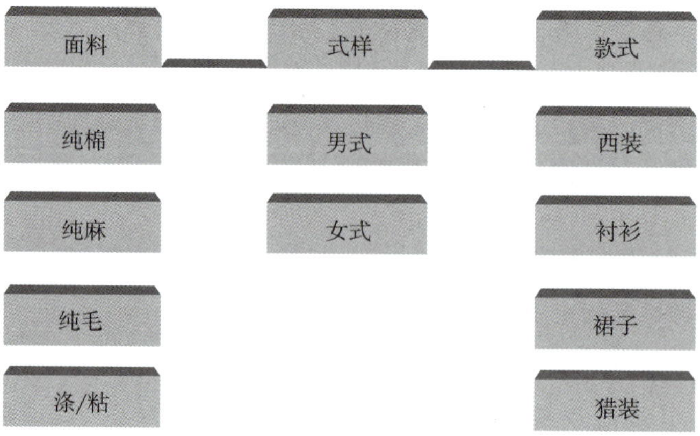

图3-2 面分类法举例

第二节 茶叶商品品种

一、何谓商品品种

商品品种是指按某种相同特征划分的商品群体，或者是指具有某种（或某些）共同属性和特征的商品群体（表3-3）。

表3-3 商品品种在商品类目中的地位

商品类目名称	应用实例一	应用实例二
商品门类	消费品	消费品
商品大类	食品类	日用工业品
商品中类	植物性食品	家用化学品
商品小类	茶和茶制品	化妆品
商品品类	茶叶	护肤用品
商品种类	绿茶	护手用品
商品品种	炒青绿茶	护手霜
商品细目	西湖龙井	绿茶护手霜

从全社会来说，大类商品的品种及其结构应与全社会的消费需求和消费结构相符合，其他各类商品中的品种应与社会不同阶层、不同社会集团的消费水平相吻合。茶叶商品学主要研究决定茶业商品品种发展和变化的规律，包括一般品种规律和特殊品种规律。

一般品种规律是对所有商品都适合的品种规律，如商品品种最佳扩大的规律、商品品种最佳组合和构成的规律、商品品种完善的规律、商品品种更新的规律、商品品种结构与消费结构相符的规律等。

特殊品种规律是只适用于某类商品或一些类似种类商品的品种规律，如食品、服装、鞋类、化妆品、洗涤用品等各类商品中品种最佳构成的规律等。

二、商品品种分类

商品品种有多次分类，首先是生产中的分工，其次是流通中的分工，最后是消费需求的分类。就使用价值来说，起决定性作用的是消费需求的分类，消费需求是具体的，商品供给要满足市场需求，就必须把按生产所分工生产出来的商品，通过流通分工最终转变为适应消费者需求结构的分类（图3-3）。

由于商品的品种繁多，商品品种的类别也多种多样。不同的品种类别表面其特有的品种特征，划分商品品种类别可按照不同的分类标志。

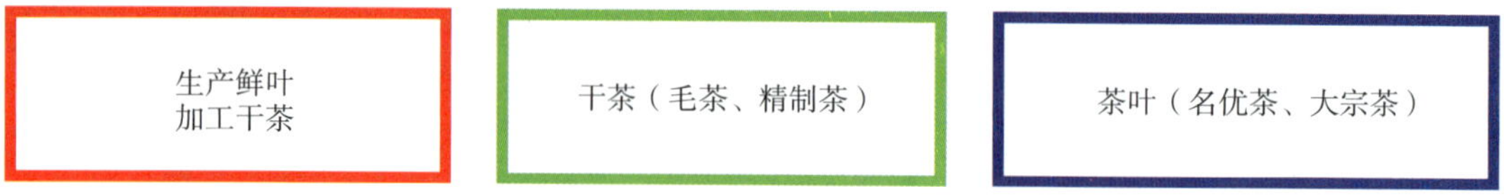

图3-3 茶叶加工中的分类

按照商品品种形成的领域，可划分为生产品种和经营品种。生产品种是指工业或农业提供给批发商业企业的商品品种；经营品种是指批发商业企业和零售商业企业销售的商品品种。

按照商品品种的横向广度（具体商品类中品种数目）或商品品种的结构，可划分成复杂的商品品种和简单的商品品种。

按照商品品种的纵向深度，可划分为粗的品种（制定商品规划时）和细的品种（订立供货合同时）。

按照商品品种的重要程度，可划分为日常用商品品种（必备商品品种）和美化、丰富生活用商品品种，主要商品品种和次要商品品种。

按照行业（商业部门）也可划分成一定的商品品种类别。如杂货、食品、医药品、纺织品，电器商品、玩具、体育用品等。具有这些行业特征的商品品种大多有不同的专营店或百货公司的各商品部来经营。

根据消费者的某方面需求，也能够划分不同的商品品种类别，如卧室用品、园艺用品。打破传统行业，导致出现许多专门商店，有利于销售和消费者选购。

三、商品品种结构

商品品种结构是在一定范围的商品集合体中，对于各类商品及每类商品中不同品种的组合状况及其相对数量比例的客观描述（图3–4）。

所谓相对数量比例是指在所管理的集合体商品总量中，按满足不同层次消费需求，各大类商品及每类商品中不同品种规格商品的数量所占的比例。

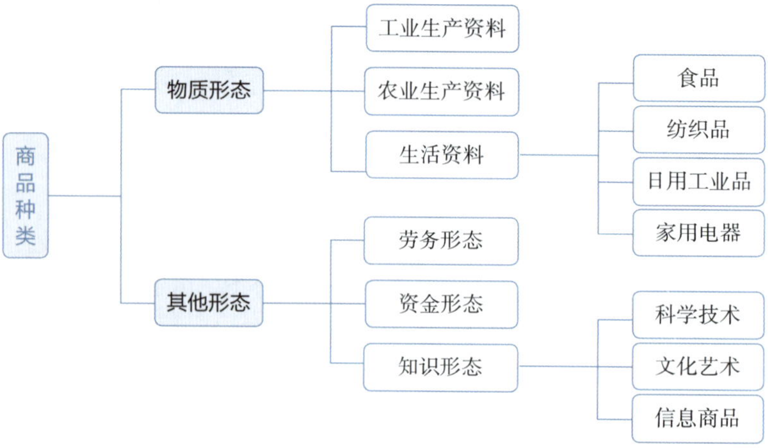

图3–4 商品分类图

（一）茶叶种类

茶叶种类结构见图3–5。

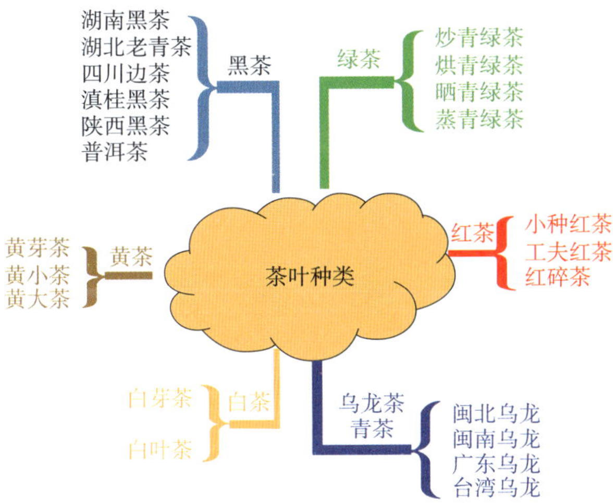

图3–5　茶叶种类结构

（二）茶叶分类

茶叶的分类见图3–6。

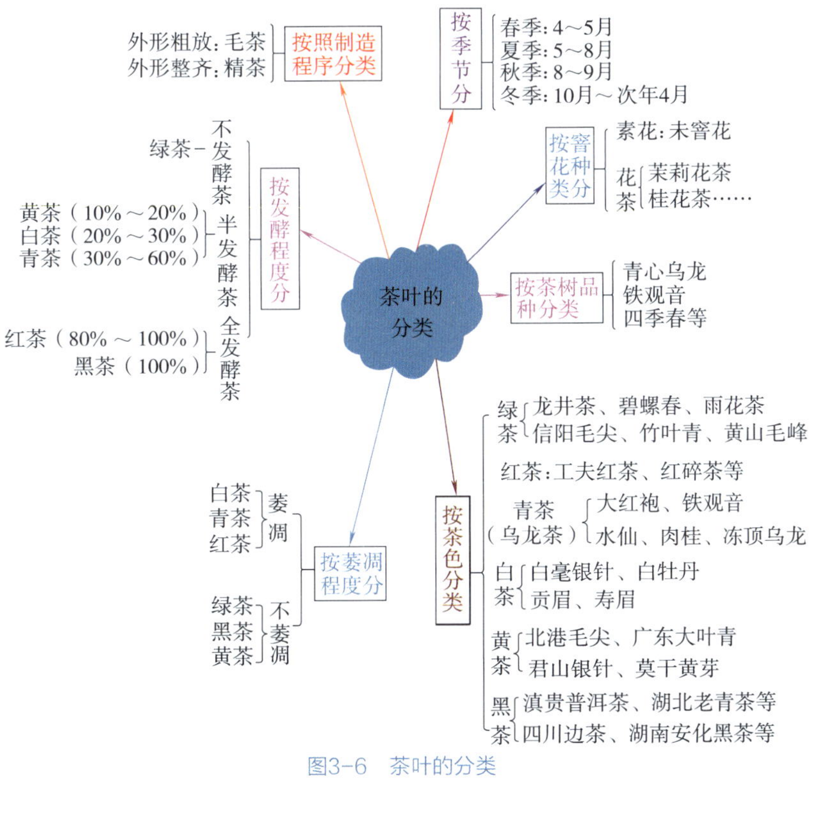

图3–6　茶叶的分类

（三）中国茶分类

1．按季节分类

（1）春茶　春茶是指当年3月下旬到5月中旬之前采制的茶叶。春茶芽中富含氨基酸与维生素，春茶滋味鲜活且香气宜人，富有保健作用。

（2）夏茶　夏茶是指5月初至7月初采制的茶叶。氨基酸等的减少使得茶汤滋味、香气多不如春茶强烈，花青素、咖啡碱、茶多酚含量比春茶多，滋味较为苦涩。

（3）秋茶　8月中旬以后采制的茶叶。茶树经春夏二季生长、新梢芽内含物质相对减少，叶片大小不一，叶底发脆，叶色发黄，滋味和香气显得比较平和。

（4）冬茶　大约在10月下旬开始采制。因冬茶内含物质逐渐增加，所以滋味醇厚，香气浓烈。

2．按其生长环境分类

（1）平地茶　平地茶茶芽叶较小，叶底坚薄，叶张平展，叶色黄绿欠光润。加工后的茶叶较细瘦，骨身轻香气低，滋味淡。

（2）高山茶　高山茶有“高山出好茶”的说法。芽叶肥硕，颜色绿，茸毛多。加工后之茶叶，条索紧结，肥硕。白毫显露，香气浓郁且耐冲泡。

3．按制作工艺分类

按制作工艺可分为绿茶、黄茶、青茶、白茶、红茶、黑茶和再加工茶，再加工茶是以基本茶类作为原料进行再加工以后的产品统称，再加工茶类主要有花茶、紧压茶、萃取茶、果味茶、药用保健茶和含茶饮料等。

（四）六大茶类

1．绿茶

绿茶分类与产地见图3-7。

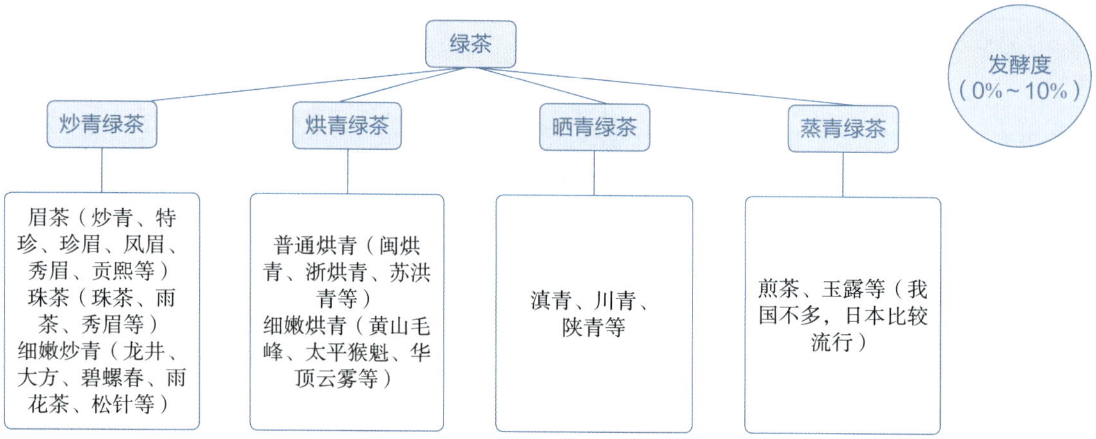

图3-7　绿茶分类

2. 黄茶

黄茶分类与产地见图3-8。

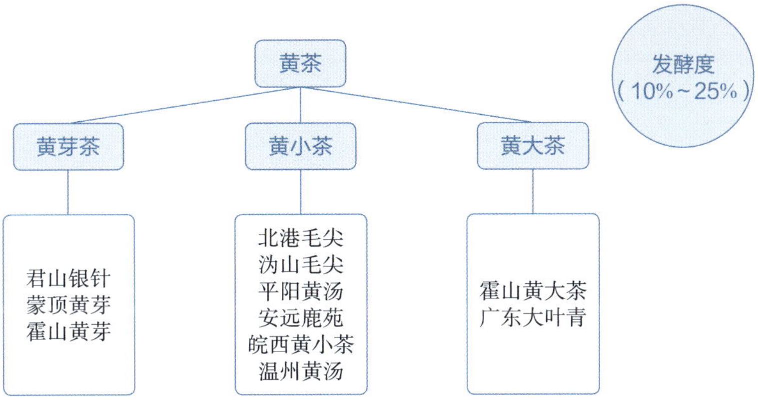

图3-8　黄茶分类

3. 青茶（乌龙茶）

青茶（乌龙茶）分类与产地见图3-9。

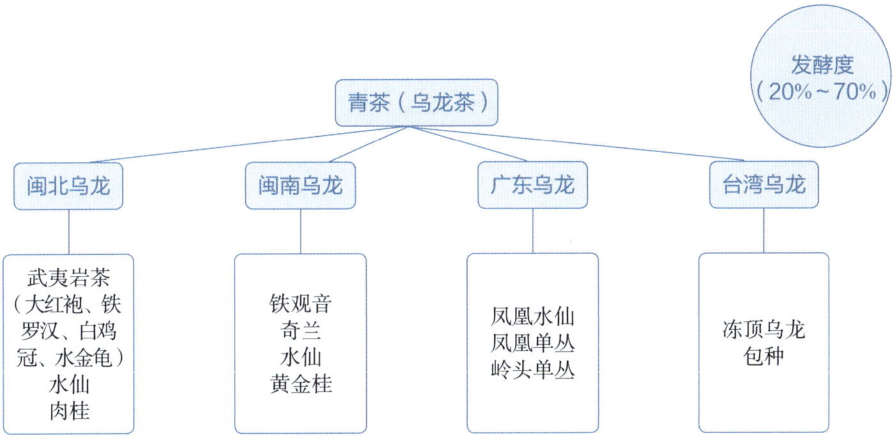

图3-9　青茶（乌龙茶）分类

4. 白茶

白茶分类与产地见图3-10。

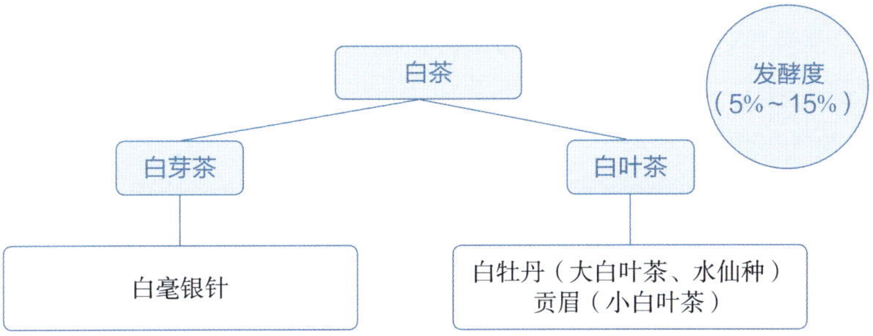

图3-10　白茶分类

5. 红茶

红茶分类与产地见图3-11。

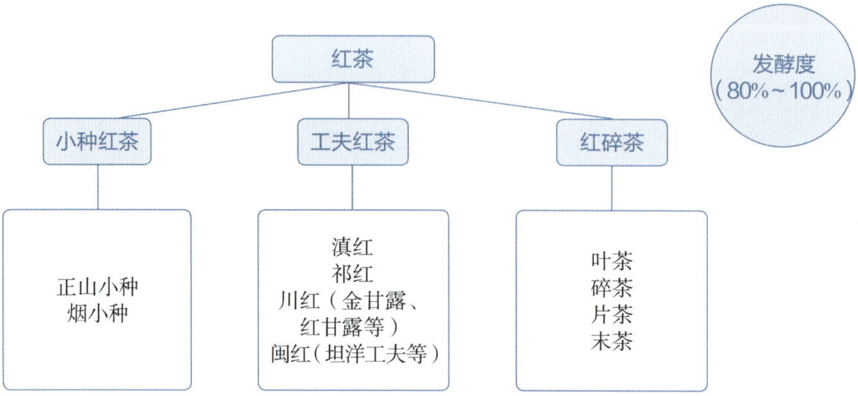

图3-11 红茶分类

6. 黑茶

黑茶分类与产地见图3-12。

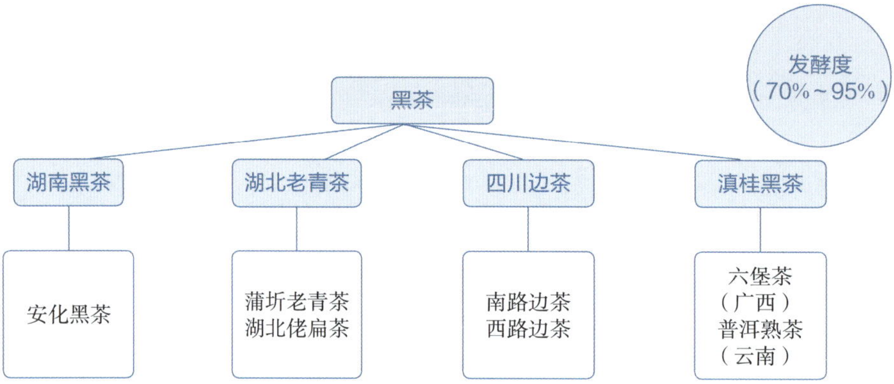

图3-12 黑茶分类

四、商品品种的发展规律

商品品种结构必须同消费需求结构相一致，商品品种必须适应不同社会阶层、不同社会集团、不同人群的消费水平和消费偏好。随着社会的发展，人们的需要和消费需求结构会不断发生变化，商品品种结构也应随之变化和调整，以保证商品品种结构与消费需求及其结构的相符程度达到最佳化。

（一）商品品种的多样性与统一性规律

商品品种多样性是由人们和社会需要的差异性和多样性造成的。但品种的多样性不是随意的，它必须以消费需求为基础，保证商品品种规格系列和使用特性的统一。商品类别、品种、花色要齐全，这就是说，凡是商品消费所需要的都应该齐备，不应缺门断档，这样才能满足消费者多种多样的需要。

（二）商品品种合理增长的规律

保持和开发相当数量的商品品种，是使社会主义市场经济持续发展和人民生活质量持续改善的客观要求。商品品种不能盲目发展和无限增加。品种的开发和增长必须建立在市场需要的基础上，否则即使增加了，最终也会因没有销路而缩小。用尽量少的商品品种来满足尽可能多的消费需要，运用标准化原理科学合理地简化商品品种，商品品种简化无疑有利于生产控制、产量提高和降低成本。

（三）商品品种新陈代谢的规律

消费需求的结构会因经济的发展变化，特别是会随购买力的提高和投向的变化而变化，使原来一部分适应市场需要的品种变成不适应而被淘汰；同时，为了适应市场的需要会有一些新的品种不断地涌现出来。新陈代谢并不意味着一切老商品都要被淘汰，所要淘汰的是没有需要的商品，一些品质优良、为消费者所喜爱的传统商品和名牌商品不仅不会被淘汰，相反要保持和发扬。

新陈代谢也不意味着一切新商品都能替代老商品。新商品要经过市场考验、评价，在竞争中显示出比老商品优越的特性，才能适应市场需要，才能代替那些失去市场需要而注定要被淘汰的老商品。新陈代谢还不意味着从类别、品种到花色多层分类同步更新，可能上层次变动，也可能上一层次不变，而下一层次部分以新代旧。新陈代谢中被淘汰的商品并不意味一旦淘汰了就永远被淘汰，有的商品在特定条件下可能再生。

第三节　商品编码

一、商品代码

商品代码是指某种或某类商品的一个或一组有序的符号排列，目的是便于人或计算机识别与处理的代表符号（图3–13）。

目前使用最普遍的是全数字型商品代码，按其信息内容可分为商品分类代码和商品标识代码两类。

商品代码往往是商品目录的组成部分，商品分类与代码共同构成了商品目录的完整内容（图3–14）。使用商品代码，是为了加强企业的经营管理，提高工作效率，便于计划、统计、物价管理及核算工作，简化业务手续。

使用商品代码还可以便于记忆、清点商品，便于实现现代化管理；对于容易混淆的商品名称，使用商品代码可以避免差错。商品代码按其所用的符号类型可分为数字型代码、字母型代码、数字–字母混合型代码和条形码四种（图3–15）。功能为便于分类、标识、信息交换。

图3–13　商品标签实例

图3–14　条形码的组成

图3-15　产品标签实例

二、代码种类

（一）数字型代码

数字型代码是用一个或若干个阿拉伯数字表示分类对象（商品）的代码，其特点是结构简单，使用方便，易于推广，便于计算机进行处理。

（二）字母型代码

字母型代码是用一个或若干个字母表示分类对象的代码。特点是便于记忆，比同样位数的数字型代码的容量大，可提供便于人们识别信息，但不利于计算机的识别与处理，并且适用于分类对象数目较少的情况。

（三）数字、字母混合型代码

混合型代码是有数字和字母混合组成的代码，它兼有数字型代码和字母型代码的优点，结构严密，具有良好的直观性和表达式，同时有适合于使用上的习惯的优点。但是由于组成形式复杂，给计算机输入带来不便，录入效率低，错码率高。

（四）条形码

条形码是将宽度不等的多个黑条和空白，按照一定的编码规则排列，用以表达一组信息的图形标识符。常见的条形码是由反射率相差很大的黑条（简称条）和白条（简称空）排成的平行线图案。

三、商品编码

根据一定规则赋予某个商品项目以相应的商品代码的过程。

商品分类代码是有含义代码，代码本身具有某种实际含义。此种代码不仅作为编码对象的唯一标识，起到代替编码对象名称的作用，还能提供编码对象的有关信息（如分类、排序等信息）。

商品标识代码是指由国际物品编码协会（GS1）的全球统一标识系统（也称EAN·UCC系统）所规定并用于标识商品的数字型代码。

为了实现商品分类编码标准化，建立统一的商品分类编码系统，在对商品编码时应遵循以下基本原则。

（一）分类代码的编制原则

1．唯一性原则

所谓唯一性是指所标识的商品英语商品代码一一对应，也就是说，每个编码对象（商品）只能有一个代码，每个代码只能标识同一个商品。

2. 简明性原则

商品代码要简明、易记、易校验，码位不宜太长，既便于手工操作，又便于机器处理和储存。

3. 层次性原则

商品代码层次清楚，能清晰地反映分类体系内部固有的逻辑关系，与其代表的类目有固定的对应关系。

4. 可扩性原则

可扩性是指编码结构应留有足够的后备码位（空号），当需要增加新类目或删减旧类目时，无须破坏编码结构再重新编码。

5. 稳定性原则

商品代码确定后要在一定时期内保持稳定，不能经常或轻易变更，以保证分类编码系统的稳定性。即使该商品停止生产或停止供应，也不能马上将代码分配给其他商品类目。

6. 统一性和协调性原则

商品编码要与国家商品分类编码标准相一致，与国标通用商品分类编码制度相协调，以实现信息交流和信息共享。

（二）标识代码的编制原则

1. 唯一性原则

唯一性即对同一商品项目的商品应分配相同的商品标识代码，对不同商品项目的商品应分配不同的商品标识代码。

2. 无含义性原则

无含义性即商品标识代码中的每一位数字不表示任何与商品有关的特定信息。一般建议系统成员按流水号进行编码，以确保不浪费编码容量及避免编码混乱。

3. 稳定性原则

商品项目代码一旦分配，若商品的基本特征没有发生变化，就应保持不变，无论是长期连续生产，还是间断式生产，都必须采用相同的项目代码。

（三）分类编码常用的方法

1. 顺序编码法

按商品类目在分类体系中出现的先后次序，依次给以顺序代码，称为顺序代码，一般用于容量不大的编码对象集合体，顺序码为011～999；在编码时，应留有一定的空码，以便增加新的类目。

2. 系列顺序编码法

系列顺序编码为将顺序数字代码分为若干段（系列），使其与分类对象的分段一一对应，并赋予每段分类编码以一定的顺序代码的编码方法，个位数是0（或9）的三位代码。优点是可以赋予编码对象一定的属性和特征，提供有关编码对象的某些附加信息；缺点是当系列顺序代码过多时，会影响计算机处理速度。

3．层次编码法

层次编码法是按商品类目在分类体系中的层级顺序，依次赋予对应的数字代码的编码方法，层次编码一般用于线分类体系，第一层级为大类，第二层级为中类，第三层级为小类。层次编码法的优点是代码较简单、逻辑性强、信息容量大，能明确地反映出分类编码对象的属性或特征及其相互关系，便于机器汇总数据；其缺点是弹性差，为延长其使用寿命，往往要延长代码的长度，预先留出相当数量的备用号，该方法往往应用于编码对应变化不大的情况。

4．平行编码法

平行编码法是每一个分类面确定一定数量的码位，代码标志各组数列之间是并列平行关系。平行编码法多用于面分类体系。其优点是编码结构有较好的弹性，可以比较简单地增加分类面的数目，必要时还可以换个别类面，这种编码可以用于各种查找任务，也便于计算机处理，但平行编码法也有代码过长的缺点，冗余度大，不便于计算机处理。

5．混合编码法

混合编码是层次编码和平行编码的合成，在实践中，编码法和分类法一样，通常不单独实用。当把分类对象的各种属性或特征分列出来后，其某些属性或特征用层次编码表示，其余属性或特性则用平行编码法表示。选择优点，抛弃缺点，往往效果比较理想。

GB/T 7635.1—2002《全国主要产品分类与代码　第1部分：可运输产品》代码结构示意图如图3-16所示：

第六层代码为001～999；第五层代码为1～9；第四层代码0～9；第三层代码为0～9；第二层代码为1～9；第一层代码为0～4。

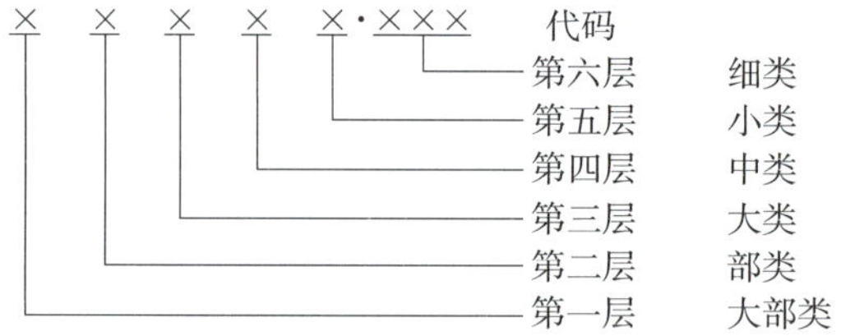

图3-16　代码结构示意图

（四）标识代码编码体系

商品标识代码是指由国际物品编码协会（GS1）的全球统一标识系统（也称EAN·UCC系统）所规定并用于标识商品的数字型代码，其编码体系如图3-17所示，EAN·UCC系统应用于供应链管理案例如图3-18所示。

1．全球贸易项目代码（GTIN）

（1）零售贸易项目标识代码的编制　在我国，零售商品的标识代码主要采用EAN/UCC-13代码，也有采用EAN/UCC-8、UCC-12代码的，但比较少见。

①EAN/UCC-13代码：由13位数字组成，数据结构见表3-4。

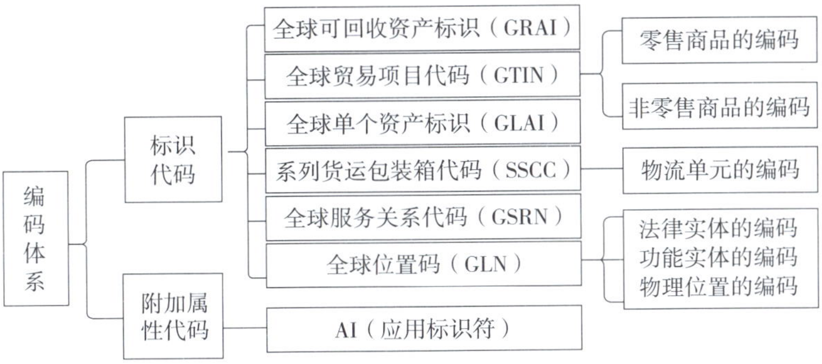

图3-17　标识代码编码体系

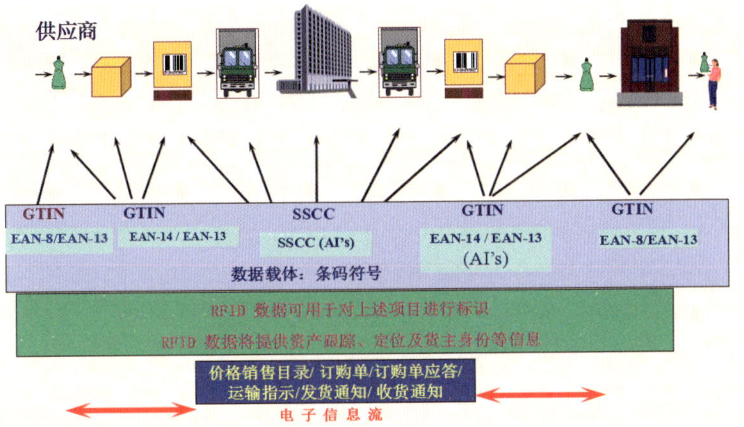

图3-18　EAN · UCC系统的供应链管理应用案例

表3-4　EAN/UCC-13代码组成

结构	厂商识别代码（含前缀码）	商品项目代码	校验码
结构一	$N_1N_2N_3N_4N_5N_6N_7$	$N_8N_9N_{10}N_{11}N_{12}$	N_{13}
结构二	$N_1N_2N_3N_4N_5N_6N_7N_8$	$N_9N_{10}N_{11}N_{12}$	N_{13}

前缀码，厂商识别代码左起的前3位数字（$N_1N_2N_3$）为前缀码，是国际物品编码协会（GS1）分配给某个国家（或地区）编码组织的代码，690～699代表中国。

厂商识别代码，用来在全球范围内唯一标识厂商，其中包含前缀码。我国厂商识别代码由7～8位数字组成，由国家物品编码中心（ANCC）负责注册分配和管理。

商品项目代码，由4～5位数字组成，由获得厂商识别代码的厂商自己负责编制。

校验码，1位数字（N_{13}），用来校验N_1～N_{12}的编码。

具体示例可见图3-19。

6 922854 313805
标识国家　制造厂商代码　商品代码

图3-19　全球贸易项目代码

②EAN/UCC-8代码：由8位数字组成，数据结构见表3-5。

表3-5 EAN/UCC-8代码组成

商品项目识别代码	校验码
$N_1N_2N_3N_4N_5N_6N_7$	N_8

商品项目识别代码，由中国物品编码中心统一为厂商的特定商品项目分配，以保证代码的全球唯一性。

校验码，校验码为N_8，用来校验$N_1 \sim N_7$的编码的正误，其数值是根据$N_1 \sim N_7$的数值按一定的计算方法算出的，参见GB 12904—2008《商品条码 零售商品编码与条码表示》附录B规定的方法。

③UCC-12代码：由美国统一代码委员会制定的通用产品标识代码，由12位数字组成，数据结构见表3-6。

表3-6 UCC-12代码组成

UPC代码	厂商识别代码和商品项目代码	校验码	代码案例
UPC-A	$N_1N_2N_3N_4N_5N_6N_7N_8N_9N_{10}N_{11}$	N_{12}（5）	00123456789
UPC-E	$N_1N_2N_3N_4N_5N_6N_7$	N_8（7）	0012345

（2）非零售贸易项目标识代码的编制　在我国，非零售商品的标识代码主要采用EAN/UCC-14和EAN/UCC-13两种代码。EAN/UCC-14代码用于标识定量或变量的非零售商品的包装单元。EAN/UCC-14的数据结构如表3-7所示：

表3-7 EAN/UCC-14代码组成

指示符	内含项目的GTIN（不含校验码）	校验码
N_1	$N_2N_3N_4N_5N_6N_7N_8N_9N_{10}N_{11}N_{12}N_{13}$	N_{14}

包装单元EAN/UCC-14代码中第2～13位代码就是其包装内含零售商品EAN/UCC-13代码的第1～12位代码。指示符N_1的赋值区间为1～9，其中1～8用于定量的非零售商品，9用于变量的非零售商品。

2. 系列货运包装箱代码（SSCC）

SSCC是为每个物流单元提供唯一标识的代码。SSCC是无含义、定长为18位数字代码，其数据结构如表3-8所示：

表3-8 SSCC代码组成

应用标识符	系列货运包装箱代码		
	扩展位	厂商识别码系列参考代码	校验码
00	N_1	$N_2N_3N_4N_5N_6N_7N_8N_9N_{10}N_{11}N_{12}N_{13}N_{14}N_{15}N_{16}N_{17}$	N_{18}

应用标识符00，表示其后面紧接着系列货运包装箱代码。

扩展位，表示包装类型，用于增加SSCC的容量，由建立SSCC的厂商分配。N_1的取值范围为0～9。

厂商识别代码，同UCC/EAN-13代码。

参考代码，由企业自行给物流单元分配的一个连续号。

校验码，计算方法见GB 12904—2008附录B。

3. 全球位置码（GLN）

位置标识（物理，功能或法律实体）要求在贸易伙伴之间通过电子商务（XML，EDI等）、物理位置标记以及物流单元的路线信息，实现实物和信息的有效流动。位置码在电子商务中是一个重要的概念，因为这些位置码提供了电子交易（流程）有关的所有位置的唯一、明确和有效的标识。接下来网络可以准确地把信息发送到指定工作站或应用中。

GLN已经为UN/EDIFACT和标准化国际组织（ISO 6523）认可，是标识任一物理、功能或法律实体的数字编码，简单的13位数字。其数据结构如表3-9所示：

表3-9 全球位置码

EAN · UCC厂商识别代码	位置参考	校验码
$N_1N_2N_3N_4N_5N_6N_7N_8$	$N_9N_{10}N_{11}N_{12}$	N_{13}

其中物理实体为建筑物中某个房间、橱柜、仓库、发货点等；功能实体为法律实体内一个具体的部门，例如退货部、发票处理部门等；法律实体为整个公司、分公司或者分部等。

四、商品条码

（一）定义

商品条码是由国际物品编码协会（GPI）规定的，用于表示零售商品、非零售商品、物流单元、参与方位置等代码的条码标识。具体地说，条码是由一组规则排列的条、空组合及其对应的供人识别字符组成的标记，用于表示一定的信息。商品条码中，其条、空组合部分称为条码符号，其对应的供人识别字符也就是该条码符号所表示的商品标识代码。条码符号具有操作简单、信息采集速度快、信息采集量大、可靠性高、成本低廉等特点。基本构成示意图如图3-20所示。

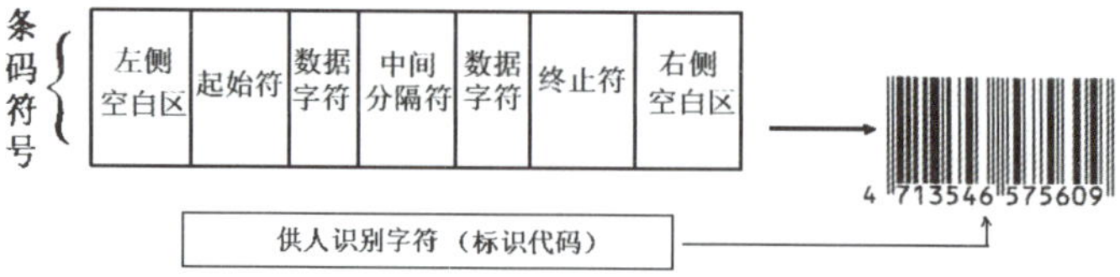

图3-20 商品条形码基本构成

《商品条码管理办法》中规定，其中条为深色、空为纳色（图3-21），用于条形码识读设备的扫描识读。其对应字符由一组阿拉伯数字组成，供人们直接识读或通过键盘向计算机输入数据使用。这一组条、空和相应的字符所表示的信息是相同的。

图3-21 条形码示例

条形码技术是随着计算机与信息技术的发展和应用而诞生的，它是集编码、印刷、识别、数据采集和处理于一身的新型技术。使用条形码扫描是今后市场流通的大趋势。为了使商品能够在全世界自由、广泛地流通，企业无论是设计制作，申请注册还是使用商品条形码，都必须遵循商品条形码管理的有关规定（图3-22）。

图3-22 大红袍商品条形码实例

（二）商品条码类型

世界上常用的码制有EAN条形码、UPC条形码、二五条形码、交叉二五条形码、库德巴条形码、三九条形码和128条形码等，而商品上最常使用的就是EAN商品条形码。EAN商品条形码又称通用商品条形码，由国际物品编码协会制定，通用于世界各地，是国际上使用最广泛的一种商品条形码。我国在国内推行使用的也是这种商品条形码，主要有EAN/UPC、ITF-14、UCC/EAN-128三种类型（图3-23）。其中EAN/UPC条码又有EAN-13、EAN-8、UPC-A和UPC-E四种形式（图3-24）。

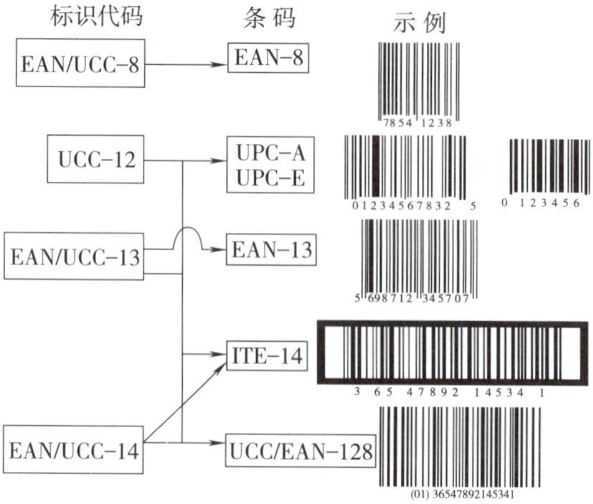

图3-23 我国常用编码类型

图3-24　EAN/UPC的四种形式

图3-25　EAN-13条码图例

图3-26　EAN-8条码图例

图3-27　UPC-A条码图例

图3-28　UPC-E条码图例

1．EAN-13条码

EAN-13条码是用于表示EAN/UCC-13代码的条码标识，又称标准版EAN商品条码。主要用于零售商品或非零售商品的标识。EAN-13条码是由其上部的条码符号及其下部的供人识别字符即EAN/UCC-13代码两部分所组成。该条码符号是按照“二进制”和“模块组配法”原理进行编码的（图3-25）。

2．EAN-8条码

EAN-8条码是用于表示EAN/UCC-8代码的条码标识，又称缩短版EAN商品条码，主要应用于印刷面积较小的贸易项目（图3-26）。EAN-8条码符号与EAN-13条码符号的区别在于压缩了左、右侧数据符及其条、空模块数量。

3．UPC-A条码

UPC-A条码是UPC条码的标准版，用于北美地区零售商品或非零售商品的标识（图3-27）。UPC-A条码的供人识别字符是UCC-12代码，由12位数字组成，从左向右分成厂商识别代码（$N_1N_2N_3N_4N_5N_6$，其中N_1也是系统字符）、商品项目代码（$N_7N_8N_9N_{10}N_{11}$）和校验码（N_{12}）三部分。商品项目代码由厂商自行编码，校验码的计算方法与EAN/UCC-13代码的校验码算法相同，系统字符，用来标识商品类别。

4．UPC-E条码

UPC-E条码是北美地区使用的UPC条码的缩短版（图3-28）。UPC-E条码的代码由8位数字构成，系统字符N_1和校验码N_8分别位于起始符和终止符的外侧，中间的6位数字$N_2N_3N_4N_5N_6N_7$为商品项目代码，UPC-E条码符号没有中间分隔符。只有当商品或其包装很小，无法印刷UPC-A条码时，才允许使用UPA-E条码。

5．ITF-14条码

ITF-14条码是表示EAN/UCC-14代码的条码标识，只用于不经过POS扫描结算（可直接

图3-29 ITF-14条码图例

图3-30 UCC/EAN-128条码图例

图3-31 条码扫描识别流程

用于仓库）的非零售商品。该条码符号较适合直接印制于瓦楞纸或纤维板的储运包装箱上。ITF-14条码符号由矩形保护框、左侧空白区、起始符（4个窄单元组成，次序是条、空、条、空）、条码字符、终止符（1个宽条、1个窄空、1个窄条组成）、右侧空白区组成，如图3-29所示。

6. UCC/EAN-128条码

它是EAN·UCC系统中唯一可用于表示附加信息（如产品批号、规格、数量、生产日期、有效日期等）的非定长条码，主要用于非零售贸易项目、物流单元的标识。UCC/EAN-128条码是由其条码符号及其所表示的供人识别字符（应用标识符、非零售贸易项目的EAN/UCC-14代码或货运单元的SSCC-18代码以及其他附加信息数据）组成，如图3-30所示。

7. 店内条码

店内条码是“前缀码为20～24的商品条码，用于标识商店自行加工店内销售的商品和变量零售商品”。店内条码的编码，按照其码位可分为13位代码（标准码）和8位代码（缩短码）两类。其中13位代码又分为“不包含价格等信息的13位代码”（PLU-13代码）、“包含价格等信息的13位代码”（NON PLU-13代码）两种类型。

当设备扫描到标识PLU-13代码的店内条码时，通常由计算机将存在商品主档的价格检索出来，这类的店内条码主要用于销售量大的商品（图3-31）。而标识NON PLU-13代码的店内条码，因其已含有商品的价格，故多用于以基本计量单位计价的商品。店内条码的符号表示和要求，与商品条码EAN-13相同。条码的扫描识读成功率与条码的符号质量（GB/T 18348—2008《商品条码 条码符号印制质量的检验》）与印制位置（GB/T 14257—2009《商品条码 条码符号放置指南》）有关。

不包含价格等信息的13位代码（PLU-13代码），由前缀码、商品项目代码和校验码组成，结构见表3-10：

表3-10　PLU-13代码组成

前缀码	商品项目代码	校验码
$X_{13}X_{12}$	$X_{11}X_{10}X_9X_8X_7X_6X_5X_4X_{11}X_3X_2$	X_1

前缀码，$X_{13}X_{12}$为前缀码，其值为20～24。

商品项目代码，X_{11}～X_2为商品项目代码，由10位数字组成，由商店自行编制。

校验码，X_1为校验码，为1位数字，根据前12位计算而成，用于检验整个代码的正误。

包含价格等信息的13位代码（NON PLU-13代码），由前缀码、商品种类代码、价格或度量值的校验码、价格或度量值代码和校验码5部分组成。该代码共分4种结构，如表3-11所示。

表3-11　NON PLU-13代码组成

结构种类	前缀码	商品种类代码	价格或度量值的校验码	价格或度量值代码	校验码
结构一	$X_{13}X_{12}$	$X_{11}X_{10}X_9X_8X_7X_6$	无	$X_5X_4X_{11}X_3X_2$	X_1
结构二	$X_{13}X_{12}$	$X_{11}X_{10}X_9X_8X_7$	无	$X_6X_5X_4X_{11}X_3X_2$	X_1
结构三	$X_{13}X_{12}$	$X_{11}X_{10}X_9X_8X_7$	X_7	$X_5X_4X_{11}X_3X_2$	X_1
结构四	$X_{13}X_{12}$	$X_{11}X_{10}X_9X_8$	X_7	$X_6X_5X_4X_{11}X_3X_2$	X_1

前缀码，$X_{13}X_{12}$为前缀码，其值为20～24。

商品项目代码，由4～6位数字组成，用于标识不同种类的零售商品，由商店自行编制。

价格或度量值代码，由4～5位数字组成，用于表示某一具体零售商品的价格或度量值信息。

价格或度量值的校验码，结构三和结构四包含价格或度量值的校验码，为1位数字，根据价格或度量值代码的各位数字计算而成，用于检验整个价格或度量值代码的正误。

校验码，X_1为校验码，为1位数字，根据前12位计算而成，用于检验整个代码的正误。

8位代码由前缀码、商品项目代码和校验码组成，其结构见表3-12。

表3-12　8位代码组成

前缀码	商品项目代码	校验码
2	$X_7X_6X_5X_4X_{11}X_3X_2$	X_1

前缀码，由1位数字组成，其值为2。

商品项目代码，X_7～X_2为商品项目代码，由6位数字组成，由商店自行编制。

校验码，X_1为校验码，为1位数字，根据前7位计算而成，用于检验整个代码的正误。

（三）商品条码生产标准

1．遵循原则

商品条形码的编码遵循一对一原则，以保证商品条形码在全世界范围内不重复，即一个商品项目只能有一个代码，或者说一个代码只能标识一种商品项目。不同规格、不同包装、不同品种、不同价格、不同颜色的商品只能使用不同的商品代码。

2. 尺寸标准

商品条形码的标准尺寸是37.29mm × 26.26mm，放大倍率是0.8 ~ 2.0。当印刷面积允许时，应选择1.0倍率以上的条形码，以满足识读要求。放大倍数越小的条形码，印刷精度要求越高，当印刷精度不能满足要求时，易造成条形码识读困难。

3. 颜色要求

由于条形码的识读是通过条形码的条和空的颜色对比度来实现的，一般情况下，只要能够满足对比度（PCS值）的要求的颜色即可使用。通常采用浅色作空的颜色，如白色、橙色、黄色等，采用深色作条的颜色，如黑色、暗绿色、深棕色等。最好的颜色搭配是黑条白空。根据条形码检测的实践经验，红色、金色、浅黄色不宜作条的颜色，透明、金色不能作空的颜色。

五、二维码

二维码又称二维条码，常见的二维码为QR Code，QR全称Quick Response，是一个近几年来移动设备上超流行的一种编码方式，它比传统的Bar Code条形码能存更多的信息，也能表示更多的数据类型。

二维条码/二维码（2-dimensional bar code）是用某种特定的几何图形按一定规律在平面（二维方向上）分布的黑白相间的图形记录数据符号信息的；在代码编制上巧妙地利用构成计算机内部逻辑基础的“0”“1”比特流的概念，使用若干个与二进制相对应的几何形体来表示文字数值信息，通过图像输入设备或光电扫描设备自动识读以实现信息自动处理。它具有条码技术的一些共性：每种码制有其特定的字符集；每个字符占有一定的宽度；具有一定的校验功能等。同时还具有对不同行的信息自动识别功能及处理图形旋转变化点。

（一）功能

（1）信息获取（名片、地图、WIFI密码、资料）。

（2）网站跳转（跳转到微博、手机网站、网站）。

（3）广告推送（用户扫码，直接浏览商家推送的视频、音频广告）。

（4）手机电商（用户扫码、手机直接购物下单）。

（5）防伪溯源（用户扫码、即可查看生产地；同时后台可以获取最终消费地）。

（6）优惠促销（用户扫码，下载电子优惠券，抽奖）。

（7）会员管理（用户手机上获取电子会员信息、VIP服务）。

（8）手机支付（扫描商品二维码，通过银行或第三方支付提供的手机端通道完成支付）。

（二）分类

1. 按原理分类

在代码编制上巧妙地利用构成计算机内部逻辑基础的“0”“1”比特流的概念，使用若干个与二进制相对应的几何形体来表示文字数值信息，通过图像输入设备或光电扫描设备自动识读以实现信息自动处理。在许多种类的二维条码中，常用的码制有Data Matrix、MaxiCode、Aztec、QR Code、Vericode、PDF417、Ultracode、Code 49、Code 16K等，QR Code码是1994年由日本DW公司发明。QR来自英文“Quick Response”的缩写，即快速反应的意思，源自发明者希望QR码可让其内容快速被解码。QR码最常见于日本、韩国；并为当前日本最流行的二维空间条码。但二维码的安全性也正备受挑战，带有恶意软件和病毒正成为二维码普及道路上的绊脚石。发展与防范二维码的滥用正成为一个亟待解决的问题。

每种码制有其特定的字符集，每个字符占有一定的宽度、具有一定的校验功能等。同时还具有对不同行的信息自动识别功能及处理图形旋转变化等特点。

二维码是一种比一维码更高级的条码格式。一维码只能在一个方向（一般是水平方向）上表达信息，而二维码在水平和垂直方向都可以存储信息。一维码只能由数字和字母组成，而二维码能存储汉字、数字和图片等信息，因此二维码的应用领域要广得多。

二维条码/二维码可以分为堆叠式/行排式二维条码和矩阵式二维条码。堆叠式/行排式二维条码形态上是由多行短截的一维条码堆叠而成；矩阵式二维条码以矩阵的形式组成，在矩阵相应元素位置上用“点”表示二进制“1”，用“空”表示二进制“0”，“点”和“空”的排列组成代码。二维码的原理可以从矩阵式二维码的原理和行列式二维码的原理来讲述。

（1）堆叠式/行排式　二维条码或层排式二维条码，其编码原理是建立在一维条码基础之上，按需要堆积成二行或多行。它在编码设计、校验原理、识读方式等方面继承了一维条码的一些特点，识读设备与条码印刷与一维条码技术兼容。但由于行数的增加，需要对行进行判定，其译码算法与软件也不完全相同于一维条码。有代表性的行排式二维条码有Code 16K、Code 49、PDF417、MicroPDF417等。

（2）矩阵式二维码　矩阵式二维条码（又称棋盘式二维条码）它是在一个矩形空间通过黑、白像素在矩阵中的不同分布进行编码。在矩阵相应元素位置上，用点（方点、圆点或其他形状）的出现表示二进制“1”，点的不出现表示二进制的“0”，点的排列组合确定了矩阵式二维条码所代表的意义。矩阵式二维条码是建立在计算机图像处理技术、组合编码原理等基础上的一种新型图形符号自动识读处理码制。具有代表性的矩阵式二维条码有Code One、MaxiCode、QR Code、Data Matrix、Han Xin Code、Grid Matrix等。

常用的码制有PDF417二维条码、Datamatrix二维条码、QR Code、Code 49、Code 16K、Code one等，除了这些常见的二维条码之外，还有Vericode条码、Maxicode条码、CP条码、Codablock F条码、田字码、Ultracode条码及Aztec条码。

2. 按业务分类

二维码应用根据业务形态不同可分为被读类和主读类两大类。

（1）被读类业务　平台将二维码通过彩信发到用户手机上，用户持手机到现场，通过二维码机具扫描手机进行内容识别。应用方将业务信息加密、编制成二维码图像后，通过短信或彩信的方式将二维码发送至用户的移动终端上，用户使用时通过设在服务网点的专用识读设备对移动终端上的二维码图像进行识读认证，作为交易或身份识别的凭证来支撑各种应用。

（2）主读类业务　用户在手机上安装二维码客户端，使用手机拍摄并识别媒体、报纸等上面印刷的二维码图片，获取二维码所存储内容并触发相关应用。用户利用手机拍摄包含特定信息的二维码图像，通过手机客户端软件进行解码后触发手机上网、名片识读、拨打电话等多种关联操作，以此为用户提供各类信息服务。

（1）　（2）

图3-32　微信二维码实例

微信主要是通过智能手机平台，支持发送语音短信、视频、图片和文字，可以群聊。微信二维码图3-32是腾讯开发出的配合微信使用的添加好友和实现微信支付功能的一种新方式，是含有特定内容格式的，只能被微信软件正确解读的二维码。

拓展阅读

茶字戏说

一、“荼”字的由来

大体而言，在唐代之前人们大多把茶称为“荼”，期间也用过其他字形，直到中唐以后，“茶”字才成为官方的统一称谓。但是，“荼”字有多种含义，易发生误解；而且，“荼”是形声字，草字头说明它是草本植物，不合茶是木本植物的身份。《尔雅》一书中，开始尝试着借用“槚（jiǎ）”字来代表茶树。但“槚”的原义是指楸、梓之类树木，用来指茶树也会引起误解。所以，在“槚，苦荼”的基础上，又造出一个“搽”字，读茶的音，用来代替原先的“槚”“荼”字。直到唐代陆羽《茶经》之后，“茶”字才逐渐流传开来，运用于正式场合。

二、“茶”的雅号别称

在唐代以前，“茶”字还没有出现。《诗经》中有“荼”字，《尔雅》称茶为“槚”，《方言》称“蔎”（shè），《晏子春秋》称“茗”，《凡将篇》称“荈”（chuǎn），《尚书·顾命篇》称“诧”。另外，古时的茶是一物多名，在陆羽的《茶经》问世之前，茶还有一些雅号别称，如水厄、酪奴、不夜侯、清友、玉川子、涤烦子等。后来，随着各种名茶的出现，往往以名茶的名字来代称“茶”字，如“龙井”“乌龙”“大红袍”“雨前”等。

三、“茶”的字形演变

在中唐之前，茶的称谓大多为“槚茶”，也有称“槚”的，还有称“茗”“荈”的。最初，茶被归于野外的苦菜——荼（tú）类，没有单独的名称，如《诗经》中“谁谓荼苦，其甘如荠”；由于茶是木本植物，在《尔雅·释木》之中，为其正名“槚，即茶”；后来，《魏王花木志》中说：“茶，叶似栀子，可煮为饮。其老叶谓之荈，嫩叶谓之茗。”直到唐代陆羽第一次在《茶经》中使用统一的“茶”字之后，才渐渐流行开来。

四、“茶”的读音变化

如今世界各国的茶名读音，大多是从中国直接或间接引入的。这些读音可分为两大体系，一种是采取普通话的语音：“CHA”；一种是采取福建厦门的地方语“退”音——TEY。

两种语音在对外传播时间上，有先有后，先为“茶”音，后为“退”音。“CHA”音传往中国的四邻周边国家。如东邻日本，直接使用汉字“茶”。西邻古波斯语“CHA”、土耳其语“CHAY”、葡萄牙语“CHA”。北邻俄语“чай”。南邻印度、斯里兰卡、巴基斯坦、孟加拉的僧伽罗语也叫“CHA”。在明末清初，西方远洋船队由厦门等地方语得知茶称为“退”，随译成英语“TEE”，拉丁文“THEA”，后来英语拼成“TEA”。至于法语系的“THE”，德语系的“TEE”，西班牙语的“TE”，都是由厦门语的“退”音和英语的译音演变而成的。

五、“荼、檟、茗、荈、设”五种茶的含义

荼的含义。《尔雅·释草第十三》，“荼，苦菜”。苦菜为田野自生之多年生草本，菊科。《诗经·国风·邶国之谷风》有“谁谓荼苦，其甘如荠”，《诗经·国风豳国之七月》有“采荼樗薪”，《诗经·大雅·绵》有“堇荼如饴”，一般都认为上述诗中之“荼”是指苦菜。

檟的含义。《说文解字》：“檟，楸也。”“楸，梓也。”按照《说文解字》，檟即楸即梓。《埤雅》：“楸梧早晚，故楸谓之秋。楸，美木也。”则楸早在早秋落叶，故音秋，是一种质地美好的树木。《通志》：“梓与楸相似。”《韵会》：“楸与梓本同末异。”《埤雅》：“梓为百木长，故呼梓为木王。”综上所述，檟（榎）为楸、梓一类树木，且楸、梓是美木、木王。“檟，苦荼”（《尔雅》）。

茗的含义。《说文解字》：“萌，草木芽也，从草明声。”“芽，萌也，从草牙声。”茗、萌本义是指草木的嫩芽。茶树的嫩芽当然可称荼茗。后来茗、萌、芽分工，以茗专指荼（茶）嫩芽。茗何时由草木之芽演变而专指茶芽？旧题汉东方朔著，晋张华注《神异记》载：“余姚人虞洪入山采茗”，晋郭璞《尔雅》“檟，苦荼”注云：“早取为荼，晚取为茗，或一曰荈，蜀人名之苦荼。”

荈的含义。《茶经》“五之煮”载：“其味甘，檟也；不甘而苦，荈也；啜苦咽甘，茶也。”陆德明《经典释文·尔雅音义》：“荈、荼、茗，其实一也。”《魏王花木志》：“荼，叶似栀子，可煮为饮。其老叶谓之荈，嫩叶谓之茗。”综上所述，荈是指粗老茶叶，因而苦涩味较重，所以《茶经》称“不甘而苦，荈也。”《茶经》“七之事”引司马相如《凡将篇》中有“荈诧”。荈为茶的可靠记载见于《三国志·吴书·韦曜传》：“曜饮酒不过二升，皓初礼异，密赐茶荈以代酒”，茶荈代酒，荈应是茶饮料。

蔎的含义。《说文解字》：“蔎，香草也，从草设声。”蔎本义是指香草或草香。因茶具香味，故用蔎借指茶。西汉扬雄《方言论》：“蜀西南人谓茶曰蔎。”但以蔎指茶仅蜀西南这样用，应属方言用法，古籍仅此一见。

CHAPTER 4

第四章

守好茶叶质量安全门

中国作为茶叶的故乡，种茶、制茶、饮茶已有2000多年的历史。目前，全球有150多个国家和地区的20多亿人钟情于饮茶。随着市场和科技的发展，传统茶饮不断升级，新式茶饮纷纷崛起，围绕茶叶展开的三产融合也越发深入。不过，在中国茶业影响力和知名度逐渐扩大的过程中，仍然需要茶企坚持品质、打造名牌、持续创新，一方面让中国茶叶“茗”扬四海，一方面把中国茶业越做越大，高品质茶叶，俨然成为当前国内茶产业发展的突破口。绿色食品认证和ISO 9001国际质量体系认证，是高品质茶叶提升销量的最好保障。

第一节　商品质量

一、何谓质量

菲利浦·克劳士比，1926年6月18日出生于美国西弗吉尼亚州惠灵市。对世人有卓越贡献及深远影响，被尊为“20世纪伟大的管理思想家”“品质大师中的大师”“零缺陷之父”“一代质量宗师”。他提出质量是“符合规范或要求”。

约瑟夫·莫西·朱兰，质量管理专家，1904年12月生于罗马尼亚布勒伊拉的一个贫苦家庭，成长在一个叫作帕西亚的小城，父亲是制鞋匠。于1912年移民美国，1926年结婚。因“朱兰三部曲”（质量策划、质量控制、质量改进）而闻名。他提出质量是“适用性”。适用性是指产品在使用期间能够满足用户的需要。

田口玄一，出生于1924年1月1日，日本新潟县人，为知名的统计学家与工程管理专家，享誉全球的质量大师。从20世纪50年代开始，他创造了田口方法（Taguchi Method），为品质工程的奠基者。他提出质量是“社会总损失最小”。“总损失”定义为产品上市后所产生的“功能波动损失”“弊害项目损失”以及“使用成本”这三部分损失之和。

阿曼德·费根鲍姆，1920年出生于美国纽约市。全面质量控制之父、质量大师、《全面质量控制》的作者。质量并非意味着最佳，而是客户使用和售价的最佳。他提出质量是“满足顾客期望的各种特性综合体”。

质量是“一组固有特性满足要求的程度”（GB/T 19000—2016《质量管理体系　基础和术语》/ISO 9000：2005）。“特性”通常是指“可区分的特征”，它可以是固有的或赋予的，也可以是定性的或定量的。“固有特性”是指某事或某物（如茶叶）本来就有的，尤其是那种永久的特性（如茶叶的香气、保健功效），而不是“赋予特性”。“赋予特性”是产品制成后因不同的要求或需要而对产品人为地增加的特性，如产品的价格等。“要求”是指明示的、通常隐含的或必须履行的需求或期望。“明示的”可以理解为经明示的要求，如在标准中阐明的要求或顾客明确提出的要求；“通常隐含的”是指组织、顾客和其他相关方的惯例或一般做法，所考虑的要求或期望是不言而喻的，习惯上应该这样做的；“必须履行的”是指法律、法规或强制性标准要求。产品的“性能”，从产品性能扩展到考虑顾客需求的“适用性”；从单纯产品质量扩展到产品质量与工作质量，从产品质量、工作质量扩展到包括服务质量。质量概念突破了原来只与生产者和消费者相关的局限，建立了包括相关方影响的新概念。

二、何谓商品质量

商品质量的概念有狭义和广义之分，狭义的商品质量是指产品与其规定标准技术条件的符合程度，它是以国家或国际有关法规、商品标准或订购合同中的有关规定作为最低技术条件，是商品质量的最低要求和合格的依据。广义的商品质量是指商品适合其用途所需的各种特性的综合及其满足消费者需求的程度，是市场商品质量的反映。它不仅是指商品的各种特性能够满足需要，而且包括价格实惠、交货准时、服务周到等内容。

因此商品质量是指商品的一组固有特性满足明确规定的和通常隐含的需求或期望的程度。“固有特性”是指商品一旦形成就客观存在的质量特性，如几何特性、化学特性、机械特性、生物学特性、感官特性、安全性等。“明确规定的需求或期望”指在法律、法规、技术标准、合同、承诺、图样、使用说明标签或标志、使用说明书等文件中明确提出的要求。“通常隐含的需求或期望”是指那些人们公认的、应该遵从的、不必明确的要求，如习惯要求或沿用惯例等。

（一）商品质量的性质

1. 商品质量具有针对性

商品的质量是针对一定使用条件和一定的用途而言的。各种商品均需在一定使用条件和范围内按设计要求或食用要求合理使用。若超出它的使用条件，即使是优质品也很难反映出它的实际功能，甚至会完全丧失其使用价值。

2. 商品质量具有相对性

商品质量相对于同类商品（使用目的相同）的不同个体而言，是一个比较的范畴。对一般商品来说，可以通过简单的比较和识别来观察，而对某些商品则要有严格的质量指标规定。

3. 商品质量具有可变性

商品的特性会随着科技进步而发展，而且人们消费水平的提高和社会因素的变化，对商品质量也会不断提出新的要求；即使同一时期，因地点、地域、消费对象不同，对商品的要求也不一样；消费者职业、年龄、性别、经济条件、宗教信仰、文化修养、心理爱好等不同，对质量要求也不同。

（二）商品质量与经济效益的关系

一般来说，经济效益是指经济活动中取得的符合社会需要的经济成果。同所投入的劳动消耗、物质消耗、劳动占用之间的比例关系，也就是投入产出比。投入少，产出多，经济效益就好。但所谓产出绝不能仅仅依赖于商品数量，还必须依靠商品质量。因为人们购买的并不是商品本身，而是商品所带给人们的益处即使用价值用其具体体现——质量。以尽量少的劳动消耗生产出更多的符合社会需要的产品。保证稳定地提高产品质量，向社会、用户提供物美价廉的优质产品，就会给社会和企业带来莫大的经济效益。以上说明，现代的质量观是质量与效益的统一观，质量就是效益，主要表现：质量是效益的前提，效益是质量的结果，有质量才能有效益，没有质量就没有效益。既然经济工作的核心是效益，那么质量就是发展经济的关键，质量工作应该成为经济工作永恒的主题。

（三）商品质量的综合体现

商品质量是一个综合性的概念，它涉及商品本身及商品流通过程中诸因素的影响。从现代市场观念来看，商品质量是内在质量、外观质量、社会质量和经济质量等方面内容的综合体现。

1. 商品的内在质量

商品的内在质量是指商品在生产过程中形成的商品体本身固有的特性，包括商品实用性能、可靠性、寿命、安全与卫生性等。它构成商品的实际物质效用，是最基本的质量要素。

2. 商品的外观质量

商品的外观质量主要指商品的外表形态，包括外观构造、质地、色彩、气味、手感、表面疵点和包装等，它已成为人们选择商品的重要依据。

3. 商品的社会质量

商品的社会质量是指商品满足全社会利益需要的程度，如是否违反社会道德，对环境造成污染，浪费有限资源和能源等。一种商品不管其技术如何进步，只要有碍于社会利益，就难以生存和发展。

4. 商品的经济质量

商品的经济质量是指人们按其真实的需要，希望以尽可能低的价格，获得尽可能优良性能的商品，并且在消费或使用中付出尽可能低的使用和维护成本，即物美价廉的统一程度。

商品的内在质量是由商品本身的自然属性决定的；外观质量、社会质量和经济质量则是由商品的社会效应来决定的，它涉及诸多社会因素的影响。

（四）商品质量的形成发展

商品质量的形成发展主要包括有形商品质量形成发展和服务质量（无形质量）形成发展。商品质量形成可以用质量环来表示。

1．朱兰质量螺旋

朱兰质量螺旋（图4–1）是一条螺旋式上升的曲线，它把产品全过程的各个环节按逻辑顺序串联起来，反映了产品质量形成的整个过程及其规律性。

2．质量环（Quality Loop）

质量环（图4–2）是指“从识别需要到评定这些需要是否得到满足的各阶段中，影响质量的相互作用活动模式”。反映一个连续不断、周而复始的过程，通过不断地循环，实现持续的质量改进。

3．服务质量环

服务质量环（图4–3）是把服务质量的全过程分为服务的市场开发、设计、提供、业绩分析与改进4个主要的关联环节。

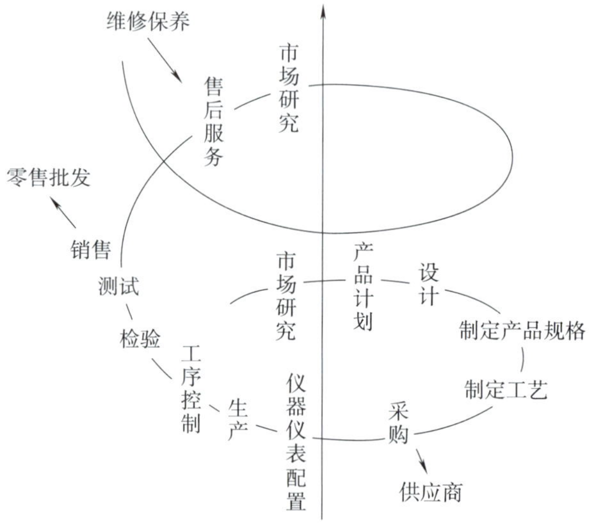

图4–1 朱兰质量螺旋

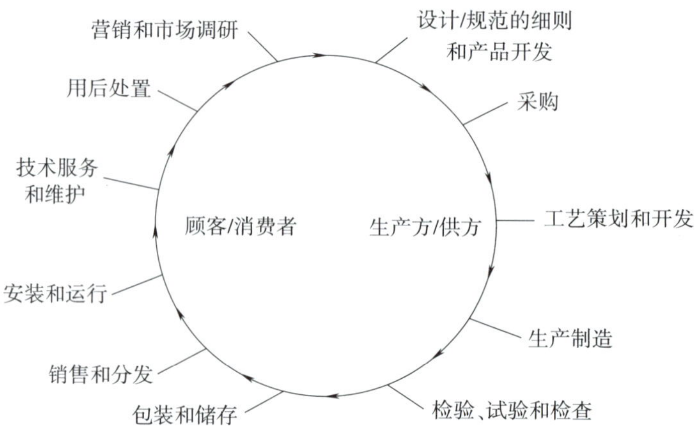

图4–2 质量环

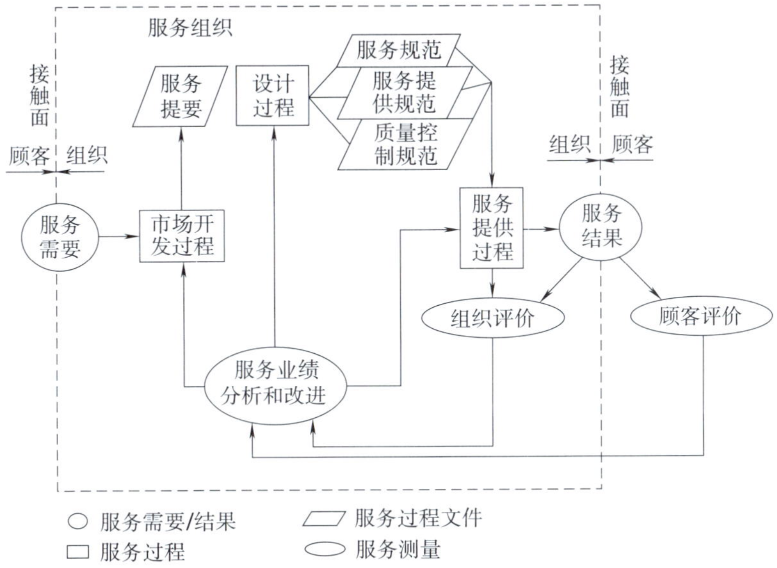

图4-3 服务质量环

取得满意的商品质量涉及质量环中的所有阶段。从商品质量管理角度来看，可以将商品质量形成过程概括为开发设计质量、制造质量、检验质量和使用质量等几方面。这四者应该完全统一和一致，但由于技术上、管理上的种种原因，却经常发生矛盾，往往设计质量符合要求，而制造质量却不符合设计质量。检验质量又难以真正地反映制造质量，因而最终影响使用质量。为了保证商品使用质量，就要在设计质量、制造质量、检验质量上下功夫，达到商品质量的统一要求。

（五）影响商品质量的因素

商品质量是商品生产、流通和消费全过程中诸多因素共同影响的产物。从质量形成的过程来看，影响和决定商品质量的因素是多方面的，商品的来源不同，影响质量的因素也不完全相同。

1. 原材料与商品质量的关系

原材料是构成商品最原始的物质，在其他条件相同的情况下，原材料对商品的质量起着决定性的作用。因此，在分析商品质量时，必须对原材料的质量进行分析。

2. 生产过程与商品质量的关系

产品设计与试制、生产工艺、商品检验、生产人员的素质和能力。

3. 流通过程对商品质量的影响

流通过程是指商品离开生产过程进入消费过程前的整个区间。因为当商品在流通过程中，由于受到各种外界因素的影响，会发生商品质量不断恶化的现象，商品学在研究影响商品质量因素时，就对商品在流通中的包装、运输、储存和销售服务进行全面研究，以降低损耗，保护质量。

4. 销售服务对商品质量的影响

商品在销售服务过程中的进货验收、入库短期存放、商品存列、提货搬运、装配调试、包装服务、送货服务、技术咨询、维修和退换服务等项工作质量都是最终影响消费者所购商品质量的因素，商品良好的售前、售中、售后服务已逐渐被消费者视为商品质量的重要组成部分。

5. 消费过程对商品质量的影响

消费过程对商品质量的影响首先是消费心理与消费习惯，爱美之心，人皆有之，商品美对商品质量的影响越来越重要，合规律地创造完美的商品形式，是为了满足人们的审美需要，人们审美观有共同的一面，也有差异的一面，不同时代、民族、宗教、区域、阶层、环境、职业、年龄、性别的审美观是有差异的。因此不同消费者对美的商品认同和追求是不一样的。

6. 社会伦理道德对商品质量的影响

质量意识属于思想范畴，涉及人的职业道德、思想道德、精神风貌和知识修养等精神因素，所以，开展精神文明建设，发扬爱国主义，对工作精益求精和对人民极端负责的精神，是增强质量意识的重要环节。此外加强质量法制建设也是增强质量意识必不可少的环节。

（六）商品质量基本要求

商品质量的要求多种多样，是因为不同的使用目的（用途）会产生不同的使用要求（需要），即使对于同一用途的商品，不同的消费者也会提出不同的要求。基本要求常分为有形商品质量和服务（无形商品）质量。其中有形商品质量的基本要求包括使用性能、安全卫生性、使用寿命、可信性、环境友好性、审美性、经济性、信息性和可追溯性9个方面；无形商品质量的基本要求包括功能性、时间性、文明性、安全性、舒适性、经济性6个方面。

1. 有形商品质量基本要求

（1）使用性能　指商品为满足预定的使用目的或用途所必须具备的各种性能或功能，还应包括商品在该用途方面应尽量符合人体工效学原理，使用方便等要求。

（2）安全卫生性　安全卫生性是指商品在储存、流通和使用过程中保证人身安全和健康不受伤害的能力。

（3）使用寿命　使用寿命是指耐用性商品在规定的使用条件下，保持正常使用性能的工作总时间。

（4）可信性　包括可用性及其影响因素—可靠性、可维修性和维修保障性，可用性是指商品在一随机时刻需要开始执行任务时处于工作和可使用状态的程度，它是可靠性、可维修性和维修保障性综合作用的结果。

（5）环境友好性　指商品在生产、流通、消费、废弃的整个生命周期内对自然生态环境和人体健康的危害尽可能减至最低程度，或者最大限度地节约能源的能力。

（6）审美性　指商品能够满足人们审美需要的属性。

（7）经济性　指商品的生产者、经营者、消费者都能用尽可能少的费用获得较高的商品质量，从而使企业获得最大的经济效益，消费者也会感到物美价廉；经济性包括两方面的内容，一是在“物美价廉”基础上的最适质量；二是商品价格与使用费用的最佳匹配；最适质量是指商品的质量性能与获得该种性能所需费用的统一，即优质与低成本的统一。

（8）信息性　指依据有关的质量法规或强制性标准，商品生产者、经销者有责任和义务通过其商品或包装的规定标识以及包装内必备的有关文件，向消费者提供有用的质量信息。

（9）可追溯性　指根据记载的标识，追踪商品的原材料和零部件以及商品实体、商品的加工历史、商品的应用情况、商品出厂后的分布和位置等的能力。

2. 无形商品质量（服务质量）基本要求

（1）功能性 功能性指服务实现的效能和作用。

（2）时间性 时间性指服务的速度，能否及时、准时、省时地满足服务需求的能力。

（3）文明性 文明性不仅仅是指对顾客要笑脸相迎，还包括对顾客的谦逊、尊重、信任、理解、体谅和与顾客有效的沟通，是满足顾客精神需求的程度。

（4）安全性 安全性指服务供方在对顾客进行服务的过程中，保证顾客人身不受伤害、财物不受损害的能力。

（5）舒适性 舒适性指服务对象在接受服务的过程中感受到的舒适程度。

（6）经济性 经济性指为得到相应服务顾客所需费用的合理程度。

商品质量的各项基本要求，并不是独立的、静止的、绝对的，特别是对某种商品提出具体质量要求时，不仅要根据不同的用途进行具体分析，而且还必须与社会生产力的发展、国民经济水平以及人们消费习惯相适应。

三、现代商品质量观

现代商品质量观主要包含自然质量、无形质量、社会质量三个层次。自然质量是指商品满足消费者明确和潜在需求各种物质性特性，如化学特性、物理特性、功能等；无形质量是指与商品有关的各种服务，如售前、售中、售后服务等；社会质量是指商品从生产、流通、消费、废弃整个生命周期满足全社会利益所必需的特性，如不污染、不破坏自然环境、节约能源、废弃后容易处置，不违背法律和社会道德等。内在质量观、外在质量观、经济质量观、社会质量观、设计质量观及市场质量观等现代商品质量综合观（图4–4）。

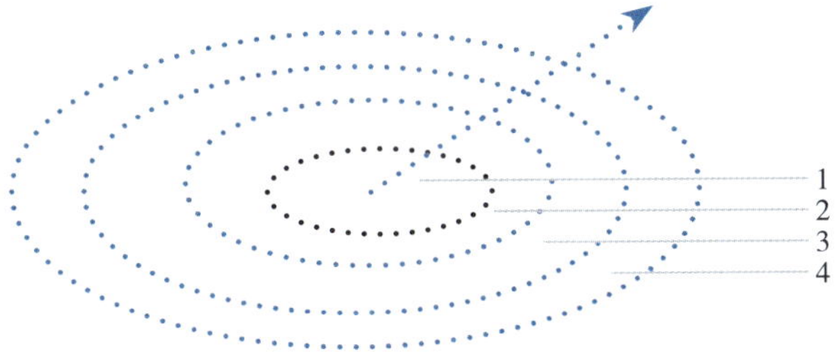

图4–4 现代商品质量综合观示意图

1—代表内在质量 2—代表经济质量 3—代表外在质量 4—代表社会质量

（一）商品质量特性

商品质量特性是指商品与要求有关的固有特性。商品不止有一种质量特性，常常有几种、十几种，甚至更多。每种质量特性对商品质量都有一定的贡献，但其重要程度却不同，而且因使用目的或用途不同而发生变化。真正的质量特性是难以定量，尤其是依据现有的测量技术来选定质量特性时，非常困难。对产品进行综合的或个别的试验研究，确定某些技术参数以间接的反映商品的质量特性，人们称之为代用质量特性。

（二）商品质量指标

商品质量特性通常需要各种数量指标来表示，这些数量指标称为商品质量指标。例如，适用性指标、工艺性指标、安全卫生性指标、可靠性指标、使用寿命指标、生态学指标等。

测量或测定质量指标所得到的数据，称为质量特性值。可以连续测量而得到的质量特性值称为计量值，如商品尺寸、质量、容积、抗拉伸强度等特性值。没有必要或实际上难以用计量值表示，例如商品的品级、合格品数、外观疵点数等特性值是离散的，只能取整数值或定性地划分为两个或两个以上的类，这样的质量特性值称为计数值。

（三）商品质量意义

不断提高商品质量，是发展生产、扩大经营的重大前提；保证和提高商品质量，是创造社会财富、满足消费的重要标志；改进和提高商品质量，是促进企业质量管理制度完善的中心环节；改进和提高商品质量，是提高市场竞争能力的重要措施。商品质量的高低是衡量一个国家生产力发展水平的重要标志。

四、何谓商品品质

商品品质的意思是商品的品质包含商品的内在质量和外观。商品的外观指可以直接获得外观形态，商品品质通过感知来了解。如商品的大小、长短、结构、造型、款式、色泽、气味、光滑度和透明度等。商品的内在质量是指商品固有特性满足人们要求的程度，包括商品的物理性能、化学成分、生物特征、技术指标和要求等，需借助仪器和设备分析、人力分析才能获得。如布料的色牢度、防水性能、回潮率、缩水率、伸长率等。

商品品质的优劣直接影响商品的使用效能、销路和市场价格，关系到买卖双方的利益，所以对商品品质有具体要求：性能稳定性要求，指商品在使用过程中必须性能保持不变动；功能保证性要求，保证满足质量要求或是规定功能用途必须具备的性能；安全性要求，保证商品在流通、存储、使用过程中对人体和环境没有伤害；环保性要求，保证对环境不产生危害；经济性要求，尽可能用最低的费用获得较高的商品质量；市场性要求，保证商品的市场质量适应市场消费需求的程度；质量指标可信性要求，必须达到各项标准所规定的技术要求；质量信息服务性要求，生产者有责任和义务通过在商品或商品包装上向消费者提供有用的质量信息。

第二节　茶叶质量安全

一、一杯好茶的标准

很多人都想买好茶，喝好茶，但却苦于没有专业知识，而且各种茶的品质又不一样，常常把自己弄得晕头转向。一杯好茶的背后，透露了从种植茶树、采收茶菁、冲泡茶叶……每一个环节都有需要关注的因子。那么好茶的标准是什么？每个人喜欢、深入的不一样，一杯茶，怎样才叫好，每个人的定义都不一样。不过常规意义上的好茶需包括以下几点。

（一）汤色透亮

这是最直观判断是否是好茶的标准。不管茶汤是红、绿、黑、白、黄，关键要“透亮”，汤色透亮除了让人赏心悦目外，还表明茶叶的制作工艺优良，无碎末；储存条件良好，没有灰尘，也没霉变；茶的内含物丰富，并得到很好的释放；冲泡方法科学；但有时由于冲泡的原因，会让好茶出现浑浊，如水温太高，毫多的茶用高冲法等。

（二）苦涩味从舌面散开，而不是收敛

不苦不涩不是茶，苦涩是茶的本性，但关键在于能否快速散去。如苦涩味一直留在口腔中，所谓“盯舌头”，应该不能算是好茶。但也有人喜欢这样滋味，那只能算他个人的主观标准。

（三）无异味、怪味、水味

1. 异味

异味指不是茶本身的味道，一般是因为茶在生产储存过程中，吸收了其他味道，比如香水或化妆品的味道、烟味、其他杂味。因为茶的吸附性非常好，所以生产存放时一定要注意，异味一旦吸收，几乎无法去除，好茶也毁了。

2. 怪味

怪味指的是茶本身让人不愉快的味道，如霉味。还有一些语言无法表达的，让人觉得难受的味道。也有人说，这才是这款茶的特别之处，但这种说法是错误的。怪味往往说明这款茶有问题，出现了有害物质，如黄曲霉菌等，喝了对健康不利。

3. 水味

水味是指茶味和水味分离，出现淡腥味。水味往往出现在茶汤变淡的时候，好的茶是不会出现茶水分离的，淡而不腥。比如好的龙井，即使茶汤冲得如白水，也依旧滋味甘甜。

（四）叶底鲜活

好茶的叶底，无论六大茶类的哪一种，鲜活是共同的特征。叶底鲜活还表明，茶叶的原料好，因为叶底是对茶青的还原；茶的制作工艺好，没有把茶做死；冲泡得当，让茶叶充分泡开，又没把茶泡熟，闷坏。

（五）好茶不能有农残等有害物质

这是好茶的底线。喝茶不能为了满足口腹之欲，而忽视了茶的健康本质。因此要坚决抵制农残、重金属等有害物质超标的茶。

（六）好茶让人愉悦

好茶让人愉悦是因为好茶中的芳香物质和某些成分，会促进多巴胺的分泌，从而使人心情愉悦，头脑清醒，而不好的茶会让人越喝越郁闷。

二、茶叶质量基本要求

（一）具有相应的营养性

能给人体提供营养物质，这是一切食品的基本特征。营养价值功能是供给人体维持生命

活动、劳动能源、调节代谢和促进健康的重要因素。茶叶里面有很丰富的营养成分，喝茶虽然可以补充一点点营养，但却不能维持生命。喝茶关键目的不是为人体提供营养，而主要是解渴与获取健康功效。

（二）具有较好的色、香、味、形等感官特性

对于茶叶来说，最主要的品质就是色、香、味，当然还需要一定的外形（图4–5）。色（约1%）主要包括色素（叶绿素、胡萝卜素）、酚类；香（0.005%～0.03%）为芳香物质（鲜叶中87种、绿茶260种、红茶400多种）；味包括多酚类（18%～36%）、以茶氨酸为主的氨基酸（1%～4%）、咖啡碱（2%～5%，生物碱主成分）、糖（20%～25%）。

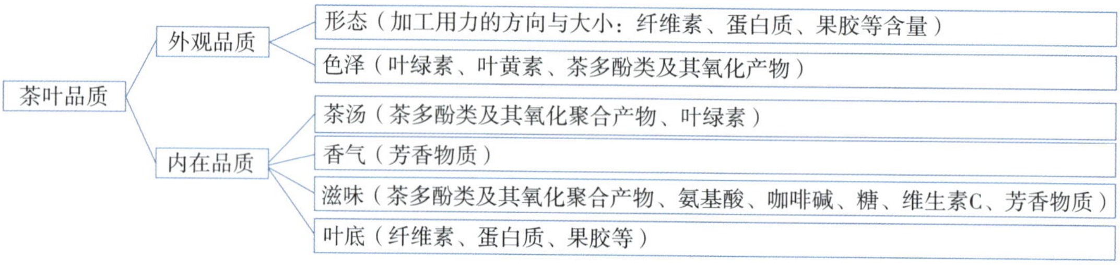

图4–5　茶叶品质的形成

（三）具有优良的健康功效

茶叶中含有能通过激活酶的活性或其他途径，调节人体机能的物质；喝茶的主要目的不是为了摄入营养，而是为了促进我们的身体健康，这是我们喝茶最重要目的。

茶多酚（茶色素）、茶氨酸、咖啡因最具现实应用价值，也是茶的特征性功效成分。这些成分是茶叶里特有的，其他植物里没有或者就是其他植物里含量很少，而茶叶里含量非常高的；这些成分如果用沸水去泡茶还泡不出来，那我们就喝不到，它就不能被称作特征性成分；能溶解在水中，且溶于水我们喝进去以后身体还有生理反应，这样才能称之为特征性成分。例如我们喝茶能提神是由于咖啡因的功效；喝茶能够防止心脑血管病是茶多酚的功效；喝茶让我们安神让我们心里更平静是茶氨酸的功效，这些就是不同的特征性成分让我们有不同的生理反应。

（四）无毒、无害，符合卫生要求

无毒无害是指正常人在正常食用情况下摄入可食状态的食品，不会造成对人体的危害，这是作为食品商品最起码的条件。茶叶中的毒害物质来源见图4–6。

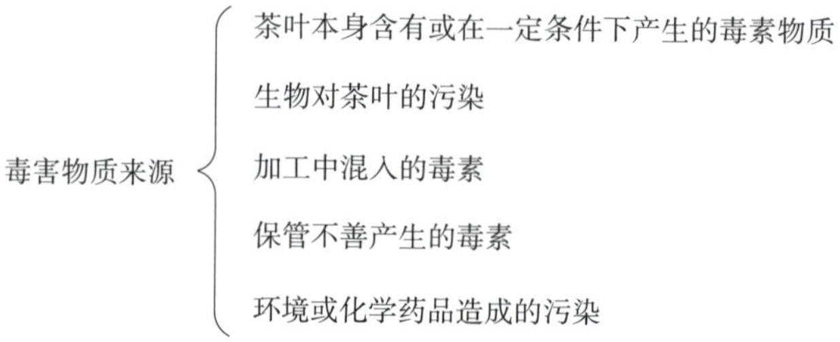

图4–6　茶叶中的毒害物质来源

三、影响茶叶质量因素

（一）茶树鲜叶质量

图4-7为茶树鲜叶采摘等级，图4-8所示为茶树鲜叶内含物质成分，表4-1为茶树鲜叶采摘等级与质量要求。

图4-7　茶树鲜叶采摘等级

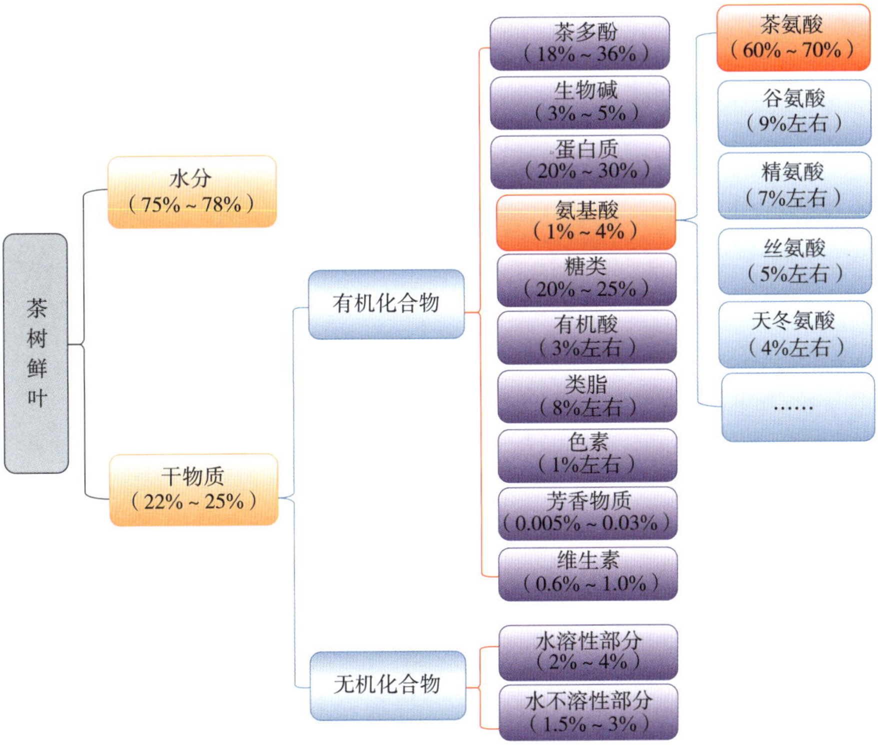

图4-8　茶树鲜叶内含物质成分

表4-1　茶树鲜叶采摘等级与质量要求

级别	芽叶组成	占比/%	质量要求
一级	一芽二叶初展	为主	芽肥壮，少有开展叶
二级	一芽二叶	90	芽叶肥壮，有开展叶
	一芽二三叶初展	15～20	
三级	一芽二三叶初展	55～60	芽叶肥壮，叶开展
	一芽二叶开展	35～40	
四级	一二叶开展	25～35	芽叶连枝，有对夹叶
	一芽二三叶	65～70	
片	对夹叶单片为主		鲜叶粗老

（二）茶叶加工工艺流程

以紧压茶为例，其完整工艺流程如图4-9所示。

（三）茶叶品质检验流程

茶叶品质检验流程如图4-10所示。

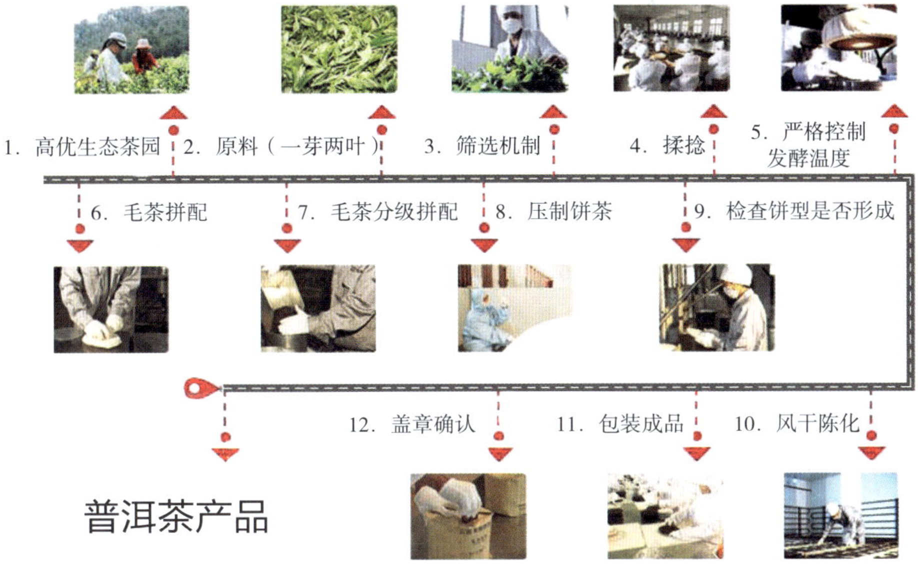

图4-9　普洱茶生产工艺流程

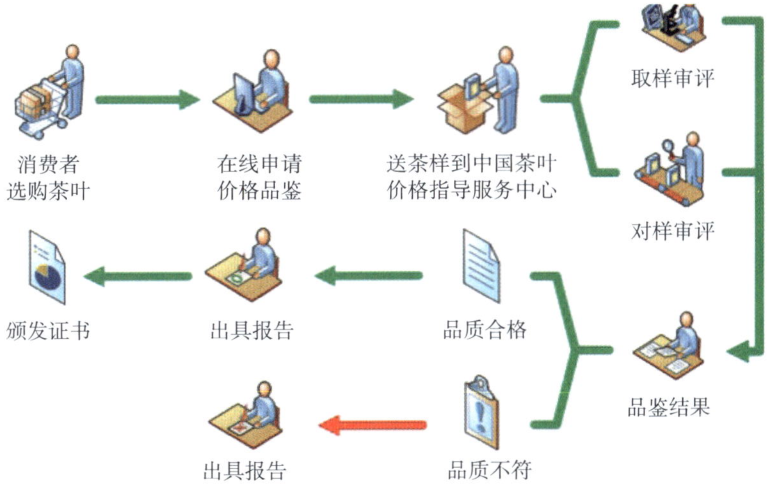

图4-10　茶叶品质检验流程

四、茶叶质量安全情况

茶叶质量安全是茶叶质量与茶叶饮用安全性的总称。从生产加工、产品储运、市场销售等环节一直到消费者手中，其中任何一个环节出现偏差都可能致使茶叶质量出现问题。2018年，我国食品安全形势继续稳中向好。为认真贯彻落实党的十九大明确提出的“实施食品安全战略，让人民吃得放心”重大部署和“四个最严”的要求，各级党委、政府和相关职能部门针对当前食品安全面临的风险挑战，持续加强监管要求力度；我国食品行业各相关领域也积极配合做好食品质量安全管控，努力保证消费者舌尖上的安全。根据国家食品药品监督管理总局（现为国家市场监督管理总局）食品安全抽检结果可知：2018年，我国食品安全领域中的农药兽药残留、重金属污染、生物毒素污染问题依然较为突出；微生物污染问题仍较普遍；违规使用添加剂、非法添加仍是顽疾，质量指标不符合标准等问题仍然多发易发，反映出部分企业存在主体责任不落实、风险防范措施不到位的问题。同时，网络上各种关于食品安全问题的传言、谣言屡见不鲜，这不仅对行业、企业产生不良影响，也不断考验着消费者的心理承受力和辨别力。

茶叶作为中国特有的食品饮料，其产量和消费饮用量均位居世界之首。2018年，在政府相关部门、企业、行业组织等多方共同努力下，我国茶叶行业食品安全意识提升明显，企业质量安全第一责任人意识显著增强，茶叶产品质量稳步提升。根据国家食品药品监督管理总局公布的食品安全抽检数据显示：2017年全国各级食品药品监管部门针对茶叶及相关制品共开展34495批次监督抽检，抽检合格率为99.4%。

茶叶中农残、重金属、食品添加剂、香精等问题，依然有着很大的改善空间；“假茶”“天价茶”等特有的投机现象也需要更多的努力去改善；茶叶农残问题依旧难以很好的解决，有其技术层面和社会层面的问题，需要更多人的共同努力。聚焦茶叶质量安全，目前，茶叶国家标准越来越严格，很多国内企业将茶叶的安全标准与国际水平接轨。近年来，我们也明显感受到，我国茶叶行业食品安全意识提升明显，企业质量安全第一责任人意识显著增强。茶产业作为一个健康产业，正在逐渐赢得消费者的信心。茶叶产品的质量正在稳步提升，我们将会喝上更优质、更安全的健康茶。

第三节　茶叶质量监控

一、商品检验

商品检验是指商品的供货方、购货方或者第三方在一定条件下，借助某种手段和方法，按照合同、标准或国际、国家有关法律、法规、惯例，对商品的品质、安全及卫生性能、规格、质量（重量）、数量以及包装等方面进行检查，并做出合格与否或通过验收与否的判定，或为维护买卖双方合法权益，避免或解决各种风险损失和责任划分的争议，便利商品交接结算而出具各种有关证书的业务活动。商品检验的目的是维护用户或消费者利益，把好商品质量关，杜绝劣质原材料、半成品或制成品进入生产或流通领域，确保商品质量合格，最终实现商品的使用价值。商品检验的任务是全面地研究商品的成分、结构、性质和外观，准确地确定商品的质量；拟定商品的质量指标；科学地规定商品检验方法；确定商品包装、保管、运输的条件。

（一）商品检验类型

1．按检验主体不同分类

按照检验主体的不同，商品检验可分为以下三种类型：生产检验、验收检验和第三方检验。

生产检验（图4-11）是商品生产者为维护企业信誉，达到保证质量的目的，而对原材料、半成品和成品商品进行的检验活动，检验合格的商品应有“检验合格证”标识。

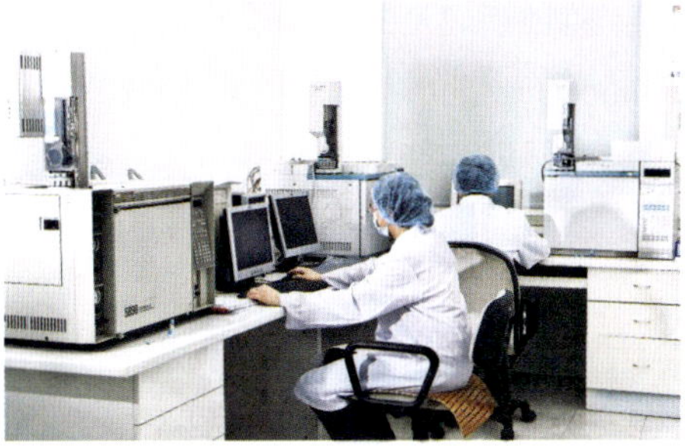

图4-11 生产检验检验室场景

验收检验是商品的买方（如批发业、零售业和工业用户）为了维护自身及其顾客的利益，保证其所购商品满足合同或标准要求所进行的检验活动。

第三方检验是指处于买卖利益之外的第三方，以公正、权威的非当事人身份根据有关法律、合同或标准所进行的商品检验，如公证鉴定、仲裁检验、国家质量监督检验等。

2. 按商品检验规则或受检商品数量分类

按照商品检验规则或受检商品数量的不同，商品检验也可分为以下三种类型：全数检验、抽样检验和免于检验。

（1） （2）

图4-12 免检标识

全数检验是对被检的整批商品逐个（件）地进行的检验，也称百分之百检验。

抽样检验是按照事先已确定的抽样方案，从被检的整批商品中随机抽取少量商品样品，组成样本，再对样品逐一测试，并将结果与标准或合同技术要求进行比较，最后由样本质量状况统计推断受检的整批商品质量合格与否的检验。

免于检验（图4-12）是指对生产技术和检验条件较好，质量控制具有充分保证，成品质量长期稳定的企业生产的商品，在企业自检合格后，商业和外贸部门可以直接收货。但对涉及安全、卫生及有特殊要求的商品（如食品）不能申请免于检验。

3. 按检验依据、对象、用途分类

按照检验依据、对象以及用途的不同，商品检验又可分为以下两种类型：非进出口商品检验与进出口商品检验。

非进出口商品检验是指国内的商品经营者（批发商、零售商）、工业用户及其质量管理机构与委托的检验机构或国家质监总局及其所属的质量监督管理机构与其认可的检验机构，依据有关标准或合同要求对国内非进出口商品所进行的检验活动。

进出口商品检验是指由国家设立的检验鉴定机构或向政府注册的独立机构，对进出口商品的品质、规格、重量、数量、安全卫生性能、包装以及装运技术和装运条件等项目实施检验和鉴定，以确定其是否与贸易合同、有关标准规定一致，是否符合进出口国有关法律和行政法规的规定，并出具证书的工作。

法定检验是进出口检验鉴定机构根据国家的法律、行政法规的规定，对指定的重要进出口商品实施强制性的检验。

公证鉴定是应国际贸易关系人的申请，检验鉴定机构以公证人的身份，办理规定范围内的进出口商品的检验鉴定业务，出具证明，作为当事人办理有关事务的有效凭证。

监督管理是国家质检总局及其认可的进出口检验鉴定机构通过行政管理手段，对进出口商品有关企业的检验部门和检验人员进行监督管理；对生产企业的质量体系进行评审；对进出口商品进行抽查检验等。

（二）商品检验的工作程序

商品质量检验的一般程序：定标→抽样→检查→比较→判定→处理。

进出口商品检验工作流程，是指在执行某项进出口商品检验任务时，有关的检验单证从受理报验到制证结束的各环节中依次停留的工作过程，它实质上也是进出口商品检验工作程序；受理报验→抽样制样→检验鉴定→签证放行。

1．商品抽样

抽样是根据合同或标准所确定的方案，从被检批商品中抽取一定数量有代表性的、用于检验的单位商品的过程，又称取样或拣样（图4-13）。

组成被检批的基本单位称为单位商品。被检批商品中所包含的单位商品的总数，称作批量，用N表示。由被检批中抽取用于检验的单位商品（即样品）的全体，称作样本。样本中所包含的单位商品数量称为样本大小或样本量，通常用n表示。

2．抽样检验方法

（1）计量抽样检验　从批量商品中抽取一定数量的样品（样本），检验此样本中每个样品的质量，然后与规定的标准值或技术要求进行比较，由此确定该批商品是否合格的一种抽样检验方法。

（2）计数抽样检验　从批量商品中抽取一定数量的样品（样本），检验其中每个样品的质量，然后统计合格品数，再与规定的“合格判定数”比较，由此决定该批商品是否合格的一种抽样检验方法。

（3）调整型抽样检验　对于连续批商品的质量检验，由正常、加严、放宽等不同抽样检验方案与转移规则联系在一起而组成的一个完整的抽样检验体系。

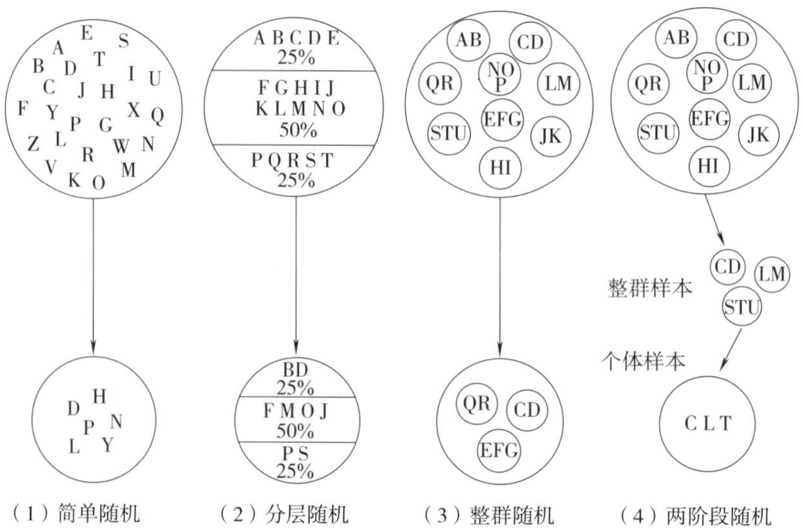

图4-13　商品抽样的方式

（4）非调整型抽样检验　对于孤立批商品的质量检验，其单个抽样检验方案不考虑商品批的质量历史，使用中也没有转移规则。

（5）一次抽样检验方法　只需要抽样检验一个样本就可以做出该批商品是否合格的判断的抽样检验方法。

（6）二次抽样检验方法　先抽第一个样本进行检验，若据此可判断该批商品是否合格，则终止检验。否则，再抽第二个样本，再次检验后，用两次结果综合在一起判断该批商品合格与否的抽样检验方法。

（7）多次抽样检验方法　该方法原理与二次抽样检验方法相似，每次抽取样本大小相同，即$n_1=n_2=\cdots\cdots=n$，但抽样检验次数多，合格判定数与不合格判定数多。

3．抽样检验方案

实施抽样检查，必须预先确定样本大小和接收或拒收商品批的一定的判定规则——判定数组，这两者合称为抽样检验方案（简称“抽检方案”）。

一次抽检方案是指由样本大小n和判定数组（Ac，Re）组成的抽检方案，Ac为合格判定数，即判定批合格时，样本中所含不合格品数（d，$d\leqslant Ac$）的最大值；Re为不合格判定数，即判定批不合格时，样本中所含不合格品数的最小值。

通常将合格批误判为不合格批而被买方拒收的概率称为卖方风险，一般取1%、5%、10%，以5%最为常见。将不合格批误判为合格批而被买方接收的概率称为买方风险，通常取5%、10%、20%，以10%使用最多。

一个方案对质量高低辨别能力的程度，称为该方案的特性。该方案所描述的买方接收概率L（p，即批合格概率）与商品批质量P的关系曲线，称为抽检特性曲线，又称为OC曲线。

一次计数抽检方案的OC曲线如图4-14所示。

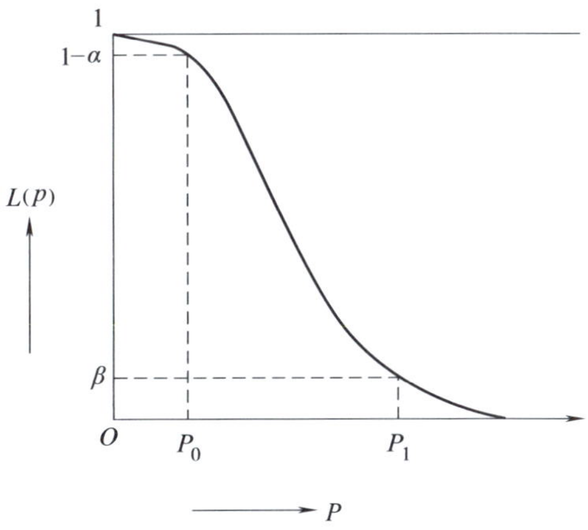

图4-14　一次计数抽检方案的OC曲线

（三）茶叶抽检内容

在实际操作中，对生产企业的检查项目要远比上述列出的项目多得多。质检部门在抽查时，主要会对生产企业的企业资质、生产场所及设备设施、原辅料采购查验管理、生产过程控制、出厂检验等多个方面情况进行检查，对生产场所及设备设施、仓储管理、检验管理、生产过程控制、产品追溯、产品留样、车间设计与布局、产品召回管理、采购进货查验管理、从业人员管理等方面做出一个完整的评估。

二、检验方法

（一）感官检验法

感官检验法指用人的感觉器官作为检验器具，对商品的色、香、味、形、手感、音色等感官质量特性，在一定条件下做出判定或评价的检验方法（图4–15）。

图4–15 茶叶感官检验现场

1. 感官检验的类别

按照人的感觉器官的不同，感官检验分为视觉检验、嗅觉检验、味觉检验、触觉检验和听觉检验。按照感官检验目的的不同，感官检验又可分为分析型感官检验与偏爱型感官检验两大类。

分析型感官检验，是以经过培训的评价员的感觉器官作为“仪器”，来分析判断被测商品的质量特性或鉴别商品之间的差异等。

偏爱型感官检验，是以未经训练的消费者对商品的感觉判断来了解消费者对商品的偏爱程度，所以是一种主观评价方法。

2. 感官检验常用方法

（1）差别检验 差别检验用于确定两种样品之间是否存在着感官差别（或偏爱某一个）。具体方法有成对比较检验、三点检验、A–非A检验、二–三点检验、五中取二检验等。

（2）标度和类别的检验 对于两种以上的商品，在经过差别检验并确定其具有明显差别的基础上，为进一步估计差别的顺序或大小，或估计样品应归属的类别，则使用这类方法。具体方法有排序、量值估计、评分、评估、分类等。

除此之外，还有分析或描述性检验、简单描述检验、定量描述和感官剖面检验。

（二）理化检验法

理化检验是在实验室的一定环境条件下，利用各种仪器、器具和试剂作手段，运用物理、化学及生物学的方法来测试商品质量的方法。

物理检验法通常有一般物理检验法、光学检验法、热学检验法、力学检验法及电学检验法等。化学检验法通常有化学分析法（质量分析法、体积质量分析法、气体分析法）、仪器分析法（光学分析法、电化学分析法）、生物学检验法、微生物学检验法及生理学检验法等。

三、茶叶检验

茶叶质量检验，就是对茶树鲜叶、茶叶在制品、毛茶、成品茶的一个或多个项目按检验操作规程进行检测，并把检测结果与规定要求作比较，判定其好坏或合格与否的活动。

（一）茶叶感官检验

感官检验是指依靠检验人员的感觉器官所进行的茶叶产品质量的评价和判定的检验，获得检验结果的方法。

茶叶的感官品质主要包括外形（形状、嫩度、色泽、匀整度、净度），汤色，香气，滋味，叶底等要素。感官审评人员需根据不同的茶叶品类、茶样等级，依照茶叶标准样，给出最为准确的评价。可能在旁人看来，感官评价就是喝喝茶、打打分，但实际上这是一项严密的技术活。审评人员喝的茶汤与我们平时喝茶泡的茶汤不同。在茶叶审评过程中，为了将茶叶中的优点和缺点都判断出来，审评用茶汤总是非常浓郁苦涩。这就需要审评人员去仔细分辨，谨慎地给出分数和评语。审评人员对茶叶等级的评价，往往直接影响茶叶的出厂价格，茶叶的感官审评是茶叶质量的最直观的体现。

（二）茶叶感官审评流程

五项评茶法是我国传统的感官审评方法（图4-16），即将审评内容分为外形、汤色、香气、滋味和叶底，经干、湿评后得出结论。在每一项审评内容中，均包含诸多审评因素。茶叶外形审评流程：摆放评茶盘→摆样→取样→把盘→评茶叶外形→记录。

茶叶内质审评流程：摆放审评杯→称样3g→冲泡（一定时间如绿茶4min）→倒出茶汤→快评汤色→嗅评香气→品尝茶汤滋味→评看叶底（茶渣）。

（1）摆样　（2）称茶样（3g）　（3）把盘　（4）评看外形　（5）加沸水

（6）静置3min　（7）滤出茶汤　（8）闻香气　（9）尝滋味　（10）看叶底

图4-16　茶叶感官审评流程

（三）茶叶理化检验

理化检验是指依靠检测仪器、设备和化学方法对茶叶中化学成分进行检验，获得检验结果的方法。理化成分的检测与感官审评是相辅相成的。理化成分的检测依赖物理和化学原理，按照国家质检标准方法，用精密度极高的大型仪器来鉴定茶叶中的成分以及它们的含量如何。这些理化成分对应着茶汤中不同的风味，提供了茶汤丰富的层次感。茶氨酸是鲜爽的，茶多酚是苦涩的，蛋白质和果胶的碎片构成了浓醇的味觉基础……将理化成分的种类和含量与感官评价结合，就能从多个角度客观评价茶叶的质量。

理化检验内容包括叶中理化检验的项目有水分、水浸出物、总灰分、水溶性灰分、酸不溶性灰分、水溶性灰分碱度、粗纤维、碎末茶、咖啡碱、茶多酚、儿茶素组分、游离氨基酸总量12项。

（四）茶叶理化检验标准

目前正在实施的茶叶理化检验国家标准与旧版国家标准对比见表4-2、表4-3。

表4-2　目前正在实施的茶叶理化检验国家标准

序号	标准号	标准名称
1	GB/T 8303—2013	茶　磨碎试样制备及其干物质含量测定
2	GB/T 8304—2013	茶　水分测定
3	GB/T 8305—2013	茶　水浸出物测定
4	GB/T 8306—2013	茶　总灰分测定
5	GB/T 8307—2013	茶　水溶性灰分和水不溶性灰分测定
6	GB/T 8308—2013	茶　酸不溶性灰分测定
7	GB/T 8309—2013	茶　水溶性灰分碱度测定
8	GB/T 8310—2013	茶　粗纤维测定
9	GB/T 8311—2013	茶　粉末和碎茶含量测定
10	GB/T 8312—2013	茶　咖啡碱测定
11	GB/T 8313—2018	茶叶中茶多酚和儿茶素类含量的检测方法
12	GB/T 8314—2013	茶　游离氨基酸总量测定
13	GB/T 23193—2008	茶叶中茶氨酸的测定　高效液相色谱
14	GB/T 30483—2013	茶叶中茶黄素测定　高效液相色谱法
15	GB/T 18798.2—2008	固态速溶茶　第2部分：总灰分测定
16	GB/T 18798.3—2008	固态速溶茶　第3部分：水分测定
17	GB/T 18798.5—2013	固态速溶茶　第5部分：自由流动和紧密堆积密度测定
18	GB/T 21727—2008	固态速溶茶　儿茶素类含量的检测方法

表4-3　新、旧版茶叶理化检验国家标准对比

项目	新标准	旧标准	检验方法	新旧标准主要技术变化
干物质含量	GB/T 8303—2013	GB/T 8303—2002	103±2℃恒重法（仲裁法）；120℃烘干法（快速法）	修改容器要求和重复性要求
水分	GB/T 8304—2013	GB/T 8304—2002	103±2℃恒重法（仲裁法）；120℃烘干法（快速法）	修改水分测定原理和重复性要求；增加仪器与用具
水浸出物	GB/T 8305—2013	GB/T 8305—2002	沸水回流提取	修改重复性要求
总灰分	GB/T 8306—2013	GB/T 8306—2002	525±25℃加热灼烧至恒重	修改重复性要求
水溶性灰分和水不溶性灰分	GB/T 8307—2013	GB/T 8307—2002	热水提取总灰分，经过滤、灼烧测得水不溶性灰分；由总灰分和水不溶性灰分质量差计算水溶性灰分	增加保留水不溶性灰分以供酸不溶性灰分的测定；修改重复性要求
酸不溶性灰分	GB/T 8308—2013	GB/T 8308—2002	用盐酸溶液处理总灰分、过滤、灼烧	修改重复性要求
水溶性灰分碱度	GB/T 8309—2013	GB/T 8309—2002	用盐酸标准溶液滴定	修改重复性要求
粗纤维	GB/T 8310—2013	GB/T 8310—2002	用酸、碱消化处理样品，残留物再经灰化	增加1.25%硫酸和1%盐酸的配制方法；修改重复性要求
粉末和碎茶含量	GB/T 8311—2013	GB/T 8311—2002	用规定的转速和孔径筛筛分出茶叶样品的筛下物	将毛茶和精制茶合并使用同一参数电动筛分机和检验筛；规定筛分机的转速和回旋幅度的允许误差；修改第4章的注1和注2
咖啡碱	GB/T 8312—2013	GB/T 8312—2002	经沸水和氧化镁混合提取，用高效液相色谱紫外检测器检测	增加标准的适用范围：修改重复性要求
游离氨基酸	GB/T 8314—2013	GB/T 8314—2002	在pH8.0下与茚三酮反应形成紫色络合物，用分光光度计测定	增加pH8.0磷酸盐缓冲液的配制方法；修改标准曲线制作过程；修改重复性要求
茶黄素	GB/T 30483—2013	—	茶叶用70%甲醇溶液提取，速溶茶用10%乙腈溶解，用高效液相色谱紫外检测器检测	—
自由流动和紧密堆积密度	GBT 18798.5—2013	—	计算自由倾倒进容器后的质量体积比值和100次振动后的质量体积比值	—

（五）茶叶卫生检验

茶叶卫生检验是指依靠检测仪器、设备和化学方法对茶叶中可能危害人体健康的主要指标进行检验，获得检验结果（图4-17）的方法。

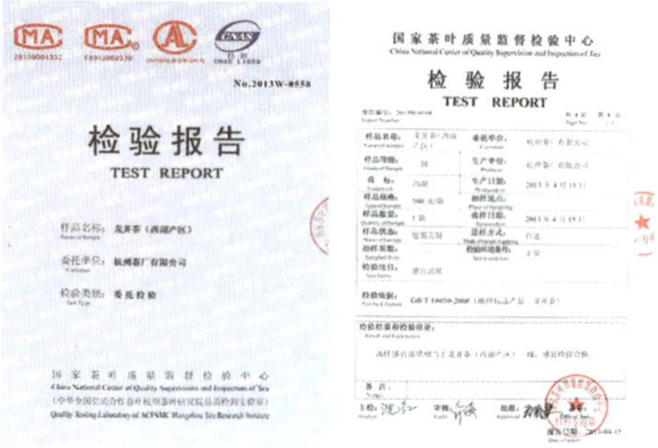

（1）（2）
图4-17 茶叶卫生检验报告样本

茶叶卫生检验内容主要为食品中污染物限量的检测要求包括铅、镉、汞、砷、铬、铝、硒、氟、苯并（a）芘、*N*-亚硝胺、多氯联苯、亚硝酸盐、稀土13种，其中与茶叶有关的是铅、稀土两项。

食品中农药最大残留限量里与茶叶有关的限量指标有乙酰甲胺磷、氯氰菊酯、滴滴涕、溴氰菊酯、顺式氰戊菊酯、杀螟硫磷、氟氰戊菊酯（红茶、绿茶）、六六六、氯菊酯（红茶、绿茶）13种。

四、茶叶质量安全管理

随着人民生活水平的快速提高和茶叶进口国绿色壁垒的日益森严，近几年茶叶的发展也经历了从单纯的追求产量到质量到今天的安全质量生产的转变。茶叶质量安全事关广大人民群众的身体健康和生命安全，广大茶叶生产者必须把茶叶的质量安全问题作为今后茶叶生产的重要问题来抓。保证茶叶质量安全应重点抓好优势基地建设、茶园管理控制、茶厂优化改造、茶叶清洁化加工、茶叶质量可追溯、两端质量检测等关键控制技术。

（一）优势茶园基地建设

在基地建设过程中，应根据当地实际，以环保为前提，合理选择基地。选择远离生活污染和工业污染，空气清新、水质洁净地理地势有利茶叶生产的基地（图4-18）。在基地发展新茶园时应注意早、中、晚良种的合理搭配，有利优化茶类结构和缓解劳动力紧缺的矛盾。茶叶优势生产基地的建设是提高茶园质量基础，也是保障茶叶鲜叶原料质量，提升茶叶原料质量安全水平的基本环节。

图4-18 茶园环境监测

（二）茶园管理控制

茶园肥培管理控制技术包括茶园耕作、施肥、治虫、修剪、灌溉、采摘等技术，其中茶园病虫害防治和肥培管理技术对茶叶质量安全影响最大。茶园肥培管理和病虫害防治应按茶叶生产技术标准要求，严格茶园肥料、农药等投入品管理，科学肥培管理，减少化肥污染。

（三）茶叶清洁加工

茶叶清洁加工包括硬件和软件设施两方面的改进。硬件设施改进指的是茶厂优化改造，改善加工条件。软件设施改进指的是改进茶叶加工技术和完善质量管理体系。茶厂质量管理制度健全，产品质量实施全程监控；加工人员要持健康合格证和上岗培训合格证上岗，要掌握茶叶加工工艺与操作技术，懂得茶叶加工卫生质量要求，具备茶叶加工所需的基本素质。加工制作、包装、贮藏和运输均要严格按照无公害食品的有关要求，以防产品污染，使茶叶加工实现企业化管理，建章立制，实现了加工过程规范化，消除了卫生安全隐患，实现清洁化加工。

（四）茶叶质量可追溯

茶叶质量可追溯（图4-19）指按照从生产到销售的每一个环节可相互追查的原则，建立茶叶农事档案，记录茶叶产地、采摘日期、加工时间、茶树品种、投入品登记、源头检测记录、加工企业、从业人员、成品茶检测记录、包装时间、经销网点等内容。目前ISO 9000（质量管理和质量保证体系）、ISO 14000（环境管理和环境保证体系）和HACCP（危害分析与关键控制点体系）认证，无公害茶、绿色食品茶和有机茶的国内外认证都要求申报企业建立茶叶质量可追溯制度。消费者可以通过信息码查到茶叶的生产过程、基地认证情况，还可以查到具体生产责任人的姓名。

图4-19　茶叶质量追溯体系

（五）两端质量检测

茶叶两端质量检测技术包括茶叶原料质量端检测和成品茶质量端检测。茶叶原料质量检测重点是茶叶源头检测体系的建设，对农药经营单位和农药田间使用情况进行监督检查，从源头上控制茶叶农药残留，建立茶园农残监测点，推广茶叶农残速测技术，定期或不定期对农残项目进行检测。并做到鲜叶进厂分级验收，毛茶收购源头检测。成品茶产品质量检测要求茶厂必须配备茶叶农药残留和卫生质量检测设备，完善产品出厂检测体系建设，有效降低和杜绝茶叶超标事件发生。

茶叶质量安全涵盖了茶叶从生产、加工到商品茶包装销售的全过程，只有把握好每一个生产过程，才能实现茶叶质量安全。

拓展阅读

向古人学习风雅地喝杯茶

中国的历史悠久，源远流长，朝代更迭更是零星纷繁。那么大家都知道中国历史上存在的朝代和政权有哪些吗？这些朝代的前后顺序是什么样的呢？中国历史上一共出现了83个王朝，共有559位帝王，包括397个“帝”和162个“王”。我们来探古寻幽，看古人是怎么喝茶的。

上古时代，茶最早以为药。《神农本草经》中曾记载“神农尝百草，日遇七十二毒，得茶而解之。”

一、生煮羹食（饮）

到了汉代，西汉王褒《僮约》就有关于茶市以及买茶的明确记载。有“武阳买茶”，有“烹茶尽具”。汉代吃茶的方式还只有一种，称作生煮羹食。“荆巴间采叶作饼，叶老者，饼成以米膏出之”，简单说，就像煮菜汤一样，煮着吃。三国时张揖《广雅》：“采茶作饼，叶老者饼成以米膏出之。欲煮茗饮，先炙令赤色，捣末置瓷器中，以汤浇覆之，用葱、姜、桔子芼之。其饮醒酒，令人不眠。”生煮羹食转变为生煮羹饮。韦曜不善于饮酒，所以吴王孙皓密赐茶荈以代酒（这就是“以茶代酒”典故由来），说明在三国南北朝开始，已经有饮茶的历史了。这一时期，茶以物质形式出现渐而渗透至其他领域并开始叩响文化的大门。

魏晋南北朝时清谈之风非常盛行，饮茶就越发得到大家的喜爱。有一次，卫将军谢安要去拜访陆纳，陆纳的侄子陆俶对叔父招待之品仅仅为茶果而不满。陆俶便自作主张，暗暗备下丰盛的菜肴。待谢安来了，陆俶便献上了这桌丰筵。客人走后，陆纳愤责陆俶“汝既不能光益叔父奈何秽吾素业”。并打了侄子40大板，狠狠教训了一顿。这就是由“陆纳杖侄”引申至“以茶养廉”。

祭祀用茶早在《南齐书》中就有记载：永明十一年（493年），齐武帝去世，终年54岁，谥号武皇帝。遵从齐武帝简葬的意愿，遗诏中称：“我灵上慎勿以牲为祭，唯设饼果、茶饮、干饭、酒脯而已。”南齐是宋、齐、梁、陈四个朝代中最短命的王朝，立国仅23年，换了7位皇帝。茶叶由饮品转化为“祭品”。

二、唐代煮茶法

唐代是一个饮茶比较兴盛的时期。陆羽《茶经》的刊行，推广了唐代的煮茶法。煮茶法又称煎茶法。唐代的制茶主要是以蒸青饼茶为代表。唐代的煮茶法有法门寺地宫出土的这一套银质鎏金的茶具为物证。这一套银质鎏金的茶具是唐僖宗礼佛的，当时埋入地宫，而且没有被盗过。更重要的是因为有物账碑，明确记载了当时这些器物的名称、功能。物账碑上写着茶事七件。

唐朝煮茶所用茶：茶饼。

煮茶法步骤：茶饼—炙烤—碾碎—煎茶—酌茶。

煎茶烧水：一沸，二沸，三沸；需要加盐。

按照陆羽《茶经》的记载，唐代煮茶非常讲究沸腾程度。比如一沸的形容是“如鱼目，微有声”，指水里的气泡大小如鱼目。还有更细致者，气泡先是像虾眼，然后像蟹眼，之后才是鱼眼。苏东坡也有诗云“蟹眼已过鱼眼生”。

陆羽《茶经》讲到一沸如鱼目微有声。这个时候就要按照水的量来调盐，需要加一点盐。二沸的时候是涌泉连珠。这个时候要出水一瓢，就是要舀出一瓢水放在旁边。另外用竹筴环激汤心，然后量沫而下，就是量好适当的茶沫，当汤心而下。说到三沸，沸腾的程度叫腾波鼓浪。这个时候把刚才舀出来的一瓢水倒回去，以水止之，然后育华，就可以喝了。

一沸加盐→二沸舀水、环激汤心、倒入茶末→三沸育华。

一沸：如鱼目，微有声；适量调盐。

二沸：涌泉连珠；出水一瓢、环激汤心、量末而下。

三沸：腾波鼓浪；以水止之、育华。

《茶经》也讲，沫饽是汤之精华，“汤之华也，华之薄者曰沫，厚者曰饽，细轻者曰花”。沫、饽、花，美如“枣花”“青萍”“菊英”“积雪”等，这是唐代的煮茶方式。

三、宋代点茶法

到了宋代，就是从煮茶到点茶了。把茶团碾磨成粉末，放入茶碗中，注入开水调成糊状，如同浓膏油，谓之“调膏”然后再次注入开水，用“茶筅”搅拌，一手注水，一手持茶筅搅动茶膏，旋转击打和拂动茶碗里的茶汤，使茶汤成为乳状。《大观茶论》里也有非常明确的记载，特别是《文会图》这类绘画作品。《文会图》中上面是宴会的场面，下面是备茶和备酒的场景，左边是备茶，右边是备酒。

宋徽宗赵佶（1082—1135），在位25年，享年54岁。他是宋朝第八位皇帝，也同时具有相当高的艺术造诣。他在位期间，过分追求奢侈生活，任用贪官宦官横征暴敛最终被金兵俘虏北上，折磨而死。

《大观茶论》原名《茶论》，为宋徽宗所著的关于茶的专论，因成书于大观元年（1107），故后人称之为《大观茶论》。全书共二十篇，对北宋时期蒸青团茶的产地、采制、烹试、品质、斗茶风尚等均有详细记述。其中“点茶”一篇，见解精辟，论述深刻。

宋代有很多龙凤团茶，也称龙团凤饼，都是进贡的。也有很多的画作表现了当时点茶的场景。

宋代刘松年《撵茶图》描绘了宋代从磨茶到烹点的具体过程、用具和点茶场面。画中左前方一仆设坐在矮几上，正在转动碾磨磨茶，桌上有筛茶的茶罗、贮茶的茶盒等。另一人伫立桌边，提着汤瓶点茶（泡茶），他左手边是煮水的炉、壶和茶巾，右手边是贮水瓮，桌上是茶筅、茶盏和盏托。一切显得十分安静整洁，专注有序。

宋代茶道可分为宫廷茶道，寺院茶礼，文人茶道和民间斗茶。宋代“点茶法”主要茶器有汤提点（又称汤瓶），黑釉盏，茶筅。宋代用瓶煮水，难以候视，因此以声辨三沸。“砌虫唧唧万蝉催，忽有千车捆载来。听得松风并涧水，急呼缥色绿瓷杯。”

关于点茶，在《大观茶论》里面有明确的记载。

首先，茶团碾磨成粉末，放入茶碗中；然后注入开水调成糊状，如同浓膏油，谓之“调膏”；接下来多次注入开水，用“茶筅”搅拌，一手注水，一手持茶筅搅动茶膏，旋转击打和拂动茶碗里的茶汤，使茶汤成为乳状。

宋人是用声音来判断三沸：一沸的时候称砌虫万蝉，就是墙角的虫在叫，夏天的蝉鸣；二沸称千车捆载；三沸称松风涧水。宋人煮茶也是讲究背二涉三，就是这个水刚刚过了二沸，刚到达三沸这个时候，是最佳的状态。

范仲淹曾经有《斗茶歌》“胜若登仙不可攀，输同降将无穷耻”。可见当时士大夫阶层以及平民百姓，都非常注重这种形式；通过斗茶的游戏，来体现点茶技艺及茶品好坏。斗茶获胜标准有三点，分别为：汤花白，汤花厚，咬盏时间长。早前斗的是茶品，斗的是香，斗的是味；后期斗的是颜色和漂浮状态，是斗色、斗浮。

唐代的煮茶法和宋代的点茶法最大的区别是什么？

宋代的点茶法只煮水而不煮茶；唐代的茶是放在釜里面去煮的；宋代煮的只是水，茶只是在茶盏里面，把煮好的水点到这个茶盏里面。点茶和煮茶的区别是点茶只煮水，而不煮茶。

四、元明清泡茶法

到了元代、明代开始流行泡茶法。实际上在唐代泡茶法就已经出现。陆羽的《茶经》里就讲到“以汤沃焉，谓之痷茶”。陆羽的评价是“斯沟渠间弃水耳，而习俗不已”。朱元璋罢黜龙团改贡散茶之后，散茶的撮泡法就比较流行了。朱元璋团茶改散茶，“惟令采芽茶以进”，这是中国茶史的转折点。朱元璋的推广，开我国千年茗饮之宗，客观上把我国造茶法、品饮法推向一个新的历史时期。

自朱元璋改革后人们更加喜欢把盏玩壶品茶，也使盏、壶的制作更加精美，使茶具成为艺术，从而推动茶艺茶道的发展。

明清两代基本上是泡茶自饮，用泡茶法，把茶叶放进去，泡茶器具有茶壶、茶杯、盖碗，大都是自己喝。此时茶文化就非常普及了。明代的文人特别喜欢在自然的山水之间饮茶，到了清代，茶就进入市井百姓家。

明代是我国历史上茶学研究最为鼎盛、出现茶著作最多的时期，共计50部。如朱权《茶谱》、张源《茶录》、许次纾《茶疏》、徐渭《煎茶七类》。

清代，茶文化深入市井，走向世俗，进入千家万户。

现在的盖碗已经被作为泡茶器，用来泡茶然后分给大家喝（泡茶分饮）。虽然都是泡茶，但是我们现在是一种分享的方式。现在我们有一千多种茶，在国内还是清饮为主，调饮辅之。好喝的同时，更强调好玩。我们总是走在历史的延长线上，只有了解从哪里来，才更可能预知将要往哪里去。

CHAPTER 5

第五章

标准化是茶叶强盛必由之路

第一节　茶叶标准化

一、茶叶标准化的内涵

什么是标准？什么是标准化？《辞海》对标准下的定义是：衡量事物的准则、榜样、规范；标准化是指制定技术标准并就其达成一致意见的过程。标准往往是一份文件，用于确定统一的工程、设计或技术规范、准则、方法、过程或惯例。标准化可有助于相对于单一供应商的独立性（商品化）、兼容性、互操作性、可重复性、安全或质量。国际标准化组织（ISO）对于标准的定义是："一种或一系列具有强制性要求或指导性功能，内容含有细节性技术要求和有关技术方案的文件，其目的是让相关的产品或者服务达到一定的安全标准或者进入市场的要求。"用简而易懂的话来说，就像郑人买履，以绳量脚，比绳买履。这里的"绳"就是标准，"以绳量脚，比绳买履"等活动就是标准化。秦始皇统一货币、统一度量衡，开始了我国标准化的历史；北宋毕昇发明的活字印刷是被公认的标准化里程碑。"标准不是万能的，但是没有标准，却是万万不行的。"如今，标准化已成为国家的发展战略，显现出了前所未有的价值。

所谓茶叶标准化，就是指为了保证茶叶产品的质量，制定、发布并实施与茶叶相关的基础、产品、卫生、技术和管理标准，使茶叶在生产、加工及管理等方面获取最佳的秩序和效益，使茶叶的卫生与质量符合消费者的需求。同样，茶叶标准化也是一个过程，包括制定茶叶标准并在实践中加以实施的全部活动过程，也包括茶叶包装标准。

二、茶叶标准化任务与特点

（一）茶叶标准化的任务

根据《全国茶叶标准化技术委员会章程》的规定，我国茶叶标准化任务主要有以下几点。

1．标准的规划和建议

根据国家有关标准法规及相关政策，提出茶叶专业标准化工作的方针、政策和技术措施的建议和本专业制定、修订国家标准和行业标准的规划和年度计划。

2．标准制定与修订工作

根据国家标准化管理委员会和中华全国供销合作总社科技教育部批准的计划，组织国家茶叶标准和行业标准的制定、修订工作及相关的科研工作。

3．标准的审查工作

组织国家茶叶标准和行业标准送审稿的审查工作，对标准中的技术内容负责，提出审定结论意见，提出强制性标准或推荐性标准的建议。定期（3～5年）复审已发布的茶叶专业国家标准和行业标准，提出修订、补充、废止或继续执行意见。

4．标准的宣贯与对外联络工作

负责组织茶叶行业国家标准和行业标准的宣讲、解释工作。对本专业已颁布标准的实施情况进行调查和分析，做出书面分析报告。统一归口与国际标准化组织（ISO/TC34/SC8）茶叶分技术委员会的联系，组织参加有关国际标准化活动，做好对口的技术业务工作。

5．标准的咨询与服务工作

受有关省、自治区、直辖市和企业的委托，承担茶叶地方标准、企业标准的制定、审查和宣讲、咨询等技术服务工作。

（二）茶叶标准化的特点

1．专一性

茶叶标准只适用于茶叶领域的某个（类）具体茶叶产品，对非茶类或类似产品无效。因此，制定茶叶标准应在明确常规技术要求的前提下，强调所指茶叶产品的独特风味，如特定地域、独特工艺、突出的品质特征和内含物成分等。

2．经济性

茶叶标准化的目的是为了求得最佳的全面的经济效果和社会效益。谋取最佳的经济效果，是茶叶标准化活动的重中之重。茶叶标准化的效果应以取得的经济效益来评价与衡量，是全面的，不是局部的、片面的。在考虑标准化效果时，经济效果是主要的考量指标。

3．科学性

茶叶产品标准的编制必须以生产企业执行的生产工艺、主要设备、原料来源、管理水平和产品的特征、特性为依据，适当考虑设备改造、工艺革新等因素。当设备、工艺和原料来源有较大改变，直接影响到产品特征特性时，应及时对标准进行修订。

4．法规性

茶叶标准要求对茶叶产品及相关的方法、基础标准做出明确的统一的规定，不可有任何含糊不清的解释。标准不仅有感官审评等质的规定，还要有详细的理化指标指标、安全指标等量的规定，不仅对内容要有规定，有时对形式和对其生效的范围也要做出规定。没有明确的规定，就不称其为标准。同时，标准一经国家标准化管理委员会颁布并要求强制实施，它就是一项技术法规。茶叶强制性标准，是政府执法部门的技术依据。

5. 季节性

茶产品与工业产品的最大差异是季节性差异，我国茶叶的生产季节主要是春茶、夏茶和秋茶，茶叶的生产受天气、自然环境的影响较大，同时，茶产品露天生产环境的难控性与工业产品室内生产环境的可控性，决定了茶叶标准化实施比工业标准化实施相对复杂与困难。

6. 区域性

我国的茶叶产区除了山东省，主要分布在南方省份，茶叶的生产受季节与地域影响非常大，各个地方的茶叶品种又有所差异，根据茶叶的适制性，不同的茶树品种适合做不同类型的茶叶，因此，茶叶标准的制定一定要考虑到地域性这一特点。

三、茶叶标准化的地位与作用

标准化工作是组织专业化大生产的前提，是支撑和引领经济社会发展、实现科学管理和现代化管理的重要基础；是提高产品质量保证安全、卫生的技术保证；是合理利用资源、节约能源和节约原材料的有效途径；是推广新材料、新技术、新科研成果的桥梁；是消除贸易障碍、促进国际贸易发展的通行证。茶叶标准化工作是中国茶产业健康持续发展的基础，也是提升茶叶质量安全水平、打造企业和区域品牌、增强茶叶市场竞争能力的重要保证。随着我国经济的发展，我国茶叶标准化建设也紧跟国家标准化改革步伐，围绕国内、国际稳步开展，发挥诸多作用，具体在以下几个方面。

（1）标准化为科学管理奠定了基础　所谓科学管理，就是依据生产技术的发展规律和客观经济规律对产业进行管理，而各种科学管理制度的形式，都以标准化为基础。

（2）促进经济全面发展，提高经济效益　标准化应用于科学研究，可以避免在研究上的重复劳动；应用于产品设计，可以缩短设计周期；应用于生产，可使生产在科学、有秩序的基础上进行；应用于管理，可促进统一、协调、高效率等。

（3）标准化是科研、生产、使用之间的桥梁　一项科研成果，一旦纳入相应的标准，就能迅速得到推广和应用。因此，标准化可使新技术和新科研成果得到推广应用，从而促进技术进步。

（4）标准化是建立最佳秩序的工具　随着科学技术的快速发展，生产的社会化程度越来越高、分工越来越细，必须通过制定和使用标准，来保证各生产部门的活动，在技术上保持高度的统一和协调，以使生产正常进行，为组织现代化生产创造前提条件，确立共同遵循的准则，建立稳定的秩序。

（5）标准化是保证市场有效运转的重要手段　普通消费者并不具备（也没必要）检验商品质量的方法和能力，建立在标准化基础上的合格评定制度，为购销双方提供了可信保证，消费者只需选择具有合格标志的商品，即可享受标准化产品质量的保证，维护了消费者利益，降低了交易风险和交易成本，提高了市场的运行质量和运行效率。

（6）标准化是提高国际市场竞争力的重要措施　当今国际市场是一系列经济因素的全球化组合，即生产全球化、贸易全球化、金融全球化、投资全球化、人力资源全球化等，在全球统一大市场的发展过程中，标准化对消除贸易障碍、促进国际技术交流和贸易发展、提高国际市场竞争力的作用越来越明显，世界各国都对标准化予以格外重视。WTO/TBT协议规定各成员国应以国际标准或其他相应部分作为制定本国技术法规的基础，强化了国际标准在协调各国技术法规的功能，直接或间接地发挥了对市场的调节作用，标准在国际市场中的游戏规则作用日益凸显。一个产品标准一旦被国际认可，就有可能在产品的生产、销售过程中获得垄断利润。因此，各国都在顺应经济全球化浪潮，实施标准化战略，抢占国际标准化制高点。

（7）标准化是建设创新型国家、保障健康和安全的重要支撑　创新不仅有成本，而且有风险。大量的环保标准、卫生标准和安全标准制定发布后，以法律形式进行强制执行，对保障人民的身体健康和生命财产安全具有重大作用。

茶叶标准化除具有上述标准化工作的普遍作用外，还具有特殊作用。茶叶标准是从事茶叶生产、加工、贮存和营销，以及资源开发与利用必须遵守的行为准则，在市场经济的法规体系中，茶叶标准占有十分重要的地位。它是政府规范市场经济秩序，加强茶叶质量安全监管，确保消费者合法权益，维护社会和谐和可持续发展的重要依据；国内外评价和判定茶叶质量安全，主要依据就是有关国际组织和各国政府标准化部门制定的茶叶标准与法规。

第二节　国家茶叶标准化体系

2015年12月30日，国务院办公厅印发《国家标准化体系建设发展规划（2016—2020年）》（以下简称《规划》），部署推动实施标准化战略，加快完善标准化体系，全面提升我国标准化水平。这是我国标准化领域第一个国家专项规划。《规划》指出，要落实深化标准化工作改革要求，推动实施标准化战略，坚持“需求引领、系统布局，深化改革、创新驱动，协同推进、共同治理，包容开放、协调一致”的基本原则，到2020年基本建成支撑国家治理体系和治理能力现代化的国家标准化体系，标准有效性、先进性和适用性显著增强，“中国标准”国际影响力和贡献力大幅提升，迈入世界标准强国行列。为此，国务院制定了《深化标准化工作改革方案》（国发〔2015〕13号），提出通过改革，把政府单一供给的现行标准体系，转变为由政府主导制定的标准和市场自主制定的标准共同构成的新型标准体系。政府主导制定的标准由6类整合精简为4类，分别是强制性国家标准和推荐性国家标准、推荐性行业标准、推荐性地方标准；市场自主制定的标准分为团体标准和企业标准。政府主导制定的标准侧重于保基本，市场自主制定的标准侧重于提高竞争力。同时建立完善与新型标准体系配套的标准化管理体制。

一、我国标准及茶叶分类

（一）标准的分类

世界各国标准种类繁多，分类方法不尽统一。根据我国实际情况，并参照国际上最普遍使用的标准分类方法，我国标准分类如下。

1. 按标准的约束力划分

我国标准分为强制性标准和推荐性标准。

（1）强制性标准　强制性标准是指为保障人体的健康、人身、财产安全的标准和法律、行政法规定强制执行的标准，如药品标准、食品卫生标准；在一定范围内通过法律、行政法规等强制性手段加以实施的标准，具有法律属性。强制性国家标准的代号是GB，含有强制性条文及推荐性条文。

（2）推荐性标准　推荐性标准是指生产、检验、使用等方面，通过经济手段或市场调节而自愿采用的国家标准，企业在使用中可以参照执行；一经接受并采用，或各方商定同意纳入经济合同中，就具有法律上的约束性。推荐性标准的代号是GB/T，“T”是推荐的意思，只有参考意义。

2. 按标准制定的主体划分

从世界范围来看，标准分为国际标准、区域标准、国家标准、行业标准、地方标准，团体标准与企业标准。

（1）国际标准　国际标准是指国际标准化组织（ISO）、国际电工委员会（IEC）和国际电信联盟（ITU）制定的标准，以及国际标准化组织确认并公布的其他国际组织制定的标准。国际标准在世界范围内统一使用。

（2）区域标准　区域标准泛指世界某一区域标准化团体所通过的标准。通常提到的区域标准，主要是指原经互会标准化组织、欧洲标准化委员会、非洲地区标准化组织等地区组织所制定和使用的标准。对于我国来说，对没有国家标准和行业标准而又需要在省、自治区、直辖市范围内统一的工业产品的安全、卫生要求，可以制定区域标准。

（3）国家标准　国家标准分为强制性国家标准和推荐性国家标准。对保障人身健康和生命财产安全、国家安全、生态环境安全以及满足经济社会管理基本需要的技术要求，应当制定强制性国家标准；强制性国家标准由国务院批准发布或授权发布。对于满足基础通用、与强制性国家标准配套、对各有关行业起引领作用等需要的技术要求，可以制定推荐性国家标准；推荐性国家标准由国务院标准化行政主管部门制定。

（4）行业标准　行业标准是指对没有国家标准而又需要在全国某个行业范围内统一的技术要求所制定的标准。不得与有关国家标准相抵触，行业标准之间应保持协调、统一，不得重复，相应的国家标准实施后，即行废止。行业标准由行业标准归口部门统一管理。

（5）地方标准　地方标准是由地方（省、自治区、直辖市）标准化主管机构或专业主管部门批准、发布，在某一地区范围内统一的标准。凡有国家标准、专业（部）标准的，不能制定地方标准，军工产品、机车、船舶等也不宜制定地方标准。

（6）团体标准　团体标准由团体按照团体确立的标准制定程序自主制定发布，由社会自愿采用的标准。团体是指具有法人资格，且具备相应专业技术能力、标准化工作能力和组织管理能力的学会、协会、商会、联合会和产业技术联盟等社会团体。

（7）企业标准　企业标准是在企业范围内需要协调、统一的技术要求、管理要求和工作要求所制定的标准，是企业组织生产、经营活动的依据。企业标准由企业制定，严于国家标准或者行业标准的企业标准。企业标准一般以“Q”标准的开头。

3. 按标准对象的基本属性划分

标准分为技术标准、管理标准和工作标准。

（1）技术标准　技术标准是对标准化领域中需要协调统一的技术事项所制定的标准，是从事科研、设计、工艺、检验等技术工作以及商品流通中共同遵守的技术依据，一般分为基础标准、产品标准、方法标准和安全、卫生、环境保护标准等。

（2）管理标准　管理标准是指对企业标准化领域中需要协调统一的管理事项所制定的标准，主要包括管理基础标准、技术管理标准、经济管理标准、行政管理标准、生产经营管理标准等。目的是为合理组织、利用和发展生产力，正确处理生产、交换、分配和消费中的相互关系及科学地行使计划、监督、指挥、调整、控制等行政与管理机构的职能。

（3）工作标准　工作标准是指对标准化领域中需要协调统一的工作事项所制定的标准，是对工作的范围、责任、权利、程序、要求、效果、检查方法等所做的规定，是按工作岗位制定的有关工作质量的标准。工作标准包括管理业务工作标准和作业标准。

4. 按标准信息载体划分

标准分为标准文件（文字形式）和标准样品（实物形式）。标准文件的作用主要是提出要求或做出规定，作为某一领域的共同准则；标准样品的作用主要是提供实物，作为质量检验鉴定的对比依据，作为测量设备检定、校准的依据，以及作为判断测试数据准确性和精确度的依据。

（二）我国茶叶分类

1. 按加工工艺分类

目前，我国和国际上通行的茶叶分类，是当代茶圣陈椽教授（1908—1999）结合品质的系统性和制法（加工方法）的系统性，所建立的“六大茶类分类系统”，以茶多酚氧化程度为序将茶叶分为绿茶、黄茶、黑茶、白茶、青茶（乌龙茶）和红茶六大茶类。再加工茶即以六大基本茶类的茶叶作为原料，进行再加工形成各种各样的茶，如花茶、紧压茶、袋泡茶、速溶茶、粉茶、超微茶粉、果味茶和含茶饮料等。

进入21世纪以来，我国茶叶行业快速发展，全国茶叶标准化技术委员会根据茶叶生产、茶叶加工的特点和行业发展需求，以六大茶类分类为基础，确立了以加工工艺和产品特性为主，结合茶树品种、鲜叶原料、生产地域等，对我国茶叶进行了分类，发布并实施了我国茶叶标准体系中最为基础的标准——GB/T 30766—2014《茶叶分类》。此标准首次将我国的茶叶以标准的形式进行了分类，对于规范我国的茶叶生产、加工、科研和消费，推动茶行业健康发展、促进茶叶消费具有重要的现实和长远意义。

依赖专业感官审评判别茶叶类别的方法，对于普通消费者，特别是国外的茶叶消费者而言，存在着一定的难度。而在红、绿茶ISO标准中，着重提出了以茶多酚和（或）儿茶素含量的限制指标。因此，安徽农业大学专家和全国其他茶叶专家一道，以GB/T 30766—2014《茶叶分类》为基础，通过国内外六大茶类的大量收集和专业的理化成分分析检测，结合数理统计判别分析，进一步制定发布并实施了GB/T 35825—2018《茶叶化学分类方法》。这种基于茶叶特征化学成分含量的统计分析对特定的茶叶类别进行判别，进一步提升了茶叶分类标准的科学性，是在现行茶叶分类基础上的一种创新，必将进一步促进贸易公平，提升国外消费者的认知，推动中国茶更好地走向国际市场。

2. 按原料成分分类

中国认证认可协会2014年颁布并实施的团体标准CCAA 0017—2014《食品安全管理体系　茶叶、含茶制品及代用茶加工生产企业要求》，将茶的部分分为茶叶和含茶制品。该标准，将茶叶定义为“六大茶类和再加工茶”，其中再加工茶包括花茶、紧压茶和袋泡茶等；将含茶制品定义为“包括以茶叶为原料加工的速溶茶类和以茶叶为原料配以各种可食用物质或食用香料等制成的调味茶类等，其中还包括（抹）茶粉、固态速溶茶（含奶茶、果味茶等）和液态速溶茶（含调味、调香浓缩茶汁）”。

二、茶叶标准体系

国家标准体系由国家标准化管理委员会统一制定，包括体系类序号、体系类目代码、体系类目名称、分类编号、重点领域、TC编号及名称、专业部、业务指导单位、ICS、中标分类等内容。我国茶叶标准体系由茶叶标准体系框架图、全国茶叶标准化技术委员会体系和GH/T 1119—2015《茶叶标准体系表》三个部分组成。

（一）茶叶标准体系框架图

茶叶标准体系框架图是我国茶叶标准化体系的一个重要组成部分，在筹建全国茶叶标准化技术委员会之初，中华全国供销合作总社杭州茶叶研究院提出了我国茶叶标准体系的框架图。茶叶标准体系框架图的第一层是茶通用标准。包含基础标准、质量标准、方法标准和物流标准四个方面。基础标准方面如分类与定义、茶树种苗、茶叶感官审评术语等标准；质量标准如质量安全标准等；方法标准有各理化成分检测标准、农药残留检测标准、污染物检测标准等；物流标准包括预包装食品标签通则、包装贮藏和运输标准。

茶叶标准体系框架图的第二层是茶类标准，是我国主要茶类的各类国家标准。如绿茶类标准已有GB/T 14456.1《绿茶　第1部分：基本要求》、GB/T 14456.2《绿茶　第2部分：大叶种绿茶》以及11项绿茶地理标志产品标准。茶叶标准体系框架图的第三层是再加工茶类标准，是我国主要再加工茶类的各类国家标准。如花茶类标准已有GB/T 22292《茉莉花茶》；压制茶类标准已有GB/T 9833.1～9的9项紧压茶系列标准和GB 19965—2005《砖茶含氟量》，以及《紧压茶生产加工技术规范》和《紧压茶原料要求》。茶叶标准体系基本架构如图5-1所示。

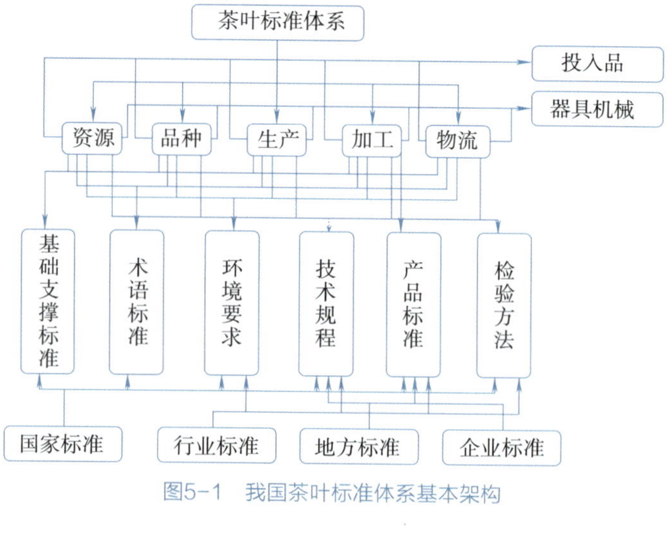

图5-1　我国茶叶标准体系基本架构

（二）全国茶叶标准化技术委员会体系

中国作为世界上茶叶生产种植和消费第一大国，出口第二大国，在世界茶产业中具有举足轻重的地位。为促进中国茶叶标准“走出去”，中国茶叶标准化的发展建设紧跟国家标准化建设步伐，与国际接轨。2008年3月22日，全国茶叶标准化技术委员会（SAC/TC339，简称“全国茶标委”）正式成立，负责茶叶国际标准化工作，对口国际标准化组织食品技术委员会茶叶分技术委员会（ISO/TC34/SC8）。国际标准化组织食品技术委员会茶叶分技术委员会（ISO/TC34/SC8）作为全球性的行业组织，由18个成员国和25个观察员国家组成，每两年举办一次茶叶国际标准化工作会议。中华全国供销合作总社杭州茶叶研究院作为国际标准化组织食品技术委员会茶叶分技术委员会（ISO/TC34/SC8）在中国的唯一技术归口单位，在国家标准化管理委员会和中华全国供销合作总社的指导下，一直代表国家组织参加国际茶叶标准化活动和推动茶叶国际标准化进程。全国茶叶标准化技术委员会组织结构如图5-2所示。

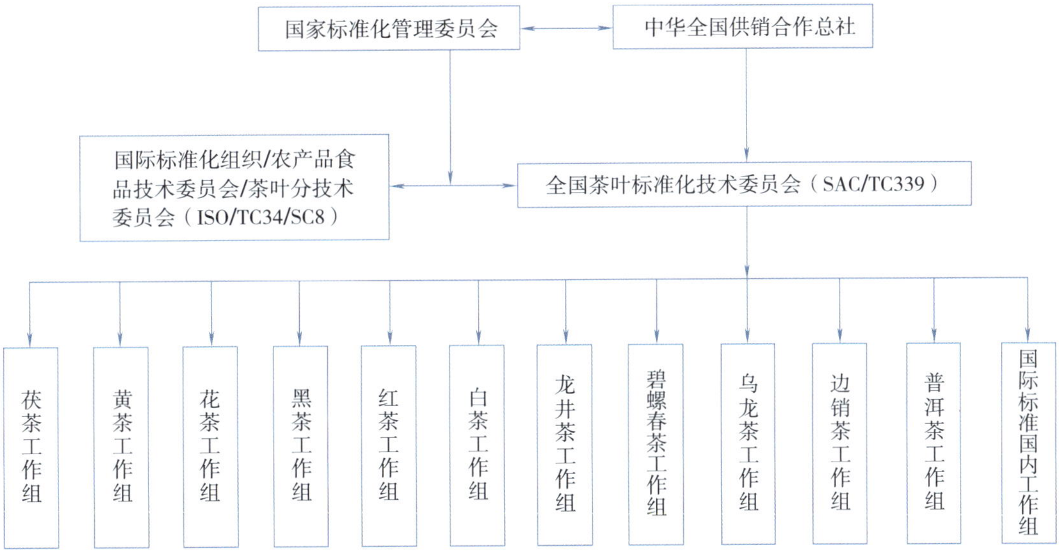

图5-2　全国茶叶标准化技术委员会组织机构

（三）茶叶标准体系表

茶叶标准体系表是茶叶标准体系的集中体现，是一个技术性的指导文件。GH/T 1119—2015《茶叶标准体系表》是将我国茶叶标准（不含茶叶机械标准），按其内在联系以一定的形式排列起来的图表。它包括正在制定的、应有的和预计需要制定的国家标准和供销合作行业茶叶标准，它表明茶叶标准的主要组成。该标准是一种指导性的技术文件，是编制标准制、修订计划的依据。茶叶标准体系表将随着我国茶叶行业和科学技术的发展而不断更新和充实。此标准规定了茶叶（国家标准和供销合作行业标准但不包括茶叶机械标准）标准体系表的层次、框图和标准明细表，适用于茶叶行业标准化工作。

标准体系表是将已有的标准、正在制定（尚未发布）的标准和预计未来将要制定的标准综合在一起，进行标准体系的层次划分，形成标准体系表的层次结构框图。标准体系表的第一层为茶通用（包括基础、质量、方法、物流等）标准，第二层为各茶类标准，第三层为再加工茶类标准。茶叶标准体系表层次结构框架如图5–3所示。

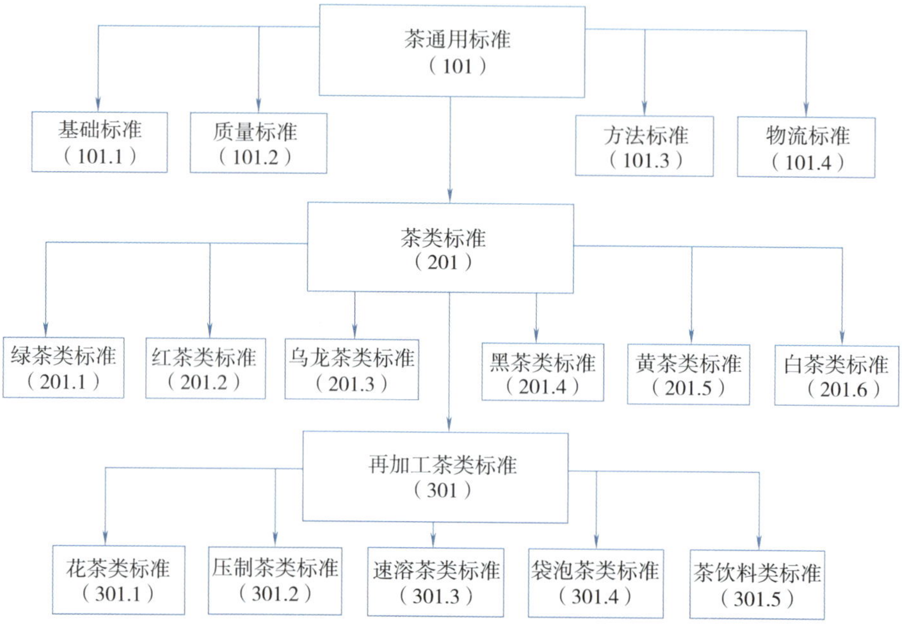

图 5–3 茶叶标准体系表层次结构框架

三、现行茶叶标准体系标准组成

按照《中华人民共和国标准化法》规定，我国茶叶标准与其他产品一样，分国家、行业、地方、团体和企业五级标准，在茶叶国家和行业标准中，有基础通用类标准；种子、种苗等种质资源类标准；产地环境、投入品等环境安全类标准；种植、植保和生产过程加工等生产管理类标准；等级规格、品质安全、原产地保护等茶叶相关产品类标准；检验检测方法类标准；包装、标识、贮藏和运输等物流类标准等七个方面，覆盖了茶叶从种植、生产、加工、检测等领域以及整个产业链。经全国茶叶工作者和标准工作者60多年来的共同努力，已制定、发布国家标准（含有关茶及茶制品相关的标准）153项（现行有效，不包括废止），行业标准（含农业、供销总社、商业部、进出口检验检疫等）205项，地方标准640项，企业标准约10000项，团体标准128项，构成了我国的茶叶标准体系。

（一）国家标准

我国现有茶叶国家标准153项（只统计现行的标准，不包括废止的标准，下同），其中基础通用类标准18项，种子、种苗等种质资源类标准2项，产地环境、投入品等环境安全类标准0项，种植、植保和生产过程加工等生产管理类标准22项，等级规格、品质安全、原产地保护等茶叶相关产品类标准75项，检验检测方法类标准31项和包装、标识、贮藏和运输等物流类标准5项。茶叶国家标准明细见表5–1。

表5-1　茶叶国家标准明细表

序号	标准号	标准名称
一、基础通用类标准		
1	GB 2762—2017	食品安全国家标准　食品中污染物限量
2	GB 2763—2019	食品安全国家标准　食品中农药最大残留限量
3	GB 7101-2015	食品安全国家标准　饮料
4	GB 14881—2013	食品安全国家标准　食品生产通用卫生规范
5	GB/T 5009.57—2003	茶叶卫生标准的分析方法
6	GB/T 14487—2017	茶叶感官审评术语
7	GB/T 18204.4—2013	公共场所卫生检验方法　第4部分：公共用品用具微生物
8	GB/T 18795—2012	茶叶标准样品制备技术条件
9	GB/T 18797—2012	茶叶感官审评室基本条件
10	GB/T 19630—2019	有机产品　生产加工、标识与管理体系要求
11	GB/T 23776—2018	茶叶感官审评方法
12	GB/T 30766—2014	茶叶分类
13	GB/T 31748—2015	茶鲜叶处理要求
14	GB/T 31280—2014	品牌价值评价酒、饮料和精制茶制造业
15	GB/T 35825—2018	茶叶化学分类方法
二、种子、种苗等种质资源类标准		
1	GB 11767—2003	茶树种苗
2	GB/T 26911—2011	植物新品种特异性、一致性、稳定性测试指南　山茶属
三、种植、植保和生产过程加工等生产管理类标准		
1	GB/T 8321.1—2000	农药安全使用准则（一）
2	GB/T 8321.2—2000	农药安全使用准则（二）
3	GB/T 8321.3—2000	农药安全使用准则（三）
4	GB/T 8321.4—2006	农药安全使用准则（四）
5	GB/T 8321.5—2006	农药安全使用准则（五）
6	GB/T 8321.6—2000	农药安全使用准则（六）
7	GB/T 8321.7—2002	农药安全使用准则（七）
8	GB/T 8321.8—2007	农药安全使用准则（八）
9	GB/T 8321.9—2009	农药安全使用准则（九）
10	GB/T 8321.10—2018	农药安全使用准则（十）
11	GB/T 17980.55—2004	农药　田间药效试验准则（二）第55部分：杀虫剂防治茶树茶尺蠖、茶毛虫

续表

序号	标准号	标准名称
12	GB/T 17980.56—2004	农药　田间药效试验准则（二）第56部分：杀虫剂防治茶树叶蝉
13	GB/T 17980.57—2004	农药　田间药效试验准则（二）第57部分：杀虫剂防治茶树害螨
14	GB/T 17980.82—2004	农药　田间药效试验准则（二）第82部分：杀菌剂防治茶饼病
15	GB/T 17980.83—2004	农药　田间药效试验准则（二）第83部分：杀菌剂防治茶云纹叶枯病
16	GB/T 18526.1—2001	速溶茶辐照杀菌工艺
17	GB/T 20014.12—2013	良好农业规范　第12部分：茶叶控制点与符合性规范
18	GB/T 32744—2016	茶叶加工良好规范
19	GB/T 33915—2017	农产品追溯要求　茶叶
20	GB/Z 21722—2008	出口茶叶质量安全控制规范
21	GB/Z 26576—2011	茶叶生产技术规范
22	GB/Z 35045—2018	茶产业项目运营管理规范
四、等级规格、品质安全、原产地保护等茶叶相关产品类标准		
1	GB 1886.211—2016	食品安全国家标准　食品添加剂　茶多酚（又名维多酚）
2	GB 1886.266—2016	食品安全国家标准　食品添加剂　红茶酊
3	GB 1886.267—2016	食品安全国家标准　食品添加剂　绿茶酊
4	GB 19965—2005	砖茶含氟量
5	GB/T 9833.1—2013	紧压茶　第1部分：花砖茶
6	GB/T 9833.2—2013	紧压茶　第2部分：黑砖茶
7	GB/T 9833.3—2013	紧压茶　第3部分：茯砖茶
8	GB/T 9833.4—2013	紧压茶　第4部分：康砖茶
9	GB/T 9833.5—2013	紧压茶　第5部分：沱茶
10	GB/T 9833.6—2013	紧压茶　第6部分：紧茶
11	GB/T 9833.7—2013	紧压茶　第7部分：金尖茶
12	GB/T 9833.8—2013	紧压茶　第8部分：米砖茶
13	GB/T 9833.9—2013	紧压茶　第9部分：青砖茶
14	GB/T 14456.1—2017	绿茶　第1部分：基本要求
15	GB/T 14456.2—2018	绿茶　第2部分：大叶种绿茶
16	GB/T 14456.3—2016	绿茶　第3部分：中小叶种绿茶
17	GB/T 14456.4—2016	绿茶　第4部分：珠茶
18	GB/T 14456.5—2016	绿茶　第5部分：眉茶
19	GB/T 14456.6—2016	绿茶　第6部分：蒸青茶

续表

序号	标准号	标准名称
20	GB/T 13738.1—2017	红茶　第1部分：红碎茶
21	GB/T 13738.2—2017	红茶　第2部分：工夫红茶
22	GB/T 13738.3—2012	红茶　第3部分：小种红茶
23	GB/T 19598—2006	地理标志产品　安溪铁观音
24	GB/T 18650—2008	地理标志产品　龙井茶
25	GB/T 18665—2008	地理标志产品　蒙山茶
26	GB/T 18745—2006	地理标志产品　武夷岩茶
27	GB/T 18957—2008	地理标志产品　洞庭（山）碧螺春茶
28	GB/T 19691—2008	地理标志产品　狗牯脑茶
29	GB/T 19698—2008	地理标志产品　太平猴魁茶
30	GB/T 19460—2008	地理标志产品　黄山毛峰茶
31	GB/T 20354—2006	地理标志产品　安吉白茶
32	GB/T 20360—2006	地理标志产品　乌牛早茶
33	GB/T 20605—2006	地理标志产品　雨花茶
34	GB/T 21003—2007	地理标志产品　庐山云雾茶
35	GB/T 21824—2008	地理标志产品　永春佛手
36	GB/T 22109—2008	地理标志产品　政和白茶
37	GB/T 22111—2008	地理标志产品　普洱茶
38	GB/T 22737—2008	地理标志产品　信阳毛尖茶
39	GB/T 24710—2009	地理标志产品　坦洋工夫
40	GB/T 26530—2011	地理标志产品　崂山绿茶
41	GB/T 21726—2018	黄茶
42	GB/T 22291—2017	白茶
43	GB/T 22292—2017	茉莉花茶
44	GB/T 24614—2009	紧压茶原料要求
45	GB/T 24615—2009	紧压茶生产加工技术规范
46	GB/T 24690—2018	袋泡茶
47	GB/T 30377—2013	紧压茶茶树种植良好规范
48	GB/T 30378—2013	紧压茶企业良好规范
49	GB/T 31751—2015	紧压白茶
50	GB/T 32742—2016	眉茶生产加工技术规范
51	GB/T 32743—2016	白茶加工技术规范

续表

序号	标准号	标准名称
52	GB/T 34778—2017	抹茶
53	GB/T 34779—2017	茉莉花茶加工技术规范
54	GB/T 35810—2018	红茶加工技术规范
55	GB/T 35863—2018	乌龙茶加工技术规范
56	GB/T 21733—2008	茶饮料
57	GB/T 30357.1—2013	乌龙茶　第1部分：基本要求
58	GB/T 30357.2—2013	乌龙茶　第2部分：铁观音
59	GB/T 30357.3—2015	乌龙茶　第3部分：黄金桂
60	GB/T 30357.4—2015	乌龙茶　第4部分：水仙
61	GB/T 30357.5—2015	乌龙茶　第5部分：肉桂
62	GB/T 30357.6—2017	乌龙茶　第6部分：单丛
63	GB/T 30357.7—2017	乌龙茶　第7部分：佛手
64	GB/T 32719.1—2016	黑茶　第1部分：基本要求
65	GB/T 32719.2—2016	黑茶　第2部分：花卷茶
66	GB/T 32719.3—2016	黑茶　第3部分：湘尖茶
67	GB/T 32719.4—2016	黑茶　第4部分：六堡茶
68	GB/T 32719.5—2018	黑茶　第5部分：茯茶
69	GB/T 34778—2017	抹茶
70	GB/T 24690—2009	袋泡茶
71	GB/T 31740.1—2015	茶制品　第1部分：固态速溶茶
72	GB/T 31740.2—2015	茶制品　第2部分：茶多酚
73	GB/T 31740.3—2015	茶制品　第3部分：茶黄素
74	GB/T 35026—2018	茶叶籽油
五、检验检测方法类标准		
1	GB 5009.3—2016	食品安全国家标准　食品中水分的测定
2	GB 5009.93—2017	食品安全国家标准　食品中硒的测定
3	GB 5009.94—2012	食品安全国家标准　植物性食品中稀土元素的测定
4	GB 5009.264—2016	食品安全国家标准　食品乙酸苄酯的测定
5	GB 23200.13—2016	食品安全国家标准　茶叶中448种农药及相关化学品残留量的测定液相色谱-质谱法
6	GB 23200.26—2016	食品安全国家标准　茶叶中9种有机杂环类农药残留量的检测方法

续表

序号	标准号	标准名称
7	GB/T 5009.176—2003	茶叶、水果、食用植物油中三氯杀螨醇残留量的测定
8	GB/T 8302—2013	茶 取样
9	GB/T 8303—2013	茶 磨碎试样的制备及其干物质含量测定
10	GB/T 8305—2013	茶 水浸出物测定
11	GB/T 8309—2013	茶 水溶性灰分碱度测定
12	GB/T 8310—2013	茶 粗纤维测定
13	GB/T 8311—2013	茶 粉末和碎茶含量测定
14	GB/T 8312—2013	茶 咖啡碱测定
15	GB/T 8313—2018	茶叶中茶多酚和儿茶素类含量的检测方法
16	GB/T 8314—2013	茶 游离氨基酸总量的测定
17	GB/T 18625—2002	茶中有机磷及氨基甲酸酯农药残留量的简易检验方法酶抑制法
18	GB/T 18798.1—2008	固态速溶茶 第1部分：取样
19	GB/T 18798.2—2008	固态速溶茶 第2部分：总灰分测定
20	GB/T 18798.3—2008	固态速溶茶 第3部分：水分测定
21	GB/T 18798.4—2013	固态速溶茶 第4部分：规格
22	GB/T 18798.5—2013	固态速溶茶 第5部分：自由流动和紧密堆积密度测定
23	GB/T 21727—2008	固态速溶茶 儿茶素类含量的检测方法
24	GB/T 21728—2008	砖茶含氟量的检测方法
25	GB/T 23193—2017	茶叶中茶氨酸的测定高效液相色谱法
26	GB/T 23204—2008	茶叶中519种农药及相关化学品残留量的测定气相色谱-质谱法
27	GB/T 23376—2009	茶叶中农药多残留测定气相色谱质谱法
28	GB/T 23379—2009	水果、蔬菜及茶叶中吡虫啉残留的测定高效液相色谱法
29	GB/T 30376—2013	茶叶中铁、锰、铜、锌、钙、镁、钾、钠、磷、硫的测定-电感耦合等离子体原子发射光谱法
30	GB/T 30483—2013	茶叶中茶黄素的测定-高效液相色谱法
六、包装、标识、贮藏和运输等物流类标准		
1	GB 7718—2011	食品安全国家标准 预包装食品标签通则
2	GB 23350—2009	限制商品过度包装要求食品和化妆品
3	GB/T 25436—2010	热封型茶叶滤纸
4	GB/T 28121—2011	非热封型茶叶滤纸
5	GB/T 30375—2013	茶叶贮存

（二）行业标准

行业标准是对没有国家标准而又需要在全国某个行业范围内统一的技术要求所制定的标准。行业标准不得与有关国家标准相抵触。有关行业标准之间应保持协调统一，不得重复。行业标准在相应的国家标准实施后，即行废止。行业标准涵盖67个行业部门。涉及茶叶的行业标准有农业、出入境检验检疫、供销合作、国内贸易、机械、林业、气象、教育、化工、轻工和包装11个行业。

1．农业行业标准

我国现有茶叶农业行业标准55项，其中基础通用类标准10项，种子、种苗等种质资源类标准6项，产地环境、投入品等环境安全类标准3项，种植、植保和生产过程加工等生产管理类标准15项，等级规格、品质安全、原产地保护等茶叶相关产品类标准15项，检验检测方法类标准5项和包装、标识、贮藏和运输等物流类标准1项。标准明细见表5-2。

表5-2　茶叶农业行业标准明细表

序号	标准号	标准名称
一、基础通用类标准		
1	NY 659—2003	茶叶中铬、镉、汞、砷及氟化物限量
2	NY 660—2003	茶叶中甲萘威、丁硫克百威、多菌灵、残杀威和抗蚜威的最大残留限量
3	NY 661—2003	茶叶中氟氯氰菊酯和氟氰戊菊酯的最大残留限量
4	NY/T 787—2004	茶叶感官审评通用方法
5	NY/T 1206—2006	茶叶辐照杀菌工艺
6	NY/T 2102—2011	茶叶抽样技术规范
7	NY/T 2614—2014	采茶机作业质量
8	NY/T 2740—2015	农产品地理标志　茶叶类质量控制技术规范编写指南
9	NY/T 2852—2015	农业机械化水平评价　第5部分：果、茶、桑
10	NY/T 3168—2017	茶叶良好农业规范
二、种子、种苗等种质资源类标准		
1	NY/T 1312—2007	农作物种质资源鉴定技术规程　茶树
2	NY/T 2019—2011	茶树短穗扦插技术规程
3	NY/T 2031—2011	农作物优异种质资源评价规范　茶树
4	NY/T 2422—2013	植物新品种特异性、一致性和稳定性测试指南茶树
5	NY/T 2943—2016	茶树种质资源描述规范
6	NY/T 2710—2015	茶树良种繁育基地建设标准
三、产地环境、投入品等环境安全类标准		
1	NY 5199—2002	有机茶产地环境条件

续表

序号	标准号	标准名称
2	NY/T 853—2004	茶叶产地环境技术条件
3	NY/T 5010—2016	无公害农产品种植业产地环境条件
四、种植、植保和生产过程加工等生产管理类标准		
1	NY 5196—2002	有机茶
2	NY/T 84—1988	茶尺蠖防治标准
3	NY/T 225—1994	机械化采茶技术规程
4	NY/T 288—2018	绿色食品茶叶
5	NY/T 1763—2009	农产品质量安全追溯操作规程　茶叶
6	NY/T 2172—2012	标准茶园建设规范
7	NY/T 2798.6—2015	无公害农产品生产质量安全控制技术规范　第6部分：茶叶
8	NY/T 2951.3—2016	盲蝽综合防治技术规范　第3部分：茶树
9	NY/T 3219—2018	机采机制茶叶加工技术规程　长炒青
10	NY/T 3419—2019	茶树高温热害等级
11	NY/T 5018—2015	茶叶生产技术规程
12	NY/T 5019—2001	无公害食品　茶叶加工技术规程
13	NY/T 5197—2002	有机茶生产技术规程
14	NY/T 5198—2002	有机茶加工技术规程
15	NY/T 5337—2006	无公害食品　茶叶生产管理规范
五、等级规格、品质安全、原产地保护等茶叶相关产品类标准		
1	NY/T 456—2001	茉莉花茶
2	NY/T 482—2002	敬亭绿雪茶
3	NY/T 600—2002	富硒茶
4	NY/T 779—2004	普洱茶
5	NY/T 780—2004	红茶
6	NY/T 781—2004	六安瓜片茶
7	NY/T 782—2004	黄山毛峰茶
8	NY/T 783—2004	洞庭春茶
9	NY/T 784—2004	紫笋茶
10	NY/T 863—2004	碧螺春茶
11	NY/T 1391—2007	珠兰花茶加工技术规范
12	NY/T 2140—2015	绿色食品代用茶
13	NY/T 2672—2015	茶粉
14	NY/T 3222—2018	工夫红茶加工技术规范

续表

序号	标准号	标准名称
六、检验检测方法类标准		
1	NY/T 838—2004	茶叶中氟含量测定方法
2	NY/T 1721—2009	茶叶中炔螨特残留量的测定　气相色谱法
3	NY/T 1724—2009	茶叶中吡虫啉残留量的测定　高效液相色谱法
4	NY/T 1960—2010	茶叶中磁性金属物的测定
5	NY/T 3173—2017	茶叶中9，10-蒽醌含量测定　气相色谱-串联质谱法
七、包装、标识、贮藏和运输等物流类标准		
1	NY/T 1999—2011	茶叶包装、运输和贮藏通则

2. 出入境检验检疫行业标准

茶叶进出口检验检疫行业标准主要是针对茶叶或食品中包含茶叶的检测方法标准为主，促进茶叶进出口质量安全水平的提高。我国现有茶叶进出口检验检疫行业标准53项，以检验检测方法类标准为主，其中基础通用类标准2项，等级规格、品质安全、原产地保护等茶叶相关产品类标准1项，检验检测方法类标准50项。标准明细见表5-3。

表5-3　茶叶出入境检验检疫行业标准明细表

序号	标准号	标准名称
一、基础通用类标准		
1	SN/T 4601—2016	进出口食品、化妆品检验专业术语
2	SN/T 4602—2016	进出口食品专业通用技术要求　食品的分类
二、等级规格、品质安全、原产地保护等茶叶相关产品类标准		
1	SN/T 4256—2015	出口普洱茶良好生产规范
三、检验检测方法类标准		
1	SN 0497—1995	出口茶叶中多种有机氯农药残留量检验方法
2	SN/T 0147—2016	出口茶叶中六六六、滴滴涕残留量检验方法
3	SN/T 0278—2009	进出口食品中甲胺磷残留量检测方法
4	SN/T 0348.1—2010	进出口茶叶中三氯杀螨醇残留量检测方法
5	SN/T 0348.2—2018	出口茶叶中三氯杀螨醇残留量检测方法　第2部分：液相色谱法
6	SN/T 0448—2011	进出口食品中砷、汞、铅、镉的检测方法　电感耦合等离子体质谱（ICP-MS）法
7	SN/T 0711—2011	出口茶叶中二硫代氨基甲酸酯（盐）类农药残留量的检测方法　液相色谱-质谱/质谱法

续表

序号	标准号	标准名称
8	SN/T 0797—2016	出口保健茶检验通则
9	SN/T 0912—2000	进出口茶叶包装检验方法
10	SN/T 0914—2000	进出口茶叶粉末和碎茶含量测定方法
11	SN/T 0917—2010	进出口茶叶品质感官审评方法
12	SN/T 0918—2000	进出口茶叶抽样方法
13	SN/T 0924—2000	进出口茶叶重量鉴定方法
14	SN/T 1490—2004	进出口茶叶检疫规程
15	SN/T 1541—2005	出口茶叶中二硫代氨基甲酸酯总残留量检验方法
16	SN/T 1774—2006	进出口茶叶中八氯二丙醚残留量检测方法　气相色谱法
17	SN/T 1852—2006	出口茶皂素中皂苷含量的测定
18	SN/T 1923—2007	进出口食品中草甘膦残留量的检测方法　液相色谱-质谱/质谱法
19	SN/T 1950—2007	进出口茶叶中多种有机磷农药残留量的检测方法　气相色谱法
20	SN/T 1971—2007	进出口食品中茚虫威残留量的检测方法　气相色谱法和液相色谱-质谱/质谱法
21	SN/T 1972—2007	进出口食品中莠去津残留量的检测方法　气相色谱-质谱法
22	SN/T 1978—2007	进出口食品中狄氏剂和异狄氏剂残留量检测方法　气相色谱-质谱法
23	SN/T 1982—2007	进出口食品中氟虫腈残留量检测方法　气相色谱-质谱法
24	SN/T 1986—2007	进出口食品中溴虫腈残留量检测方法
25	SN/T 2072—2008	进出口茶叶中三氯杀螨砜残留量的测定
26	SN/T 2094—2008	进出口食品中α-硫丹和β-硫丹残留量的检测方法　酶联免疫法
27	SN/T 2147—2008	进出口食品中硫线磷残留量的检测方法
28	SN/T 2156—2008	进出口食品中苯线磷残留量的检测方法　气相色谱-质谱法
29	SN/T 2158—2008	进出口食品中毒死蜱残留量检测方法
30	SN/T 2229—2008	进出口食品中稻瘟灵残留量检测方法
31	SN/T 2230—2008	进出口食品中腐霉利残留量的检测方法　气相色谱-质谱法
32	SN/T 2234—2008	进出口食品中丙溴磷残留量检测方法　气相色谱法和气相色谱-质谱法
33	SN/T 2321—2009	进出口食品中腈菌唑残留量检测方法　气相色谱-质谱法
34	SN/T 2432—2010	进出口食品中哒螨灵残留量的检测方法
35	SN/T 2441—2010	进出口食品中涕灭威、涕灭威砜、涕灭威亚砜残留量检测方法　液相色谱-质谱/质谱法
36	SN/T 2458—2010	进出口食品中十三吗啉残留量的测定　液相色谱-质谱/质谱法

续表

序号	标准号	标准名称
37	SN/T 2540—2010	进出口食品中苯甲酰脲类农药残留量的测定 液相色谱质谱/质谱法
38	SN/T 2560—2010	进出口食品中氨基甲酸酯类农药残留量的测定 液相色谱-质谱/质谱法
39	SN/T 3133—2012	出口茶叶检验规程
40	SN/T 3263—2012	出口食品中黄曲霉毒素残留量的测定
41	SN/T 3848—2014	出口食品中茶多酚的检测方法 高效液相色谱法
42	SN/T 4089—2015	进出口食品中高氯酸盐的测定
43	SN/T 4456—2016	进出口袋泡茶检验规程
44	SN/T 4581—2016	茶叶替代品（花草类）检验检疫规程
45	SN/T 4582—2016	出口茶叶中10种吡唑、吡咯类农药残留量的测定方法 气相色谱-质谱/质谱法
46	SN/T 4594—2016	出口珠茶、眉茶检验审评方法
47	SN/T 4595—2016	进出口食品感官（不洁物）检验规程
48	SN/T 4634—2016	茶黄蓟马检疫鉴定方法
49	SN/T 4655—2016	出口食品中草甘膦及其代谢物残留量的测定方法 液相色谱-质谱质谱法
50	SN/T 4777—2017	出口茶叶中蒽醌残留量的检测方法 气相色谱-质谱质谱法

3. 供销合作行业标准

我国现有茶叶供销合作行业标准51项，其中基础通用类标准19项，种子、种苗等种质资源类标准0项，产地环境、投入品等环境安全类标准0项，种植、植保和生产过程加工等生产管理类标准4项，等级规格、品质安全、原产地保护等茶叶相关产品类标准24项，检验检测方法类标准2项和包装、标识、贮藏和运输等物流类标准2项。茶叶供销合作行业标准明细见表5-4。

表5-4 茶叶供销合作行业标准明细表

序号	标准号	标准名称
一、基础通用类标准		
1	GH/T 1103—2015	茶馆经营管理通用规则
2	GH/T 1104—2015	茶叶专卖（营）店经营管理规范
3	GH/T 1105—2015	茶行业网店经营管理规范
4	GH/T 1119—2015	茶叶标准体系表
5	GH/T 1124—2016	茶叶加工术语

续表

序号	标准号	标准名称
6	GH/T 1163—2017	茶叶皮带输送机和斗式提升机型式与主参数
7	GH/T 1164—2017	紧压茶筛、切机型式与主参数
8	GH/T 1165—2017	茶叶平面圆筛机技术条件
9	GH/T 1166—2017	茶叶匀堆机型式与主参数
10	GH/T 1167—2017	茶叶风选机
11	GH/T 1168—2017	茶叶拣梗机技术条件
12	GH/T 1169—2017	茶叶抖筛机
13	GH/T 1170—2017	齿轮切茶机
14	GH/T 1171—201	茶叶加工除尘系统型式与主参数
15	GH/T 1180—2017	茶叶加工机械产品型号编制方法
16	GH/T 1181—2017	茶叶平面圆筛机型式与参数
17	GH/T 1182—2017	茶叶拣梗机型式与主参数
18	GH/T 1183—2017	紧压茶压制机型式与参数
19	GH/T 1245—2019	生态茶园建设规范
二、种植、植保和生产过程加工等生产管理类标准		
1	GH/T 1076—2011	茶叶生产技术规程
2	GH/T 1077—2011	茶叶加工技术规程
3	GH/T 1125—2016	茶叶稀土含量控制技术规程
4	GH/T 1126—2016	茶叶氟含量控制技术规程
三、等级规格、品质安全、原产地保护等茶叶相关产品类标准		
1	GH/T 1090—2014	富硒茶
2	GH/T 1091—2014	代用茶
3	GH/T 1115—2015	西湖龙井茶
4	GH/T 1116—2015	九曲红梅茶
5	GH/T 1117—2015	桂花茶
6	GH/T 1118—2015	金骏眉茶
7	GH/T 1120—2015	雅安藏茶
8	GH/T 1127—2016	径山茶
9	GH/T 1128—2015	天目青顶茶
10	GH/T 1178—2017	祁门工夫红茶
11	GH/T 1231—2018	加香调味茶
12	GH/T 1232—2018	蒙顶甘露茶

续表

序号	标准号	标准名称
13	GH/T 1233—2018	雅安藏茶企业良好生产规范
14	GH/T 1234—2018	武阳春雨茶
15	GH/T 1235—2018	莫干黄芽茶
16	GH/T 1236—2018	诏安八仙茶
17	GH/T 1241—2019	漳平水仙茶
18	GH/T 1242—2019	紧压白茶加工技术规范
19	GH/T 1243—2019	英德红茶
20	GH/T 1244—2019	固态速溶普洱茶
21	GH/T 1246—2019	茯茶加工技术规范
22	GH/T 1247—2019	调味茶
23	GH/T 1248—2019	信阳红茶
四、检验检测方法类标准		
1	GH/T 1259—2019	茶多酚制品中水分、茶多酚、咖啡碱含量的近红外光谱测定法
2	GH/T 1260—2019	固态速溶茶中水分、茶多酚、咖啡碱含量的近红外光谱测定法
五、包装、标识、贮藏和运输等物流类标准		
1	GH/T 1070—2011	茶叶包装通则
2	GH/T 1071—2011	茶叶贮存通则

4. 国内贸易行业标准

我国现有茶叶国内贸易行业标准14项，重点在贸易流通环节，其中基础通用类标准7项，种子、种苗等种质资源类标准0项，产地环境、投入品等环境安全类标准0项，种植、植保和生产过程加工等生产管理类标准0项，等级规格、品质安全、原产地保护等茶叶相关产品类标准1项，检验检测方法类标准0项和包装、标识、贮藏和运输等物流类标准6项。茶叶供销合作行业标准明细见表5-5。

表5-5 茶叶国内贸易行业标准明细表

序号	标准号	标准名称
一、基础通用类标准		
1	SB/T 10034—1992	茶叶加工技术术语
2	SB/T 10157—1993	茶叶感官审评方法
3	SB/T 10654—2012	茶馆经营服务规范
4	SB/T 10733—2012	茶艺师岗位技能要求

续表

序号	标准号	标准名称
5	SB/T 10872—2012	农产品批发市场商品经营管理规范　第1部分：茶叶
6	SB/T 11061—2013	茶叶交易市场建设和经营管理规范
7	SB/T 11072—2013	茶馆等级划分与评定
二、等级规格、品质安全、原产地保护等茶叶相关产品类标准		
1	SB/T 10168—1993	闽烘青绿茶
三、包装、标识、贮藏和运输等物流类标准		
1	SB/T 10035—1992	茶叶销售包装通用技术条件
2	SB/T 10036—1992	紧压茶运输包装
3	SB/T 10037—1992	红茶、绿茶、花茶运输包装
4	SB/T 10094—1992	毛茶运输包装
5	SB/T 10095—1992	茶叶储藏养护通用技术条件
6	SB/T 10560—2010	中央储备边销茶储存库资质条件

5. 机械行业标准

我国现有茶叶机械行业标准20项，均为基础通用类标准，标准明细见表5-6。

表5-6　茶叶机械行业标准明细表

序号	标准号	标准名称
1	JB/T 5674—2007	茶树修剪机
2	JB/T 5676—2016	茶叶抖筛机
3	JB/T 6281—2007	采茶机
4	JB/T 6670—2007	切茶机
5	JB/T 6674—2016	茶叶烘干机
6	JB/T 7321—2007	茶叶风选机
7	JB/T 7863—2016	茶叶机械术语
8	JB/T 8575—2016	茶叶炒干机
9	JB/T 9810—2007	转子式茶叶揉切机
10	JB/T 9811—2007	茶叶平面圆筛机
11	JB/T 9812—2016	茶叶滚筒杀青机
12	JB/T 9813—2007	阶梯式茶叶拣梗机
13	JB/T 9814—2007	茶叶揉捻机

续表

序号	标准号	标准名称
14	JB/T 10748—2016	扁形茶炒制机
15	JB/T 10808—2016	扁形茶加工成套设备
16	JB/T 10809—2007	茶叶微波杀青干燥设备
17	JB/T 10810—2007	茶叶蒸青机
18	JB/T 12833—2016	茶叶理条机
19	JB/T 12834—2016	茶叶色选机
20	JB/T 12835—2016	茶叶鲜叶分级机

6. 林业行业标准

我国现有茶叶林业行业标准3项，具体明细见表5-7。

表5-7 茶叶林业行业标准明细表

序号	标准号	标准名称	范围
1	LY/T 1170—2013	茶叶包装箱用胶合板	规定了茶叶包装箱用胶合板的要求、检验方法、检验规则及标志、包装、贮存和运输，适用于不直接接触茶叶的包装箱用胶合板
2	LY/T 1924—2010	木制茶具	规定了木制茶具的要求、试验方法、检验规则以及标志、包装、运输和贮存，适用于以木材为原料而制成的茶具
3	LY/T 2982—2018	采茶机	规定了竹茶盘的术语和定义、产品分类、技术要求、试验方法、检验规则及标志、包装、运输、贮存，适用于以竹板材为主要原料，经加工制成的茶盘

7. 轻工行业标准

我国现有茶叶轻工行业标准3项，具体明细见表5-8。

表5-8 茶叶轻工行业标准明细表

序号	标准号	标准名称	范围
1	QB/T 4067—2010	食品工业用速溶茶	规定了食品工业用速溶茶的定义、产品分类、技术要求、试验方法、检验规则和标志、包装、运输、贮存，适用于第3章定义的食品工业用速溶茶
2	QB/T 4068—2010	食品工业用茶浓缩液	规定了食品工业用茶浓缩液的定义、产品分类、技术要求、试验方法、检验规则和标志、包装、运输、贮存，适用于第3章定义的食品工业用茶浓缩液

续表

序号	标准号	标准名称	范围
3	QB/T 4263—2011	L-茶氨酸	规定了L-茶氨酸的术语和定义、要求、试验方法、检验规则、标志、包装、运输、贮存，适用于以生物质为原料，经生物发酵、酶法转化或提取精制的L-茶氨酸

8．气象行业标准

我国现有茶叶气象行业标准2项，具体明细见表5-9。

表5-9 茶叶气象行业标准明细表

序号	标准号	标准名称	范围
1	QX/T 410—2017	茶树霜冻害等级	规定了茶树霜冻害的等级，适用于江南茶区开展中小叶型茶树霜冻害的监测、影响评估及防御，其他茶区和茶树品种可参照执行
2	QX/T 411—2017	茶叶气候品质评价	规定了茶叶气候品质评价要求、评价方法和等级划分，适用于茶叶初级产品的气候品质分析和定量化评价

9．教育行业标准

我国现有茶叶教育行业标准2项，具体明细见表5-10。

表5-10 茶叶教育行业标准明细表

序号	标准号	标准名称	范围
1	JY/T 0604—2017	中等职业学校茶叶生产与加工专业仪器设备装备规范	规定了中等职业学校茶叶生产与加工专业教学和实训用仪器设备的装备规范，包括装备的分类、要求等内容，适用于中等职业学校茶叶生产与加工专业教学和实训用仪器设备的装备。培训机构相关领域教学和实训用仪器设备的装备可参照执行
2	JY/T 0605—2017	高等职业学校茶树栽培与茶叶加工专业仪器设备装备规范	规定了高等职业学校茶树栽培与茶叶加工专业教学和实验实训用仪器设备的装备规范，包括装备的分类、要求等内容，适用于高等职业学校茶树栽培与茶叶加工专业教学和实验实训用仪器设备的装备。培训机构相关领域教学和实训用仪器设备装备的配置可参照执行

10．包装行业标准

我国现有茶叶包装行业标准1项，具体明细见表5-11。

表5-11 茶叶包装行业标准明细表

序号	标准号	标准名称	范围
1	BB/T 0078—2018	茶叶包装通用技术要求	规定了茶叶包装的术语和定义、技术要求、标识、运输和贮存等，适用于茶叶包装的设计、生产和流通环节

11．化工行业标准

我国现有茶叶化工行业标准1项，具体明细见表5-12。

表5-12 茶叶化工行业标准明细表

序号	标准号	标准名称	范围
1	HG/T 4492—2013	天然非离子表面活性剂茶皂素	规定了茶皂素的外观、技术要求、试验方法、检验规则和标志、包装、运输、贮存，适用于由油茶籽或茶叶籽中提取的具有强起泡力、良好稳定性、分散性的天然非离子表面活性剂——茶皂素，任何复配型的茶皂素产品都不适用于本标准

（三）团体标准

我国现有茶叶团体标准128项，其中基础通用类标准11项，种子、种苗等种质资源类标准0项，产地环境、投入品等环境安全类标准0项，种植、植保和生产过程加工等生产管理类标准1项，等级规格、品质安全、原产地保护等茶叶相关产品类标准100项，检验检测方法类标准1项和包装、标识、贮藏和运输等物流类标准15项。茶叶团体标准明细见表5-13。

表5-13 茶叶团体标准明细表

序号	标准号	标准名称
一、基础通用类标准		
1	T/HNTI 012—2019	湘西黄金茶有机茶生产技术规范
2	T/CTSS 3—2019	茶艺职业技能竞赛技术规程
3	T/ZZB 1133—2019	玉青瓷茶器
4	T/CAFFCI 15—2018	化妆品用原料山茶/滇山茶（*Camellia japonica/reticulata*）花提取物
5	T/ZZB 0742—2018	茶叶揉捻机
6	T/FJX 1.1—2019	健康斗茶赛组织规范 第一部分：组织机构、健康准入与赛事等级
7	T/GZBC 5—2018	广东生态茶园建设规范
8	T/YCXT/YCX 0003—2018	茶餐厅经营服务指南

续表

序号	标准号	标准名称
9	T/CCAA 0017—2014	食品安全管理体系　茶叶、含茶制品及代用茶加工生产企业要求
10	T/CTMA 001—2017	茶文化旅游示范区评定规范
11	T/AHPCA 017—2019	含茶制品
二、种植、植保和生产过程加工等生产管理类标准		
1	T/CQSNCQCYXH 11—2018	南川茶叶生产技术规程
三、等级规格、品质安全、原产地保护等茶叶相关产品类标准		
1	T/HNTI 011—2019	湘西黄金茶　红茶加工技术规范
2	T/HNTI 010—2019	湘西黄金茶　绿茶加工技术规范
3	T/HNTI 009—2019	湘西黄金茶　白茶
4	T/YYSCX 002—2019	岳阳黄茶加工技术规范
5	T/YYSCX 001—2019	岳阳黄茶
6	T/HNYC 001—2018	湖南茶油
7	T/CTSS 2—2019	茉莉白茶
8	T/CSTEA 00003—2019	宁德天山白茶
9	T/CAS 339—2019	茶叶品鉴　崂山绿茶、红茶和白茶
10	T/PAYF 001—2019	磐安云峰茶
11	T/AHPCA 008—2019	茶烟
12	T/CZSCYXH 009—2018	郴州福茶　青茶
13	T/CZSCYXH 008—2018	郴州福茶　白茶
14	T/CZSCYXH 007—2018	郴州福茶　红茶
15	T/CZSCYXH 006—2018	郴州福茶　绿茶
16	T/CZSCYXH 004—2018	郴州福茶　白茶加工技术规程
17	T/CZSCYXH 005—2018	郴州福茶　青茶加工技术规程
18	T/CZSCYXH 003—2018	郴州福茶　红茶加工技术规程
19	T/CZSCYXH 002—2018	郴州福茶　绿茶加工技术规程
20	T/CZSCYXH 001—2018	郴州福茶　栽培技术规程
21	T/ZZB 0987—2019	饮料配料专用抹茶
22	T/PSCYXH 004—2019	地理标志产品　屏山炒青茶加工技术规范
23	T/PSCYXH 003—2019	地理标志产品　屏山炒青茶生产技术规程
24	T/DQCY 003—2019	莫干黄芽绿茶
25	T/DQCY 001—2019	德清绿茶

续表

序号	标准号	标准名称
26	T/DQCY 002—2019	德清红茶
27	T/ZRXCXT/ZRXCX 004—2018	柘荣高山白茶
28	T/YCCYHX 001—2017	永川秀芽名优绿茶加工技术规程
29	T/AHPCA 006—2019	茶含片
30	T/LPTRA 1.1—2018	茶船古道　六堡茶第1部分：基本要求
31	T/LPTRA 1.2—2018	茶船古道　六堡茶第2部分：适制品种的快速选育技术规程
32	T/LPTRA 1.3—2018	茶船古道　六堡茶第3部分：茶树扦插繁育技术规程
33	T/LPTRA 1.4—2018	茶船古道　六堡茶第4部分：茶园建设技术规程
34	T/LPTRA 1.5—2018	茶船古道　六堡茶第5部分：有机茶生产技术规程
35	T/LPTRA 1.6—2018	茶船古道　六堡茶第6部分：机械化修剪与采茶技术规程
36	T/LPTRA 1.7—2018	茶船古道　六堡茶第7部分：加工技术规程
37	T/LPTRA 1.8—2018	茶船古道　六堡茶第8部分：感官审评术语
38	T/LPTRA 1.11—2018	茶船古道　六堡茶第11部分：冲泡及品饮方法
39	T/LPTRA 1.12—2018	茶船古道　六堡茶第12部分：感官审评方法
40	T/LPTRA 1.16—2018	茶船古道　六堡茶第16部分：茶园观光旅游服务区规范
41	T/HNTI 01—2018	湖南红茶　红碎茶
42	T/HNTI 04—2018	湖南红茶　红碎茶加工技术规程
43	T/HNTI 05—2018	湖南红茶　工夫红茶加工技术规程
44	T/NPSHXCYJLXHQ/NHCX 0001S—2018	紧压茶
45	T/CTMA 002—2018	骏眉红茶
46	T/CDZX 003—2018	常德擂茶
47	T/CDZX 002—2018	常德茶油
48	T/TLC 002—2018	天尊贡芽茶
49	T/YQCX 001.1—2018	余庆白茶　第1部分商品茶
50	T/YQCX 001.2—2018	余庆白茶　第2部分产地环境条件
51	T/YQCX 001.3—2018	余庆白茶　第3部分生产技术规程
52	T/YQCX 001.4—2018	余庆白茶　第4部分加工技术规程
53	T/XZC 001—2018	西藏绿茶
54	T/XZC 002—2018	西藏红茶
55	T/XZC 003—2018	西藏黑茶
56	T/TIAYZ 001—2018	莽山红茶
57	T/GGI 026—2018	思南晏茶·绿茶

续表

序号	标准号	标准名称
58	T/GGI 025—2018	思南晏茶加工环境标准
59	T/GGI 024—2018	思南晏茶鲜叶采摘标准
60	T/GGI 023—2018	思南晏茶病虫害防治规程
61	T/GGI 022—2018	思南晏茶种植技术规程
62	T/GGI 021—2018	思南晏茶产地环境条件
63	T/RCX 001—2017	日照绿茶
64	T/ZYCX 002.6—2018	遵义绿　绿茶冲泡品饮指南
65	T/ZYCX 002.5—2018	遵义绿　绿茶公用品牌使用管理指南
66	T/ZYCX 002.4—2018	遵义绿　绿茶加工技术规程
67	T/ZYCX 002.3—2018	遵义绿　绿茶生产技术规程
68	T/ZYCX 002.2—2018	遵义绿　绿茶产地环境条件
69	T/ZYCX 002.1—2018	遵义绿　绿茶
70	T/ZYCX 001.2—2018	遵义红　袋泡原料茶加工技术规程
71	T/ZYCX 001.1—2018	遵义红　袋泡原料茶
72	T/YGPH 02—2018	收藏级古树普洱茶（生茶）
73	T/YGPH 01—2018	古树普洱茶感官审评评分
74	T/JDCX 001—2018	建德苞茶
75	T/TLC 001—2018	雪水云绿茶
76	T/WHTD 010—2018	潇湘茶　潇湘红加工技术规程
77	T/WHTD 009—2018	潇湘茶　潇湘绿加工技术规程
78	T/WHTD 008—2018	潇湘茶　标准茶园建设技术规程
79	T/WHTD 007—2018	潇湘茶　产品标识及陈列规范
80	T/WHTD 006—2018	潇湘茶　潇湘红
81	T/WHTD 005—2018	潇湘茶　潇湘绿
82	T/WHTD 004—2018	潇湘茶　石门银峰
83	T/WHTD 003—2018	潇湘茶　碣滩茶
84	T/WHTD 002—2018	潇湘茶　黄金茶
85	T/WHTD 001—2018	潇湘茶　古丈毛尖
86	T/WZCX 001—2018	万州针形名优绿茶加工技术规程
87	T/WZCX 003—2018	万州茉莉花茶加工技术规程
88	T/WZCX 002—2018	万州工夫红茶加工技术规程
89	T/SNCX 004—2017	寿宁高山白茶

续表

序号	标准号	标准名称
90	T/SNCX 003—2017	寿宁高山乌龙茶
91	T/SNCX 002—2017	寿宁高山绿茶
92	T/SNCX 001—2017	寿宁高山红茶
93	T/XHS 001—2018	“狮峰龙井茶”团体标准
94	T/ZPCX 001—2017	漳平水仙茶
95	T/YTCX 001—2017	地理标志产品　烟台绿茶
96	T/BLYHX 002—2016	本溪茶海（茶盘）
97	T/ZNTA 001—2017	周宁高山云雾茶
98	T/CZACA 00003—2017	松花石机制茶盘
99	T/RBX 002—2017	日照红茶
四、检验检测方法类标准		
1	T/KJFX 001—2017	茶叶中毒死蜱快速测定　拉曼光谱法
五、包装、标识、贮藏和运输等物流类标准		
1	T/FJX 2.1—2019	健康白茶云仓储服务规范　第一部分：服务机构与健康准入
2	T/ELCY 004—2017	黄茶仓储规范标准
3	T/ELCY 007—2017	普洱茶仓储规范标准
4	T/ELCY 001—2017	白茶仓储规范标准
5	T/ELCY 008—2017	乌龙茶仓储规范标准
6	T/ELCY 006—2017	绿茶仓储规范标准
7	T/ELCY 002—2017	黑茶仓储规范标准
8	T/ELCY 005—2017	六堡茶仓储规范标准
9	T/ELCY 003—2017	红茶仓储规范标准
10	T/LPTRA 1.15—2018	茶船古道　六堡茶第15部分：仓储入库检验规程
11	T/LPTRA 1.14—2018	茶船古道　六堡茶第14部分：仓储管理规范
12	T/LPTRA 1.13—2018	茶船古道　六堡茶第13部分：六堡茶茶仓建设基本要求
13	T/LPTRA 1.10—2018	茶船古道　六堡茶第10部分：包装标识与运输贮存
14	T/LPTRA 1.9—2018	茶船古道　六堡茶第9部分：产品批号编码规范

（四）地方标准

我国现有茶叶地方标准640项，涵盖到内蒙古（1项）、吉林（3项）、江苏（80项）、浙江（38项）、安徽（72项）、福建（41项）、江西（35项）、山东（18项）、河南（10项）、湖北（77项）、湖南（34项）、广东（15项）、广西（51项）、海南（2项）、重庆（10项）、四川（47项）、贵州（76项）、云南（15项）、陕西（12项）和甘肃（3项）20个省、市、自治区。

第三节　我国茶叶标准化生产与发展

我国现行的茶叶标准是从新中国成立后开始逐步建立和完善的，最初以实物样为基准，按茶叶初制、精制的不同加工工艺和内销、外销及边销等不同销售市场分为毛茶标准样、加工标准样和贸易标准样三类。20世纪80年代起，国家、有关部门和地方逐步发布、实施了各类茶叶的标准。1981年中华人民共和国对外贸易部行业标准WMB 48—81《茶叶品质规格》发布实施，1988年，GB/T 9833《紧压茶》系列标准，1992年GB/T 13738《红碎茶》第二套、第四套等产品标准陆续发布实施。2008年3月22日全国茶叶标准化技术委员会（SAC/TC339，National Technical Committee 339 on Tea of Standardization of Administration of China，简称“全国茶标委”）正式成立，进一步建立和完善茶叶标准体系，促进茶叶的生产、贸易、质量检验和技术进步，更好地推动和完善茶叶标准化工作。

一、我国茶叶产品标准的发展

产品标准指对产品必须达到的某些或全部特性要求所制定的标准，主要作用是规定产品的质量要求，包括品种（产地）、规格（等级）、质量特性及技术要求、试验方法、检验规则、包装、标志、运输和贮存要求等。如GB/T 14456.2—2017《绿茶　第2部分：大叶种绿茶》、GB/T 20354—2006《地理标志产品　安吉白茶》等。

（一）毛茶标准样

毛茶标准样，又称毛茶收购实物标准样，是收购毛茶的质量标准，是对样评茶，正确评定毛茶等级及价格的实物依据。

1. 毛茶标准样的建立

（1）第一阶段　1949年底国家成立了中国茶叶公司，在中央人民政府贸易部领导下，统一经营管理全国茶叶购销业务。1951年制订颁发了“中准标准样”，以中准标准样的精制率为70%作依据。各省根据中准标准样水平，结合各地实际情况，自行制订分级办法与分级标准。

（2）第二阶段　1953年建立全国统一毛茶分级标准样。内外销红、绿毛茶分为五个级，乌龙毛茶、老青茶分为三个级，黑毛茶分为四个级。在收购评茶计价上，1953年以前，一般采用按精制率及品质分数双轨评定，各半计价的办法。但该方法计价烦琐，且容易出现一茶数价的现象。从1954年起取消精制率与品质分数，改为评等。绿茶与红茶在原设的五个级及各级标准样不变的原则下，一、二级各分为五个等，三、四级各分为三个等，五级分为二个等，共为五级十八等。实行以外形定等，内质升降，多升少降，升降幅度最多不超过二个等、一等一价的评茶计价办法。各产茶省根据具体情况，对各级的分等可多分或少分，但最多不超过21个等。这样比以前的评分办法有了很大的简化，等与等之间的品质差距也较明显。

（3）第三阶段　1967年开始，各产茶省先后进行了毛茶新标准的改革试点。经过多种改革方案的试点与比较，1979年在全国各茶区实行新标准。绿茶与红茶设六级十二等（晒青毛茶五级十等），逢双等设一个实物标准样，为各级最低界限。其中四级八等为中准样（晒青毛茶三级六等为中准样）。1983年茶叶主管部门——商业部茶叶畜产局制订了GH 016—1984《屯婺遂舒杭温平七套初制炒青绿茶》，以实物样为主要依据，对部管的屯炒青、婺炒青、遂炒青、舒炒青、杭炒青、温炒青、平炒青等七套炒青绿茶，规定了品质规格及基本要求、感官特征、理化指标，1984年4月发布实施，毛茶标准样从此正式列入了标准化管理。之后商业部茶叶畜产局制订了ZBB 35001—1988《炒青绿茶　鲜叶》和ZBB 35002—1988《炒青绿茶　技术条件》，1988年3月1日发布实施。

2. 毛茶标准样的管理与审批

20世纪90年代以前，毛茶标准样由国家主管茶叶收购部门实行统一领导和分级管理，产量较大涉及面较广的主要茶类及品种均由商业部管理，称部标准，共有40套。其中：绿毛茶类中的屯、婺、遂、舒、杭、温、平、湘、鄂、豫炒青，徽、浙、闽、湘、苏、粤烘青，桂、滇、黔、川、陕晒青等23套；红毛茶类的祁毛红、滇毛红、宁毛红、宜毛红、湖毛红、浙毛红、川毛红、闽毛红、粤毛红等9套；黑毛茶类的六堡毛茶、湖南黑茶、湖北老青茶、川南边茶、康南边茶等5套；乌龙毛茶类的粤水仙、闽南色种2套；黄茶类的黄大茶1套。产量较少而有一定代表性的品种由省级主管收购茶叶部门管理，称省标准，即地方标准。毛茶标准样换配的品质水平及审批，按部管标准执行，由商业部下达和审批；省管标准，由省下达和审批。

20世纪90年代以后，由于茶叶市场放开，国家茶叶主管部门不再统一下达毛茶标准样的制订及换配计划，改由行业主管部门下达相关的国家标准及行业标准的制修订任务，将部分毛茶产品按照标准化管理的要求，列入国家、行业标准的管理规范中。部分毛茶产品由省级质量监督部门会同供销、农业、科研、茶叶公司、茶厂等单位，制订地方标准，并负责进行毛茶实物标准样的审核。

（二）加工标准样

加工标准样，又称加工验收统一标准样，是对毛茶再加工时按照外销、内销、边销成品茶标准茶样进行对样加工，使产品质量规格化的实物依据，也是成品茶交接验收的主要依据。1953年开始制订各类茶叶加工标准样，其中内销、边销茶加工标准样根据各地区产品特点和传统风格制订，由内贸主管茶叶部门审定和管理；外销茶加工标准样根据对外贸易需要结合生产实际制订，由外贸主管部门审定和管理。加工标准样茶有绿茶、红茶、乌龙茶、压制茶等。

1. 绿茶加工标准样

绿茶加工标准样主要是外销眉茶、珠茶及花茶级型坯。眉茶加工标准样于1953年开始制订，当时分苏销、新销和资销三种规格，即分别销往苏联、新民主主义国家和资本主义国家。实际品质分为苏销、资销两种，从标准样品质分数上看，苏销样稍高于新销样。1963年取消苏销茶，建立统一加工标准样，并分两种方式制订，一是按地区品质特征单独制样，分珍眉、贡熙、特针、秀眉、绿片等花色。珍眉从一级至七级（七级之一、之二）共8个级别，贡熙从一级至五级（五级之一、之二）共分6个级别。另一种方式是根据外销茶的传统风格及市场需要，采用各茶区眉茶拼配的方法制成标准样，分特珍、珍眉、雨茶、贡熙、特针、秀眉、茶片等花色。珠茶标准样分珠茶、雨茶等花色，其中珠茶分为一至五级，雨茶分为一、二级。

2．红茶加工标准样

20世纪90年代，参照历年来红碎茶四套加工标准样设置的花色和产品质量水平，结合国际市场惯例，在非等效采用国际标准ISO 3720—1986《红茶　定义及基本要求》的基础上，制订了一、二、四套红碎茶国家标准，1992年发布实施了第二套和第四套，1997年发布实施了第一套红碎茶标准。2008年该系列标准修订为GB/T 13738.1—2008《红茶　第1部分：红碎茶》，将红碎茶产品统一调整为大叶种红碎茶和中小叶种红碎茶两种，合并缩减了产品的花色。并制定发布实施了GB/T 13738.2—2008《红茶　第2部分：工夫红茶》。并将制定GB/T 13738.3《红茶　第3部分：小种红茶》标准。

3．花茶级型坯

花茶级型坯是烘青毛茶经精制加工后用于窨制花茶的素茶。为便于销区统一拼配不再返工筛制，规定了统一的外形筛制规格，制订了全国标准水平的"统一茶坯"。1967年将原来的特级至七级改为一级至六级，1984年商业部下达计划，由商业部杭州茶叶加工研究所承担制订了GB/T 9172—1988《花茶级型坯》，1988年7月1日发布实施。这是我国第一个茶叶产品国家标准。

4．紧压茶标准

1987年和1988年商业部批准发布茯砖、黑砖、花砖、康砖、金尖、紧茶、沱茶7只压制茶国家标准。1993年制定了米砖茶和青砖茶紧压茶国家标准。我国主要紧压茶产品至此基本建立了国家标准，2002年进行了修订。2004年农业部制定发布了NY/T 779—2004《普洱茶》标准，2008年GB/T 22111—2008《地理标志产品　普洱茶》发布实施。2009年GB/T 24614—2009《紧压茶原料要求》和GB/T 24615—2009《紧压茶生产加工技术规范》发布实施。

（三）贸易标准样

贸易标准样，专指对外贸易标准样，是国际茶叶贸易中成交计价和货物交接的实物依据。我国贸易标准样茶于1954年开始建立，首先从大宗出口绿茶着手建立等级标准茶号，接着建立了外销工夫红茶、小种红茶、乌龙茶、白茶等其他茶类的等级标准样茶，至1962年已初步达到了贸易标准样规格化和标准化的要求。其中绿茶有眉茶、珠茶、龙井茶等，花茶有茉莉花茶、珠兰花茶、玫瑰花茶等。各茶类各花色按品质不同分若干级，各级都编有固定号码，即贸易标准茶号或样号，如祁红三级80304。贸易中可直接凭茶号买卖，同时贸易标准样与加工标准样相适应，便于产销结合和货源供应。

目前我国出口茶叶以散装茶叶和小包装茶叶为主，按照《中华人民共和国海关进出口商品规范申报目录》（2019年版），进出口茶叶（海关编码〔HS编码〕0902）主要分为绿茶（未发酵茶）、红茶（已发酵）和半发酵茶三大类，分别执行相应标准。在实际贸易中，进出口茶按照最相近的原则归属到未发酵类、已发酵类或半发酵类商品中。如白茶由于是轻发酵茶，一般归属在绿茶（未发酵）类，HS编码为0902.1090或0902.2090；黑茶中的六堡茶归属到0902.3090或0902.4090中；抹茶由于原料是绿茶，归属到0902.1090或0902.2090。

二、我国茶叶质量安全标准的发展

（一）茶叶质量安全标准的发展过程

作为世界上主要的茶叶生产、消费和贸易国，保证茶叶的质量安全对我国茶产业的可持续发展具有重要的意义。1982年6月1日实施的GBN 144—1981《绿茶、红茶卫生标准》是我国最早的茶叶卫生安全标准，该标准1988年由GB 9679—1988《茶叶卫生标准》代替，标准规定了感官指标和理化指标，在理化指标中对铅、铜、六六六和滴滴涕做了限量要求。随着人民生活水平的提高，原标准提出的茶叶卫生质量要求已不能满足市场需要，卫生部和国家标准化委员会2005年1月颁布并实施GB 2763—2005《食品中农药最大残留限量》和GB 2762—2005《食品中污染物限量》，对茶叶的乙酰甲胺磷、氯氰菊酯、滴滴涕、溴氰菊酯、六六六等9项农残做了最大残留限量要求。

农业部2000年组织启动实施了“无公害食品行动计划”，无公害茶生产和消费是政府主张的市场准入的最低要求；2001年发布实施了行业标准NY 5017—2001《无公害食品　茶叶》、2004年修订为NY 5244—2004《无公害食品　茶叶》，2003年颁布了NY 661—2003《茶叶中氟氯氰菊酯和氟氰戊菊酯的最大残留限量》。

2009年国家颁布实施了《中华人民共和国食品安全法》，法律明确要求政府有关职能部门对现行的食品农产品质量安全标准、食品卫生标准、食品质量标准和有关食品的行业标准中强制执行的标准予以整合，统一公布为食品安全国家标准。根据此法2010年成立了国务院食品安全委员会，随后对我国有关食品质量安全的标准进行整体规划，安全限量和检测方法均作为强制性标准由卫生部统一发布，涉及农产品的农药残留和兽药残留由农业部和卫生部共同发布。自2010年起，我国卫生部、农业部相继制定了包含茶叶在内的农药残留限量指标的食品安全国家标准。如GB 26130—2010《食品中百草枯等54种农药最大残留限量》，GB 28260—2011《食品中阿维菌素等85种农药最大残留限量》等。

在此基础上，卫生部、农业部联合相关部门，对涉及农药残留限量、污染物限量的国家标准、行业标准进行了全面清理、整合，以我国食品生产和监测数据及居民膳食消费结构情况为基础，开展食品安全风险评估，广泛征求了社会公众和相关行业部门的意见，完成了对原有标准的整合修订任务，统一为GB 2763—2012《食品安全国家标准　食品中农药最大残留限量》和GB 2762—2012《食品安全国家标准　食品中污染物限量》。

2015年4月24日，新修订的《中华人民共和国食品安全法》由中华人民共和国第十二届全国人大常委会第十四次会议通过，并于2015年10月1日起正式执行。在修订后的《中华人民共和国食品安全法》第三章第二十六条中规定，食品安全标准包括以下内容：

①食品、食品相关产品中的致病性微生物、农药残留、兽药残留、重金属、污染物质以及其他危害人体健康物质的限量规定；

②食品添加剂的品种、使用范围、用量；

③专供婴幼儿和其他特定人群的主辅食品的营养成分要求；

④对与食品安全、营养安全有关的标签、标识、说明书的要求；

⑤食品生产经营过程的卫生要求；

⑥与食品安全有关的质量要求；

⑦食品检验方法与规程；

⑧其他需要制定为食品安全标准的内容。

（二）目前我国现行的茶叶质量安全标准

目前，我国与茶叶及相关制品有关的食品安全国家标准共有13项，包括农药最大残留限量、污染物限量、标签、卫生规范、检测方法等，这是我国茶叶质量安全监督抽检的重要依据。分别是GB 2762—2017《食品安全国家标准　食品中污染物限量》、GB 2763—2016《食品安全国家标准　食品中农药最大残留限量》、GB 7718—2011《食品安全国家标准　预包装食品标签通则》、GB 28050—2011《食品安全国家标准　预包装食品营养标签通则》、GB 14881—2013《食品安全国家标准　食品生产通用卫生规范》、GB 31621—2014《食品安全国家标准　食品经营过程卫生规范》、GB 7101—2015《食品安全国家标准　饮料》、GB 17325—2015《食品安全国家标准　食品工业用浓缩液》、GB 2760—2014《食品安全国家标准　食品添加剂使用标准》、GB 5009.139—2014《食品安全国家标准　饮料中咖啡因的测定》、GB 4789.15—2016《食品安全国家标准　食品微生物学检验霉菌和酵母计数》、GB 5009.12—2017《食品安全国家标准　食品中铅的测定》、GB 2763.1—2018《食品安全国家标准　食品中百草枯等43种农药最大残留限量》。

其中，GB 2763.1—2018《食品安全国家标准　食品中百草枯等43种农药最大残留限量》作为GB 2763—2016《食品安全国家标准　食品中农药最大残留限量》的增补版，与其配套使用。标准对茶叶的农药最大残留限量增加了百草枯0.2mg/kg、乙螨唑15mg/kg两项指标，至此，食品安全国家标准中茶叶的农药最大残留限量指标增至50项，2018年6月21日由国家卫生健康委员会、农业农村部、国家市场监督管理总局发布，2018年12月21日正式实施。

三、我国茶叶试验方法和规范、规程等标准的发展

检验和试验标准：通过观察和判断，适当结合测量、试验所进行的符合性评价，检验的目的是判断是否合格。如GB 2763—2016《食品安全国家标准　食品中农药最大残留限量》、GB/T 8313—2008《茶叶中茶多酚和儿茶素类含量的检测方法》、GB/T 21729—2008《茶叶中硒含量的检测方法》等。

规范规程标准指依据产品标准要求，对产品实现过程中原材料、零部件、元器件进行加工、制造、装配的方法，以及有关技术要求的标准，使生产过程固定、稳定，达到生产出符合规定要求的产品，在一定范围内作为其他标准的基础并普遍使用，具有广泛指导意义的标准。如GB/T 14487—2017《茶叶感官审评术语》、GB/Z 26576—2011《茶叶生产技术规范》、GB/T 18526.1—2011《速溶茶辐照杀菌工艺》、原商业部SB/T 10187—1993《茶叶拣梗机型式与参数》等。

（一）茶叶感官审评方法标准的发展

茶叶感官审评是茶叶审评人员运用正常的视觉、嗅觉、味觉、触觉等辨别能力，对茶叶产品的外形、汤色、香气、滋味与叶底等品质因子进行综合分析和评价的过程。其分析与评

价的依据是审评人员对该茶产品的原料特征、加工工艺与技术、品质变化和产品标准的充分掌握，在此基础上所做的评价与判断。

1984年商业部发布实施的GH 016—1984《屯婺遂舒杭温平七套初制炒青绿茶》，是我国第一个有关茶叶感官审评方法的标准。之后，1986年国家进出口商品检验局发布实施了《出口茶叶感官审评方法》，2000年再次进行修订。1988年后，国家茶叶产品国家标准也有相应规定，如GB/T 9172—1988《花茶级型坯》等。1993年商业部发布了SB/T 10157—1993《茶叶感官审评方法》，农业部2004年发布了NY/T 787—2004《茶叶感官审评通用方法》。2009年5月12日国家质量监督检验检疫总局、国家标准化管理委员会首次发布了GB/T 23776—2009《茶叶感官审评方法》，同年9月1日实施。该标准对感官审评做了定义，规定了茶叶感官审评的条件、各类茶的感官审评方法、审评结果的计算与判定。

2016年开始对GB/T 23776—2009《茶叶感官审评方法》进行修订，2018年2月6日国家质量监督检验检疫总局、国家标准化管理委员会颁布了GB/T 23776—2018《茶叶感官审评方法》，2018年6月1日实施。新标准在近年茶叶感官审评实践经验基础上做了优化和调整，完善了部分茶类的茶汤的准备方法与评分权数，增加了评茶标准杯碗形状与尺寸示意图，进一步规范了审评用具，确保了茶叶产品品质评价和检测数据的科学性和可操作性。

（二）茶叶理化检测方法标准基本完善

茶叶的化学组成相当复杂，国内外公认的决定茶叶色、香、味的主要成分是茶多酚类（主要是儿茶素类）、氨基酸类、生物碱（主要为咖啡因）、芳香物质、叶绿素等，红茶还应将茶黄素、茶红素等多酚氧化产物列为品质成分。茶叶中的有益元素主要包括硒、锌等。

茶叶理化成分测定方法标准，发展历程如下：1987年11月商业部组织上海进出口商品检验局、中国农业科学院茶叶研究所、商业部茶畜局制定实施了GB 8302～GB 8314《茶理化检验方法》系列国家标准13个，弥补了我国茶叶检验方法标准。包括茶叶取样、磨碎试样的制备及其干物质含量的测定、水分测定、水浸出物测定、总灰分测定、水溶性灰分和水不溶性灰分测定、水不溶性灰分碱度测定、酸不溶性灰分、粗纤维测定、粉末和碎茶含量测定、咖啡因测定、茶多酚测定、游离氨基酸总量测定等。2002年、2008年和2013年几次修订，目前2013版是最新有效测定方法标准。GB/T（8302～8314）—2013，同时将理化成分的茶黄素、儿茶素、茶氨酸测定进行补充，使茶叶标准更加完善。2008年制定了茶叶中硒含量的检测方法和茶叶中茶氨酸的测定方法，并制定了茶叶卫生安全指标的检测方法标准。

（三）茶叶生产加工技术等相关规范规程

1．茶园田间管理的国家标准和行业标准

茶园田间管理的标准包括茶树品种技术规程、茶树短穗扦插技术规程、新茶园选择、规划与开垦技术规程、茶树种植技术规程、茶园土壤管理技术规程、茶园施肥技术规程、茶园灌溉技术规程、茶树修剪技术规程、茶园病虫草害防治技术规范、鲜叶采收和贮运技术规范等。

（1）茶树品种技术规程　涉及的标准为GB 11767—2003《茶树种苗》，2003年修订，规定了茶树采穗园穗条和苗木的质量分级指标、检验方法、检测规则、包装和运输等，适用于栽培茶树的大叶、中小叶无性系品种穗条和苗木的分级指标与检验方法。

（2）茶树短穗扦插技术规程　涉及的标准为NY/T 2019—2011《茶树短穗扦插技术规程》，规定了茶树短穗扦插的术语和定义、采穗园建立、穗条培养、扦插圃建立、采穗、扦插、苗圃管理、起苗、苗木质量和包装运输的技术规程。

（3）新茶园选择、规划与开垦　涉及的标准为GB/Z 26576—2011《茶叶生产技术规范》，NY/T 5018—2015《茶叶生产技术规程》、NY/T 2798.6—2015《无公害农产品　生产质量安全控制技术规范　第6部分：茶叶》、NY/T 3168—2017《茶叶良好农业规范》、NY/T 5197—2002《有机茶生产技术规程》等。

（4）茶树种植　涉及的标准为NY/T 5018—2015《茶叶生产技术规程》、NY/T 5197—2002《有机茶生产技术规程》，NY/T 2798.6—2015《无公害农产品　生产质量安全控制技术规范　第6部分：茶叶》和NY/T 3168—2017《茶叶良好农业规范》对茶树品种的选择也进行了规定。

（5）茶园土壤管理　涉及的标准为GB/Z 26576—2011《茶叶生产技术规范》、NY/T 5018—2015《茶叶生产技术规程》、NY/T 3168—2017《茶叶良好农业规范》、NY/T 5197—2002《有机茶生产技术规程》等。

（6）茶园施肥　涉及的标准为GB/Z 26576—2011《茶叶生产技术规范》、NY/T 5018—2015《茶叶生产技术规程》、NY/T 3168—2017《茶叶良好农业规范》、NY/T 5197—2002《有机茶生产技术规程》等。

（7）茶园灌溉　涉及的标准主要是NY/T 3168—2017《茶叶良好农业规范》。

（8）茶树修剪　涉及的标准为NY/T 5018—2015《茶叶生产技术规程》、NY/T 3168—2017《茶叶良好农业规范》、NY/T 5197—2002《有机茶生产技术规程》等。

（9）茶园病虫草害防治　涉及的标准为GB/Z 26576—2011《茶叶生产技术规范》、GB/T 8321《农药合理使用准则》、NY/T 5018—2015《茶叶生产技术规程》、NY/T 3168—2017《茶叶良好农业规范》、NY/T 5197—2002《有机茶生产技术规程》等。

（10）鲜叶采收和贮运　涉及的标准为GB/Z 26576—2011《茶叶生产技术规范》、NY/T 5018—2015《茶叶生产技术规程》、NY/T 2798.6—2015《无公害农产品　生产质量安全控制技术规范　第6部分：茶叶》、NY/T 3168—2017《茶叶良好农业规范》、NY/T 5197－2002《有机茶生产技术规程》、NY/T 225－1994《机械化采茶技术规程》等。

2．茶叶加工技术标准

茶叶加工技术涉及的标准为GB/T 32744—2016《茶叶加工良好规范》以及GH/T 1077—2011《茶叶加工技术规程》规定了茶叶加工企业的厂区环境、厂房及设施、加工设备与工具、卫生管理、加工过程管理、产品管理、检验、产品追溯与召回、机构与人员、记录和文件管理。该标准的实施，可确保最终茶产品的质量及卫生指标符合有关法规及标准要求。

3．不同茶类加工技术规程标准

不同茶类加工技术的国家标准体系中主要有GB/T 32742—2016《眉茶生产加工技术规范》、GB/T 32743—2016《白茶加工技术规范》、GB/T 35810—2018《红茶加工技术规范》、GB/T 35863—2018《乌龙茶加工技术规范》、GB/T 24615—2009《紧压茶生产加工技术规范》等。

4. 有机茶叶加工技术规程

有机茶是一种按照有机农业的方法进行生产加工的茶叶，在其生产过程中，完全不施用任何人工合成的化肥、农药、植物生长调节剂、化学食品添加剂等物质生产，并符合国际有机农业运动联合会（IFOAM）标准，经独立有机食品认证组织颁证的茶叶产品及其加工产品。有机茶生产加工相关标准有NY/T 5197—2002《有机茶生产技术规程》、NY/T 5198—2002《有机茶加工技术规程》、NY 5199—2002《有机茶产地环境条件》，这些标准分别规定了有机茶生产的基地规划与建设、土壤管理和施肥、病虫草害防治、茶树修剪和采摘、转换、试验方法和有机茶园判别以及有机茶加工和产地环境条件的要求。

（四）茶叶物流标准

茶叶物流标准，主要指茶叶的包装、标签、仓储等方面的国家和行业标准。主要有GB 7718—2011《食品安全国家标准　预包装食品标签通则》、GB 28050—2011《食品安全国家标准　预包装食品营养标签通则》、GB 23350—2009《限制商品过度包装要求　食品和化妆品》、GB/T 30375—2013《茶叶贮存》、GH/T 1070—2011《茶叶包装通则》。

（五）管理标准

管理标准是指对标准化领域中需要统一的管理事项所制定的标准。主要针对管理目标、项目、程序、组织。如GB/Z 35045—2018《茶产业项目运营管理规范》等。

管理标准与技术标准的区别是相对的，一方面管理标准也会涉及技术事项，另一方面技术标准也适用于管理。随着管理的现代化、信息化，管理标准已呈快速发展的趋势。

（六）工作标准

工作标准是指对标准化领域中需要统一的工作事项所制定的标准。包括部门工作标准和岗位（个人）工作标准，对工作责任、权利、范围、质量要求、程序、效果、检查方法所制定的标准。如GB/Z 21722—2008《出口茶叶质量安全控制规范》；GH/T 1119—2015《茶叶标准体系表》等。

四、我国现行常用茶叶标准

（一）现行绿茶系列国家标准

①GB/T 14456.3～6—2016《绿茶　第3部分至第6部分》系列国家标准，是根据国家标准化管理委员会2013年下达的国家标准制修订计划（国标委综合〔2013〕56号）和中华全国供销合作总社“供销厅科字〔2013〕65号”通知，《绿茶 第3部分至第6部分》，即中小叶种绿茶、珠茶、眉茶国家标准列入了制修订计划，由中华全国供销合作总社杭州茶叶研究院牵头，负责制修订工作。《绿茶　第6部分：蒸青茶》是根据2013年国家标准化管理委员会和中华全国供销合作总社下达的第二批国家标准制修订计划进行制修订的，由杭州市余杭区径山蒸青茶业协会等单位负责起草。国家质量监督检验检疫总局、国家标准化管理委员会2016年6月14日发布，2017年1月1日实施。

②GB/T 14456.2—2018《绿茶　第2部分：大叶种绿茶》，是根据国家标准化管理委员会2015年下达的标准制修订计划（国标委综合〔2015〕73号），由中华全国供销合作总社杭州

茶叶研究院、云南省产品质量监督检验研究院等单位承担修订工作。国家质量监督检验检疫总局、国家标准化管理委员会2018年2月6日发布，2018年6月1日实施。

（二）现行红茶系列国家标准

现行红茶系列国家标准主要包括GB/T 13738.1—2017《红茶　第1部分：红碎茶》、GB/T 13738.2—2017《红茶　第2部分：工夫红茶》、GB/T 13738.3—2012《红茶　第3部分：小种红茶》、GH/T 1116—2015《九曲红梅茶》、GH/T 1118—2015《金骏眉茶》、GB/T 24710—2009《地理标志产品　坦洋工夫》。

①GB/T 13738.1—2017《红茶　第1部分：红碎茶》和GB/T 13738.2—2017《红茶　第2部分：工夫红茶》，根据国家标准化管理委员会2014年下达的国家标准制修订计划（国标委综合〔2014〕89号），由中华全国供销合作总社杭州茶叶研究院牵头，负责制修订工作。国家质量监督检验检疫总局、国家标准化管理委员会2017年11月1日发布，2018年5月1日实施。

②GB/T 13738.3—2012《红茶　第3部分：小种红茶》，是根据国家标准化管理委员会和中华全国供销合作总社2010年下达的国家标准制修订计划（国标委综合〔2010〕87号、供销厅科字〔2011〕4号），由中华全国供销合作总社杭州茶叶研究院牵头，负责制修订工作。国家质量监督检验检疫总局、国家标准化管理委员会于2012年12月31日发布，2013年7月1日实施。

③GH/T 1116—2015《九曲红梅茶》和GH/T 1118—2015《金骏眉茶》，由中华全国供销合作总社批准立项，中华全国供销合作总社杭州茶叶研究院牵头，负责制修订工作，于2015年12月30日发布，2016年6月1日实施。

（三）现行青茶（乌龙茶）系列国家标准

现行青茶（乌龙茶）系列国家标准包括GB/T 30357.1—2013《乌龙茶　第1部分：基本要求》、GB/T 30357.2—2013《乌龙茶　第2部分：铁观音》、GB/T 30357.3—2013《乌龙茶　第3部分：黄金桂》、GB/T 30375.4—2015《乌龙茶　第4部分：水仙》、GB/T 30357.5—2015《乌龙茶　第5部分：肉桂》、GB/T 30357.6—2017《乌龙茶　第6部分：单丛》、GB/T 30357.7—2017《乌龙茶　第7部分：佛手》、GB/T 18745—2006《地理标准产品　武夷岩茶》、GB/T 19598—2006《地理标志产品　安溪铁观音》。

①GB/T 30357.1—2013《乌龙茶　第1部分：基本要求》，2013年12月31日，国家质量监督检验检疫总局和国家标准化管理委员会批准颁布，并于2014年6月22日实施。

②GB/T 30357.2—2013《乌龙茶　第2部分：铁观音》，2013年国家质量监督检验检疫总局和中国国家标准化管理委员会批准发布。该标准规定了铁观音产品分为清香型铁观音和浓香型铁观音，其中清香型铁观音分为特级、一级、二级、三级；浓香型铁观音分为特级、一级、二级、三级、四级。2016年，国家标准化管理委员会发布了GB/T 30357.2—2013《乌龙茶　第2部分：铁观音》，自2016年4月26日实施。

（四）现行再加工茶系列国家标准

再加工茶是以茶叶为原料，采用特定工艺加工的、供人们饮用或食用的产品。主要分为花茶、紧压茶、袋泡茶、粉茶等。目前，再加工茶类标准有国家标准12项，行业标准2项，基本建立了以国家标准、行业标准为主体，地方标准、企业标准作为配套的再加工茶类标准体系。对再加工茶的品质、卫生、加工、包装、标志等全过程实施标准化管理，示范带动作用初见成效。但同时也因市场上新产品开发速度较快，标准的制（修）订工作跟不上产品的多元化发展。这也是再加工茶类标准体系需进一步完善的方向。

边销茶，主要销往边疆少数民族地区而得名，有称紧压茶、砖茶。作为一种特殊商品，边销茶具有很强的政治性和政策性。它是边疆少数民族同胞的生活必需品，也是事关民族团结和边疆地区社会稳定的民贸产品。再加工茶类标准体系中包括系列紧压茶、砖茶国家标准。

再加工茶类标准相关标准包括GB/T 9833.1—2013《紧压茶 第1部分：花砖茶》、GB/T 9833.2—2013《紧压茶 第2部分：黑砖茶》、GB/T 9833.3—2013《紧压茶 第3部分：茯砖茶》、GB/T 9833.4—2013《紧压茶 第4部分：康砖茶》、GB/T 9833.5—2013《紧压茶 第5部分：沱茶》、GB/T 9833.6—2013《紧压茶 第6部分：紧茶》、GB/T 9833.7—2013《紧压茶 第7部分：金尖茶》、GB/T 9833.8—2013《紧压茶 第8部分：米砖茶》、GB/T 9833.9—2013《紧压茶 第9部分：青砖茶》、GB/T 22292—2017《茉莉花茶》、GB/T 24690—2018《袋泡茶》、GB/T 31751—2015《紧压白茶》、GH/T 1117—2015《桂花茶》、GH/T 1120—2015《雅安藏茶》。

（五）现行茶制品系列国家标准

茶叶深加工是有效解决茶资源过剩、提升茶资源利用率、延长产业链和提高茶叶附加值的重要途径，茶制品是茶叶深加工产品的阶段性产品。

1．茶制品概念

茶制品是以茶树根、茎、叶、花或其制品等为原料，采用相应的物理、化学或生物技术制备的含茶全部、部分或单一有效功能性成分，并符合相关法律法规及标准规定的中间制品或终端产品。

2．茶制品产品种类及用途

茶制品产品形态包括茶粉（抹茶、超微茶粉）、固态速溶茶、茶浓缩液、茶浸膏、其他茶叶提取物（如茶多酚、茶氨酸、茶色素、茶皂素）等。茶制品可作为食品配料和添加剂（饮料原料、营养强化剂、食品保鲜剂、调味剂、着色剂等），也可用于保健食品领域（抗氧化剂、降血脂、解抑郁等）、医药领域（医药原料等）以及日化领域（抗氧化、美白、保湿、镇静、去污等）。固态速溶茶、茶多酚、茶黄素、抹茶等茶制品是茶叶深加工行业的初级产品，也是食品、日化、保健、医药等领域的生产原料。

3．茶制品产品国家标准

为进一步引导、规范和促进茶制品行业健康发展，全国茶叶标准化技术委员会组织相关单位制定了茶制品系列国家标准。目前已发布实施的茶制品产品系列国家标准有GB/T 31740.1—2015《茶制品 第1部分：固态速溶茶》、GB/T 31740.2—2015《茶制品 第2部分：茶多酚》、GB/T 31740.3—2015《茶制品 第3部分：茶黄素》、GB/T 18798.4—2013《固态速溶茶 第4部分：规格》、GB/T 34778—2017《抹茶》5项。

（六）茶叶国家标准样品

茶叶标准样品是指具有足够的均匀性，代表该类茶叶品质特征，经过技术鉴定，符合该产品标准的并附有质量等级说明的一批茶叶样品。主要分为以下两类。

1. 感官分级标准样品

感官分级标准样品归属GSB 16。这类标准样品均为配合相应的茶叶产品文字标准，作为相应茶叶分等定级、质量判定的实物依据。如GSB 16-3636—2013《西湖龙井茶分级标准样品》等。

2. 茶叶中活性化合物标准样品

茶叶中活性化合物标准样品归属GSB 11。这类标准样品可用于相关产品的质量控制。如GSB 11-1439—2012《表没食子儿茶素没食子酸酯标准样品》、GSB 11-1440—2001《儿茶素ECG》、GSB 11-2544—2010《茶黄素标准样品》等。

五、我国茶叶标准化生产

茶叶标准对茶叶的产地环境、病虫害防治、加工技术规程、产品质量和检验方法等制订了具体的技术规范和量化指标。茶叶标准化是按照“统一、简化、优选”的原则，通过制定标准和实施标准把茶叶的产前、产中、产后的全过程纳入标准生产和标准管理的轨道，切实地提高茶叶质量。标准化是实现标准的过程，茶叶标准化不仅是实现茶园生态化、生产清洁化、产品规格化和安全优质化的有效途径，也是我国茶业实现可持续发展的必然选择。

茶叶标准化生产是指按照标准的要求，对茶叶生产的产前、产中和产后实施全过程规范和控制。我国茶叶标准分国家标准、行业标准、地方标准和企业标准四级，涵盖了茶叶生产所需的投入品、产地环境、茶树品种、种植技术、加工技术、茶叶生产机械与装备、产品与包装、茶叶物流、检验技术与方法以及术语定义等。品牌茶叶的基本要求是安全、优质和特色的茶叶产品。因此，从品牌建设的角度看，标准化生产的核心目的是实现茶叶产品的质量安全和品质特色的可控、可重复的生产过程。另外，品牌保护等也要依据标准。

（一）茶叶标准化生产是茶品牌建设有效保障

1. 保证茶叶产品质量安全稳定、可持续和良性循环

茶叶产品的品质、安全性是品牌的基础，没有优质、安全、稳定的茶叶质量，就不可能有消费者对品牌的美誉度和忠诚度。标准化生产首先是要对茶叶生产全产业链影响茶叶产品质量安全的因素进行规范，确保质量安全稳定，如产地范围、产地生态环境、茶树品种、茶树种植、茶叶加工、产品品质与特色、质量安全、产品追溯等方面均要有具体明确的要求。另外，随着消费者对茶叶质量安全需求的升级，茶叶生产标准应与时俱进，积极引进新品种、新技术和新工艺等，修订完善标准，提升标准化水平，保障茶叶产品质量安全水平持续提升。

2. 保证茶叶产品品质特色的可持续和良性循环

独特的品质特色是品牌的核心。品牌是以差异化为基础的，同质化的产品很难做品牌，具体在茶叶产品品质方面，最好是具有独一无二、不可复制的独特的品质特色，达到满足特定的消费需求的目的。标准化生产就是要对茶叶生产过程中决定茶叶产品品质特色的关键因素进行控制，防止产品品质特色丧失。

3. 保证利益相关方相协调一致、共同遵守

对于建立在茶叶区域公用品牌基础上的企业产品品牌，同一区域公用品牌茶叶由生产

（企业、专业合作社和茶农户等）、农技推广（新品种、新技术和新产品等）、农资供应（农药、肥料等）、产地交易市场、销售与贸易、产品质量检验、行业协会以及政府部门等众多相关方共同参与，要保证各参与方的利益，有必要制定统一的技术与管理标准体系，共同遵守，才能保证区域公用品牌和企业产品品牌的可持续发展。

4. 避免在茶叶区域公用品牌使用上的不公平做法和误导消费者

茶叶区域公用品牌的保护，关键是要防止产区外生产和不符合标准要求的茶叶使用标识，实施生产销售准入许可很重要，开展产品质量监督抽查，作为茶叶生产、销售和监管的依据需要建立起一套标准化体系，才能保护好茶叶区域公用品牌的美誉度和诚信度。

5. 防止过度开发，避免区域公用品牌茶叶自然资源的过度开发

标准化生产可以保证区域公用茶叶品牌茶叶在取得成功后，为子孙后代保护和改进茶叶产区的自然资源，保护生物多样性、地貌、土壤和水资源等。应按标准要求，对茶叶产品质量有影响的独特地理环境、气候、土壤、水体，独特品种、工艺和生产方式等因素都要保护好。若品牌茶叶良好的品质和声誉是由独特的品种、工艺决定的，那就应当按标准要求保护好，不能随意改变品种和工艺，保护好茶叶产区的自然资源和人文文化。

（二）品牌茶叶产品标准化生产的关键控制点

1. 满足消费者对茶叶产品的明示要求

满足对茶叶产品的明示要求主要是指在有关文件中阐明的要求。主要包括四个方面：第一，茶叶生产、加工及其茶叶本身的安全性等方面的法律法规的规定；第二，国家、行业或地方制定的茶叶标准和技术规范要求；第三，茶叶生产SC认证；第四，市场对茶叶的要求，如预包装食品标签通则（GB 7718）、包装标识和市场准入条件等。

2. 满足消费者对茶叶产品的隐含期望

满足对茶叶产品的隐含期望主要是指没有文件规定，是消费者对茶叶的理解和要求。更多的是体现在茶产品的品质特色方面，侧重于消费者的个人嗜好。如果消费者购买到的茶叶是其心目中所期望的就很满意，控制好茶叶品质特色尤为重要。控制茶叶品质特色可从产地环境、茶树品种、种植与肥料技术、加工工艺与技术4个方面考虑制定技术规范。

3. 满足消费者的知情权

品牌茶叶生产要做到全产业链控制，即从茶园到茶杯的每个环节都要精确可控，确保茶叶质量稳定可靠。制定茶叶产品全过程追溯标准，实现茶叶生产全过程追溯，方便掌握企业的基本信息、茶叶产地、茶树品种、生产投入品、质量等级、品质与特色、检验信息、冷链物流信息、各重要环节负责人等，让消费者买得放心。

（三）茶叶标准化生产的意义

实现茶叶的标准是一种茶行业发展的必然形势，在需要付出代价的同时，也带来了社会以及市场效益。茶叶标准的实施可规范生产，控制和保障茶叶的质量。对于茶企业来讲，茶叶标准化引导企业加强产学研结合，加快推广运用高新技术和先进实用技术，在深度开发、精度加工和技术提升上做文章，提升茶叶精深加工企业集群的竞争实力。形成了一批拥有自主知识产权、科技含量高、核心竞争力强的知名企业和名优产品。茶叶企业可以迅速在市场竞争中给自己定好位，减少不必要的投入，集中优势力量，主攻符合自己产品的市场份额。

与此同时，茶叶标准化有助于企业在社会中树立良好的企业形象，提升消费者对其产品质量的信心，无形中占有了市场份额。

茶叶的发展就是要品牌升级化。再过十年，会有更多的人选择品牌茶叶，并且会慢慢固定自己喜欢的品牌。品牌升级发展，就是揽扩自己品牌的老客户，提前占领市场份额，拥有战略性的眼光，走在行业市场的前面，做出既有文化又有质量的好品牌。在这种情况下，打造我国茶叶的知名品牌，显得尤为迫切和重要。打造茶叶品牌，制定中国自己的茶叶质量标准，并在国际上形成影响力，将自己的品牌推向国际，将自己的标准上升为国际标准。通过打造一个品牌，创建一个完整、完善的标准体系，对茶叶生产者和经营者都有一个导向性作用，可以引领中国茶产业走标准化道路，这样中国的茶产业才能走出国门，走向国际。

（四）茶叶标准化生产拥抱未来

1. 全球标准化发展趋势

许多国家都确定了国际标准化优先原则，大力采用国际标准，积极参与国际标准化工作，按照"一个标准、一次检验、全球接受"的要求，突破贸易壁垒，发展本国经济。主要特点：一是标准化领域、标准化内容越来越广泛。国际标准化逐渐扩展到能源、安全、卫生和环境领域，信息技术、生命科学更是国际标准化的热点。标准化内容正从传统经济领域向社会领域发展，管理标准、服务标准成为国际标准化的重要内容，像能源、气候变化等需要全球统一应对的领域更是三大国际标准化机构的战略重点。二是国际标准更新速度不断加快，数量不断增加。三是标准与知识产权的结合越来越紧密，在高新技术领域，知识产权（主要为专利）与标准结合，将使知识产权的拥有方获取巨大利益。有创新、专利的"标准"，将为企业以及行业发展带来"红利"。

我国正在大力实施转变经济发展方式，经历从"中国制造"向"中国创造"的战略转变。主要目标：一是践行新发展理念，以高标准推进高质量发展，不断满足人民群众对美好生活的向往。用最严谨的标准筑牢质量安全底线，用最适用的标准满足消费结构升级需求，用最有效的标准促进供给侧结构性改革，用最科学的标准促进人与自然和谐发展。二是适应经济全球化发展，推进中国与国际国外标准体系兼容，推进标准的互认，以标准互联互通促进产能合作和经济贸易便利化，打通新技术向新产业转化的标准通道，推进虚拟现实、人工智能等新兴领域标准体系的建设，服务支撑创新型国家建设。

2. 中国茶叶标准化未来

作为茶的原产地，茶产业是我国传统优势产业，茶园面积和产量均位居世界第一位，我国在茶叶生产上拥有不可比拟的优势地位。但是，我国茶产业国际竞争力现状与我国茶叶生产大国地位极不相称，茶业企业规模过小、标准化工作落实不到位、劳动力成本过高等是重要原因。中国是茶叶大国，却并非茶叶强国，大而不强、大而不精问题比较突出。据统计，在国家工商行政管理部门核准注册的茶叶类商标有4万多个，但在国际市场上我们与国外知名品牌的差距还很大。在世界经济增速放缓、贸易保护主义抬头的背景下，一些国家和地区对进口农产品设置了更加严格的技术壁垒。中国茶要走向世界最终必须依靠企业品牌，必须加快推进茶叶提质增效，降低成本，才能赢得市场竞争的主动权。标准化是中国茶叶的发展方向之一，在统一标准下进行国际贸易，防止国内茶企在竞争中相互压价，有利于树立中国茶的质量信誉，有利于中国茶品牌的创建和持续。未来的茶企竞争必会在茶叶品质和质量安全之间展开，只有具备品质和质量安全有保证、品牌公信力强的企业才会赢得消费者和市场的认可。

改革开放以来，尽管我国茶叶标准化工作成效显著，实现了跨越式发展，但茶叶标准化工作仍然任重道远，还需与时俱进，不断进行完善，切实把好茶叶质量安全关，以高标准推进高质量发展。一是要把好源头质量安全关，茶叶生产企业在茶园管理过程中，要严格执行相关标准，不要使用禁限用农药，化肥、一般农药、除草剂的使用要严加管控，逐步实施以“茶园生态化”为主的质量安全发展模式，走可持续健康发展之路；二要把好过程质量安全关，在收购原料过程中，要按照国家食药总局关于加强茶叶质量安全的相关标准和规定，严格把好原料进货验收关，确保茶叶原料符合相关标准要求；三是在茶叶加工过程中，要严格遵守国家标准和规定，不添加国家禁止添加的物质；四是要按照相关标准对产品进行检测，保证产品达到标准要求，做到诚信生产，诚信经营；五要加强标准宣贯与实施，加大各项标准和质量安全标准执行力度，政府部门加强对茶企的监管力度，引导消费者树立理性的茶叶质量安全观，让消费者喝上质量安全放心的健康茶。

拓展阅读

国务院关于印发深化标准化工作改革方案的通知
（国发〔2015〕13号）

为落实《中共中央关于全面深化改革若干重大问题的决定》、《国务院机构改革和职能转变方案》和《国务院关于促进市场公平竞争维护市场正常秩序的若干意见》（国发〔2014〕20号）关于深化标准化工作改革、加强技术标准体系建设的有关要求，制定本改革方案。

一、改革的必要性和紧迫性

党中央、国务院高度重视标准化工作，2001年成立国家标准化管理委员会，强化标准化工作的统一管理。在各部门、各地方共同努力下，我国标准化事业得到快速发展。截至目前，国家标准、行业标准和地方标准总数达到10万项，覆盖一二三产业和社会事业各领域的标准体系基本形成。我国相继成为国际标准化组织（ISO）、国际电工委员会（IEC）常任理事国及国际电信联盟（ITU）理事国，我国专家担任ISO主席、IEC副主席、ITU秘书长等一系列重要职务，主导制定国际标准的数量逐年增加。标准化在保障产品质量安全、促进产业转型升级和经济提质增效、服务外交外贸等方面起着越来越重要的作用。但是，从我国经济社会发展日益增长的需求来看，现行标准体系和标准化管理体制已不能适应社会主义市场经济发展的需要，甚至在一定程度上影响了经济社会发展。

一是标准缺失老化滞后，难以满足经济提质增效升级的需求。现代农业和服务业标准仍然很少，社会管理和公共服务标准刚刚起步，即使在标准相对完备的工业领域，标准缺失现象也不同程度存在。特别是当前节能降耗、新型城镇化、信息化和工业化融合、电子商务、商贸物流等领域对标准的需求十分旺盛，但标准供给仍有较大缺口。我国国家标准制定周期平均为3年，远远落后于产业快速发展的需要。标准更新速度缓慢，“标龄”高出德、美、英、日等发达国家1倍以上。标准整体水平不高，难以支撑经济转型升级。我国主导制定的国际标准仅占国际标准总数的0.5%，“中国标准”在国际上认可度不高。

二是标准交叉重复矛盾，不利于统一市场体系的建立。标准是生产经营活动的依据，是重要的市场规则，必须增强统一性和权威性。目前，现行国家标准、行业标准、地方标准中仅名称相同的就有近2000项，有些标准技术指标不一致甚至冲突，既造成企业执行标准困难，也造成政府部门制定标准的资源浪费和执法尺度不一。特别是强制性标准涉及健康安全环保，但是制定主体多，28个部门和31个省（区、市）制定发布强制性行业标准和地方标准；数量庞大，强制性国家、行业、地方三级标准万余项，缺乏强有力的组织协调，交叉重复矛盾难以避免。

三是标准体系不够合理，不适应社会主义市场经济发展的要求。国家标准、行业标准、地方标准均由政府主导制定，且70%为一般性产品和服务标准，这些标准中许多应由市场主体遵循市场规律制定。而国际上通行的团体标准在我国没有法律地位，市场自主制定、快速反映需求的标准不能有效供给。即使是企业自己制定、内部使用的企业标准，也要到政府部门履行备案甚至审查性备案，企业能动性受到抑制，缺乏创新和竞争力。

四是标准化协调推进机制不完善，制约了标准化管理效能提升。标准反映各方共同利益，各类标准之间需要衔接配套。很多标准技术面广、产业链长，特别是一些标准涉及部门多、相关方立场不一致，协调难度大，由于缺乏权威、高效的标准化协调推进机制，越重要的标准越“难产”。有的标准实施效果不明显，相关配套政策措施不到位，尚未形成多部门协同推动标准实施的工作格局。

造成这些问题的根本原因是现行标准体系和标准化管理体制是20世纪80年代确立的，政府与市场的角色错位，市场主体活力未能充分发挥，既阻碍了标准化工作的有效开展，又影响了标准化作用的发挥，必须切实转变政府标准化管理职能，深化标准化工作改革。

二、改革的总体要求

标准化工作改革，要紧紧围绕使市场在资源配置中起决定性作用和更好发挥政府作用，着力解决标准体系不完善、管理体制不顺畅、与社会主义市场经济发展不适应问题，改革标准体系和标准化管理体制，改进标准制定工作机制，强化标准的实施与监督，更好发挥标准化在推进国家治理体系和治理能力现代化中的基础性、战略性作用，促进经济持续健康发展和社会全面进步。

改革的基本原则：一是坚持简政放权、放管结合。把该放的放开放到位，培育发展团体标准，放开搞活企业标准，激发市场主体活力；把该管的管住管好，强化强制性标准管理，保证公益类推荐性标准的基本供给。二是坚持国际接轨、适合国情。借鉴发达国家标准化管理的先进经验和做法，结合我国发展实际，建立完善具有中国特色的标准体系和标准化管理体制。三是坚持统一管理、分工负责。既发挥好国务院标准化主管部门的综合协调职责，又充分发挥国务院各部门在相关领域内标准制定、实施及监督的作用。四是坚持依法行政、统筹推进。加快标准化法治建设，做好标准化重大改革与标准化法律法规修改完善的有机衔接；合理统筹改革优先领域、关键环节和实施步骤，通过市场自主制定标准的增量带动现行标准的存量改革。

改革的总体目标：建立政府主导制定的标准与市场自主制定的标准协同发展、协调配套的新型标准体系，健全统一协调、运行高效、政府与市场共治的标准化管理体制，形成政府引导、市场驱动、社会参与、协同推进的标准化工作格局，有效支撑统一市场体系建设，让标准成为对质量的“硬约束”，推动中国经济迈向中高端水平。

三、改革措施

通过改革，把政府单一供给的现行标准体系，转变为由政府主导制定的标准和市场自主制定的标准共同构成的新型标准体系。政府主导制定的标准由6类整合精简为4类，分别是强制性国家标准、推荐性国家标准、推荐性行业标准和推荐性地方标准；市场自主制定的标准分为团体标准和企业标准。政府主导制定的标准侧重于保基本，市场自主制定的标准侧重于提高竞争力。同时建立完善与新型标准体系配套的标准化管理体制。

（一）建立高效权威的标准化统筹协调机制

建立由国务院领导为召集人、各有关部门负责人组成的国务院标准化协调推进机制，统筹标准化重大改革，研究标准化重大政策，对跨部门跨领域、存在重大争议标准的制定和实施进行协调。国务院标准化协调推进机制日常工作由国务院标准化主管部门承担。

（二）整合精简强制性标准

在标准体系上，逐步将现行强制性国家标准、行业标准和地方标准整合为强制性国家标准。在标准范围上，将强制性国家标准严格限定在保障人身健康和生命财产安全、国家安全、生态环境安全和满足社会经济管理基本要求的范围之内。在标准管理上，国务院各有关部门负责强制性国家标准项目提出、组织起草、征求意见、技术审查、组织实施和监督；国务院标准化主管部门负责强制性国家标准的统一立项和编号，并按照世界贸易组织规则开展对外通报；强制性国家标准由国务院批准发布或授权批准发布；强化依据强制性国家标准开展监督检查和行政执法；免费向社会公开强制性国家标准文本；建立强制性国家标准实施情况统计分析报告制度。

法律法规对标准制定另有规定的，按现行法律法规执行。环境保护、工程建设、医药卫生强制性国家标准、强制性行业标准和强制性地方标准，按现有模式管理。安全生产、公安、税务标准暂按现有模式管理。核、航天等涉及国家安全和秘密的军工领域行业标准，由国务院国防科技工业主管部门负责管理。

（三）优化完善推荐性标准

在标准体系上，进一步优化推荐性国家标准、行业标准、地方标准体系结构，推动向政府职责范围内的公益类标准过渡，逐步缩减现有推荐性标准的数量和规模。在标准范围上，合理界定各层级、各领域推荐性标准的制定范围，推荐性国家标准重点制定基础通用、与强制性国家标准配套的标准；推荐性行业标准重点制定本行业领域的重要产品、工程技术、服务和行业管理标准；推荐性地方标准可制定满足地方自然条件、民族风俗习惯的特殊技术要求。在标准管理上，国务院标准化主管部门、国务院各有关部门和地方政府标准化主管部门分别负责统筹管理推荐性国家标准、行业标准和地方标准制修订工作。充分运用信息化手段，建立制修订全过程信息公开和共享平台，强化制修订流程中的信息共享、社会监督和自查自纠，有效避免推荐性国家标准、行业标准、地方标准在立项、制定过程中的交叉重复矛盾。简化制修订程序，提高审批效率，缩短制修订周期。推动免费向社会公开公益类推荐性标准文本。建立标准实施信息反馈和评估机制，及时开展标准复审和维护更新，有效解决标准缺失滞后老化问题。加强标准化技术委员会管理，提高广泛性、代表性，保证标准制定的科学性、公正性。

（四）培育发展团体标准

在标准制定主体上，鼓励具备相应能力的学会、协会、商会、联合会等社会组织和产业技术联盟协调相关市场主体共同制定满足市场和创新需要的标准，供市场自愿选用，增加标准的有效供给。在标准管理上，对团体标准不设行政许可，由社会组织和产业技术联盟自主制定发布，通过市场竞争优胜劣汰。国务院标准化主管部门会同国务院有关部门制定团体标准发展指导意见和标准化良好行为规范，对团体标准进行必要的规范、引导和监督。在工作推进上，选择市场化程度高、技术创新活跃、产品类标准较多的领域，先行开展团体标准试点工作。支持专利融入团体标准，推动技术进步。

（五）放开搞活企业标准

企业根据需要自主制定、实施企业标准。鼓励企业制定高于国家标准、行业标准、地方标准，具有竞争力的企业标准。建立企业产品和服务标准自我声明公开和监督制度，逐步取消政府对企业产品标准的备案管理，落实企业标准化主体责任。鼓励标准化专业机构对企业公开的标准开展比对和评价，强化社会监督。

（六）提高标准国际化水平

鼓励社会组织和产业技术联盟、企业积极参与国际标准化活动，争取承担更多国际标准组织技术机构和领导职务，增强话语权。加大国际标准跟踪、评估和转化力度，加强中国标准外文版翻译出版工作，推动与主要贸易国之间的标准互认，推进优势、特色领域标准国际化，创建中国标准品牌。结合海外工程承包、重大装备设备出口和对外援建，推广中国标准，以中国标准“走出去”带动我国产品、技术、装备、服务“走出去”，进一步放宽外资企业参与中国标准的制定。

四、组织实施

坚持整体推进与分步实施相结合，按照逐步调整、不断完善的方法，协同有序推进各项改革任务。标准化工作改革分三个阶段实施。

第一阶段（2015—2016年），积极推进改革试点工作。

——加快推进《中华人民共和国标准化法》修订工作，提出法律修正案，确保改革于法有据。修订完善相关规章制度。

——国务院标准化主管部门会同国务院各有关部门及地方政府标准化主管部门，对现行国家标准、行业标准、地方标准进行全面清理，集中开展滞后老化标准的复审和修订，解决标准缺失、矛盾交叉等问题。

——优化标准立项和审批程序，缩短标准制定周期。改进推荐性行业和地方标准备案制度，加强标准制定和实施后评估。

——按照强制性标准制定原则和范围，对不再适用的强制性标准予以废止，对不宜强制的转化为推荐性标准。

——开展标准实施效果评价，建立强制性标准实施情况统计分析报告制度。强化监督检查和行政执法，严肃查处违法违规行为。

——选择具备标准化能力的社会组织和产业技术联盟，在市场化程度高、技术创新活跃、产品类标准较多的领域开展团体标准试点工作，制定团体标准发展指导意见和标准化良好行为规范。

——开展企业产品和服务标准自我声明公开和监督制度改革试点。企业自我声明公开标准的，视同完成备案。

——建立国务院标准化协调推进机制，制定相关制度文件。建立标准制修订全过程信息公开和共享平台。

——主导和参与制定国际标准数量达到年度国际标准制定总数的50%（2016年完成）。

第二阶段（2017—2018年），稳妥推进向新型标准体系过渡。

——确有必要强制的现行强制性行业标准、地方标准，逐步整合上升为强制性国家标准。

——进一步明晰推荐性标准制定范围，厘清各类标准间的关系，逐步向政府职责范围内的公益类标准过渡。

——培育若干具有一定知名度和影响力的团体标准制定机构，制定一批满足市场和创新需要的团体标准。建立团体标准的评价和监督机制。

——企业产品和服务标准自我声明公开和监督制度基本完善并全面实施。

——国际国内标准水平一致性程度显著提高，主要消费品领域与国际标准一致性程度达到95%以上。

第三阶段（2019—2020年），基本建成结构合理、衔接配套、覆盖全面、适应经济社会发展需求的新型标准体系。

——理顺并建立协同、权威的强制性国家标准管理体制。

——政府主导制定的推荐性标准限定在公益类范围，形成协调配套、简化高效的推荐性标准管理体制。

——市场自主制定的团体标准、企业标准发展较为成熟，更好满足市场竞争、创新发展的需求。

——参与国际标准化治理能力进一步增强，承担国际标准组织技术机构和领导职务数量显著增多，与主要贸易伙伴国家标准互认数量大幅增加，我国标准国际影响力不断提升，迈入世界标准强国行列。

国务院
2015年3月11日

CHAPTER 6

第六章

茶文化是中国茶的灵魂

2016年7月1日，习近平在庆祝中国共产党成立95周年大会上发表重要讲话指出“我们要坚持道路自信、理论自信、制度自信，最根本的还有一个文化自信。”所谓文化自信是指一个民族、一个国家以及一个政党对自身文化价值的充分肯定和积极践行，并对其文化的生命力持有的坚定信心。2017年1月25日，中共中央办公厅、国务院办公厅印发《关于实施中华优秀传统文化传承发展工程的意见》指出“文化是民族的血脉，是人民的精神家园。文化自信是更基本、更深层、更持久的力量。中华文化独一无二的理念、智慧、气度、神韵，增添了中国人民和中华民族内心深处的自信和自豪。中国是茶的故乡，早在5000年前，中国人就已经开始利用茶叶。今天，在云南、四川等地仍有大量野生古茶树，有些树龄超过3000年。在中国，茶不仅是一种饮品，更是崇尚道法自然、天人合一、内省外修的东方智慧。茶园里采茶姑娘肩上的背篓，茶厂里老师傅手下的炒锅，茶馆里丰富多彩的茶艺表演，茶客们以茶代酒、品茗论道，都演绎着博大精深的中华茶文化。

第一节　古代中国茶中的商贸文化

一、古代中国茶叶贸易

茶叶贸易的明确记载始于汉代，唐代已成为一项重要的商品，宋代更是大宗商品的时代。自唐宋以来的茶叶专卖制度，至明末有所松动，清雍正年间茶叶贸易终于放开。整个清代，茶叶对外贸易曾极度兴盛，但不久又从巅峰跌落谷底。

（一）唐以前的茶叶贸易

中国茶叶发源于西南巴蜀地区，商品茶叶最早就出现于四川的产地市场。王褒《僮约》有记“武阳买茶”，武阳是中国最早的茶叶市场之一。川西各地生产的茶叶汇集至武阳，然后向周边地区输送，武阳成为茶叶集散地。西汉以后，随着茶叶产区的扩大和饮茶的推广，茶叶的商品化程度得到提高。西晋惠帝在位（290—306）期间，洛阳南市街头，有蜀妪提着器具流动卖茶粥。东宫太子在“西园卖醯、面、篮子、菜、茶之属”，任太子洗马的江统，曾上疏规劝：太子摆摊设点卖东西“亏败国体”。东晋元帝在位（317—322）时，在广陵（今江苏扬州）有老姥“每旦独提一器茗，往市鬻之，市人竞买”。以上茶事表明，两晋时饮茶成风，不仅茶成为商品，在城市连茶的初加工品茶粥，也上市成了商品。南北朝时期，东北和西北少数民族先后在中国北部建立政权，仿效汉族开始饮茶，所需的大量茶叶，有很大部分是通过商品买卖的手段获得，茶叶贸易随着消费地区的扩大而不断扩展。

（二）唐代茶叶贸易

唐代出现了商品经济蓬勃发展的新气象，其中一个重要的原因便是商品性农业的迅速发展，茶叶经济的崛起成为商品性农业中最为引人注目。大量的茶叶商品投入市场流通，商品交换方式逐渐发生变化，表现在草市镇的勃兴，区域市场的形成，甚至全国性市场也在形成之中。茶叶产地主要在川蜀江淮，而消费却远及北国、吐蕃、塞外。封演《封氏闻见记》说：“开元中，泰山灵岩寺有降魔师，大兴禅教，学禅务于不寐，又不夕食，皆许其饮茶，人自怀挟，到处煮饮，从此转相仿效，遂成风俗。自邹、齐、沧、棣，渐至京邑城市，多开店铺，煎茶卖之，不问道俗，投钱取饮。其茶自江淮而来，舟车相继，所在山积，色额甚多。”开元（713—741）后，江淮的茶叶就大量远销北方，这是茶叶以商品形式出现于山东、河北、京津市场的最早记录。

唐代茶叶生产和贸易的发展逐步形成了多层次的市场网络，表现在以下几点。

1. 农村的茶叶初级市场

茶园户出卖自己的茶叶，一是靠上门来收购的茶商，唐人张途在《祁门县新修阊门溪记》中记述咸通（860—873）年间茶商到祁门收购茶叶的热闹情景：“每岁二三月，赍银缗缯素求市（茶叶），将货他郡者，摩肩接迹而至……或乘负，或肩荷，或小辙，而陆也如此，纵有多市，将泛大川，必先以轻舟寡载，就其巨艎。”二是靠草市、墟市等农村集市。蜀地所产蒙顶茶唐时质优价高。“元和（806—820）以前，束帛不能易一斤先春蒙顶”，茶价趋高，茶园户在利益的驱动下大量采茶造茶，投放到周围农村集市的商品茶叶数量大增。茶山交易和草市贸易，构成了广大的茶叶农村市场。

2. 城市的茶叶市场

如果说，农村茶叶初级市场的功能主要是实现调剂余缺，即满足茶园户之外其他农户的茶叶消费需求，同时满足茶园户的粮食、农具等生活、生产资料的需求，那么城市的茶叶市场，其功能就是集散茶叶，向外输出。浮梁在唐代即是一著名产茶区，又是一个集散市场。据《元和郡县志》记载，唐代浮梁县“每岁出茶七百万驮，税十五余万贯”。白居易在《琵琶行》有描绘茶商别离妻子去浮梁买茶的情形：“……老大嫁作商人妇。商人重利轻别离，前月浮梁买茶去。去来江口守空船……”从四周茶区流集于浮梁的茶叶，就是靠这些“重利轻别离”的茶商之手远销到各个销区。集纳大规模、远距离茶叶贩运的城市大市场，茶商聚积，组成茶行，生意更加繁荣。唐诗人王建《寄汴州令狐相公》诗有句：“水门向晚茶商闹，桥市通宵酒客行。秋日梁王池阁好，新歌散入管弦声。”当年汴州这类城市已成为全国性的茶叶市场。

3. 边疆茶叶市场

唐时边疆少数民族地区已大量消费茶叶，南方茶叶产区以各种途径把茶叶远销边疆。西藏高寒地区，所在并不产茶。《唐国史补》（卷下）记载：常鲁公使西蕃时，赞普曾与他一起烹茶于帐中。赞普向他出示产于江南湖州的顾渚紫笋、川东的昌明兽目、岳州的㴩湖含膏、淮南寿州的霍山黄芽、蕲州的蕲门团黄等。说明当时已有远途贩运茶叶的商贩了。朝廷对边疆茶市除了部分地区依靠茶商正常贩运外，部分地区则采取茶马互市。

自唐代中叶开始，茶商处于不断发展壮大之中。主要源于部分茶农放弃了农业经营而逐渐专门从事茶叶贸易活动，其他商人见茶叶贸易利好转行加入茶业。

（三）宋代茶叶贸易

宋代茶叶生产和消费比唐代有所发展，茶叶贸易形成了更为稳固的产销市场。有学者把宋代全国茶叶市场从区域上作了划分为四大块：一是东南七路产地市场，二是以汴京为中心的北方销地市场，三是川峡四路及西南少数民族地区的产销地市场，四是以永兴秦风、熙河为中心的西北诸路及西夏、吐蕃地区销地市场。宋代茶叶产业的发展，使各级茶叶市场的层次和功能更加分明。按市场功能分为以下三种。

1. 产区初级市场

宋代起集散作用的产区小集市数量星罗棋布，如从陆游诗中可见，浙江山阴“兰亭之北是茶市”。镜湖周围也是“村墟卖茶已成市”。周密诗中描绘了湖南小集市“包茶裹盐入小市，鸡鸣犬吠东西邻”。这些市墟草市，把分散零星的茶叶汇集起来，形成庞大的数量，然后再经茶商转运到更大的中转集散市场上去。所谓“草市朝朝合，沙城岁贡新。雨前茶更好，半属贾船收”（舒亶句）。草市的茶叶，部分在当地消化，大半经商贾外运。宋代茶叶初市中还出现了“包买商”现象，即商贩为了得到稳定的茶叶或扩大业务，预先给茶园户一笔钱，茶叶上市时，按新茶价值，连本带利归还。

2. 中转集散市场

这是茶叶初级市场与销地市场的中间环节。中转集散市场一般依托产区，交通便利。典型的如浮梁，宋时已成为皖南、浙西、赣东茶的交汇中心，其他如江陵、扬州、山阴、会稽、余姚等也是重要的茶叶中转市场。宋时朝廷设置在淮南的十三个山场和全国六个榷货务，也是重要的茶叶贸易集散地。

3. 茶叶镇区市场

这是茶叶产销的终端，主要集中在不产茶的西北和北方地区。当然，茶叶在初级市场和中转市场均有一部分直接进入了当地居民的消费领域。在长期运销过程中形成了不同地区茶相对稳定的销区和运输线路。北方销区市场包括淮河以北的京畿、京西、河北、河东路，茶叶主要来源于东南茶区。西北地区是东南茶叶长途贩运的主要销售地区。宋钦宗靖康元年（1126），金兵攻入汴京，宋室南渡，西北市场起了很大变化。这时茶叶贸易不得不由官买官卖改为商卖商销。南宋茶叶畅销北方，宋金陆路贸易主要是茶。

（四）明清茶叶贸易

明代是茶叶生产的重大转型期，明太祖朱元璋推行芽叶茶的政策，对中国古代茶业的发展起着不可估量的促进作用，使茶叶的生产、销售、消费诸经济层面较前朝有相当大的增长。明代前期茶叶贸易实施官统制，官卖官销，垄断经营茶，以达到“以茶治边”的目的。明朝中后期因朝廷经济能力衰退而大量吸收民间资本参与营运。明代茶叶分官茶、商茶、私茶。官茶西北易马。商茶由民间商人经营，领引纳税，准许公开售卖，私茶是未经请引纳税，走私交易。明英宗正统（1436—1449）以后，随着边境茶马交易的衰微，民间茶的贸易活动得以迅猛发展。茶业官统制结构向民间商人经营的结构性转化。从明代正统至清代前期又形成一个茶叶经济兴起的高峰期。明代茶叶贸易大体可划分为边境地区、内陆地区和海外三类市场。

1．边境地区的茶叶市场

由于明朝军队对马匹的需求，茶马交易是明朝茶业经济贸易的主体。边境茶叶市场主要分布在西宁、河州、洮州、甘州、兰州、庄浪、辽东、岷州、黎州、雅州、碉门、岩州等地。凡是朝廷设置茶马司的地方，是官方进行茶马贸易的中心。但是到了明朝中后期，商人资本的大量进入，以致民间茶商取得了支配地位。所以明朝边境地区的茶叶市场，是官、商共同以茶叶与少数民族进行的贸易活动。明清之际，边境茶叶贸易十分繁盛，顾炎武在《天下郡国利病书》中说：“商贾满于关隘，而茶船遍于江河。”色汝楫《南中纪闻》云：藏人“俗贵茶，中国携茶与之，即以金赠，虽一手掌茶，可博金一握”。正是由于藏族地区对茶叶的需求十分旺盛，所以成为内陆商人获利之渊薮。

2．内陆民间的茶叶市场

明朝除边境茶外销严加控制外，内陆地区的茶叶流通只要不违朝廷“茶引”制度，民间茶商是可以进行贩运行销的，采取较开放的自由贸易政策。如福建武夷山茶，明清时期茶叶买卖相当繁盛。清嘉庆《崇安县志》载：“武夷以茶名天下，自宋始，其时利犹未溥也，今则利源半归茶市。茶市之盛，星渚为最。”到清代初期，武夷茶市“在下梅附近各县所产茶，均集中于此。竹筏三百国内，转运不绝”。其贩茶的商人，据衷榦《茶市杂咏》所记，武夷“茶业均系西客经营。由江西转河南运销关外。西客者，山西商人也。每家资本为二三十万至百万。货物往返，络绎不绝”。其实，当时的茶商有两类，一类是外地大茶商至武夷来采办茶叶的，另一类是小商人自行担贩销卖。明清之际还形成以广州为中心的茶叶市场。广州市场以珠江南岸的茶叶加工业为支撑，是一个与海外贸易有直接关系的市场，素以经商而闻名天下的南直隶徽州府，其业茶的大商人“北达燕京，南极广粤”。

3．海外贸易口岸市场

明朝前期因防御“倭寇”，实行“海禁”。明朝同海外诸国的经贸往来，是以“朝贡”的形式来维系的，在此基础上生发并扩展了民间的贸易。同时，随着明朝海外移民的增加，茶叶的对外贸易也随之发展起来。同明朝保持良好关系的国家“皆尝来往广东”，因而广东地区在明代兴起了海外贸易。从事海外贸易的商人群体中，相当一部分是在内陆市场积累了大量商业资本之后，才转向海外贸易的。

在明清茶叶贸易发展中，特别是明中期以后，由于茶叶流通范围扩大，商人地位的提高，茶商队伍的扩大和商业竞争的激烈，出现了以地域为中心，以血缘乡谊为纽带，以“乡亲相助”为宗旨，以会馆、公所为联络计议之所的茶叶商帮。主要有山西商帮、陕西商帮、广东茶商、福建茶帮、徽州茶商，还有浙江的宁波、龙游商帮，江苏的洞庭商帮，江西的江右商帮等。他们在长期商贸活动中形成了较为固定的经营区域，进行大规模长途贩运，拓展了市场空间。清代是中国茶叶对外贸易空前繁荣的时期，又是中国传统茶业经济中心地位逐步丧失的阶段。华茶从繁荣到衰落，帝国主义的扼杀是罪魁祸首，小农经济落后的生产技术和经营方式是内在的原因。

二、茶马互市千年商贸

（一）茶马互市商贸的起源于唐朝

唐朝是我国历史上多民族国家大发展的成长期之一，也是茶叶高速成长的新期间。贡茶、榷茶、税茶制度相继成立。唐朝前对于边陲少数民族，执行比力开明的政策。唐太宗说：“自古皆贵中华，贱蛮夷，朕独爱之如一。”（《资治通鉴》）在这种理念的引导下，执行怀柔政策，采纳和亲、互市、朝聘、册封、招安等行动，内容涉及政治、经济、军事、文化、习惯风俗诸方面，而赢得了边陲少数民族对唐朝的向心力和凝聚力。很多边陲少数民族首领送子弟到长安求学，“四方学者，云集都门，以致高丽……高昌、吐蕃诸酋长亦遣子弟请入国学，升讲筵者八千余人。”（《资治通鉴》）太宗贞观十四年，吐蕃赞普遣时臣求婚，“太宗许之……贞观十五年以文成公主妻之。”

文成公主入藏带去了医药、历法、蔬菜种子、纺织、酿酒、茶和饮茶方法，在藏北高原至今传播着文成公主用进贡大唐的龙团教会妇女碾茶、煮茶的故事。藏南还传颂着一首民歌：“龙纹余杯啊！就想起了公主慈祥的模样。”

唐《国史补》载：“常鲁公使西蕃，烹茶帐中。赞普问曰：此何物也？公曰：涤烦疗渴，所谓茶也。赞普曰我此亦有，遂命出之。以指指曰：此寿州者，此舒州者，此顾州者……”但其时吃茶品茗只限于上百领和贵族，可喜的是饮茶习俗已开始逐渐传播。至此，茶开始成为汉藏民族经济、文化的纽带。

多年来，史学界、茶学界均引唐封演《封氏见闻记》：“往年回纥入朝，大驱名马，市茶而归。”认为茶马互市商业始于中唐。据《中国边疆民族办理机构沿革史》载：“后唐在云州（今山西大同）、登州（今山东蓬莱）等地开设马市，和契丹等族进行商贸……，934—936年，契丹境内的鞑靼胡禄等部到云州互市。……契丹南唐交往中，往往以使团充当商旅贸易队。辽会同元年（938），‘契丹主耶律德光及其兄（弟）东丹王各遣使以羊马入贡，别持羊三万口、马二百匹来鬻，以其价市罗纨、茶、药’。南唐保大十年（952），南唐遣使赴契丹除装运货品的‘牛车百余乘’以外，又以‘鞍马沿路置顿’（陆游《南唐书》），规模之大，可想而知”。对五代期间茶马互市商贸的时间、地点、规模和交易频繁均有记述。应该可以作为茶马互市的萌芽时期。

茶马互市的记载，最早见于唐代。唐开元十九年（731），当时占据于青、康、藏高原的吐蕃王朝，要求与唐划界互市，提出交马于赤岭（今青海湖东岸日月山），互市于甘松岭（今四川松潘西北）的请求。当时输入北方牧区的茶叶主要产于四川与汉中地区。

（二）茶马互市商贸成长于宋朝

宋太祖赵匡胤固然先后安定荆南、南汉、江南等处，结束了五代十国割据局面，但并没有实现国家的统一。乾德（963）年间，太祖为了用兵契丹，深感战马在军事上的重要性，且唐朝已有以茶易马之习俗，于是治令置“提举茶马司”实行以茶易马。太祖去世后，其弟赵光义太宗继位，为了宋王朝的发展，励精图强，巩固国防，抵御强敌，大力充实战马，加强以茶易马，此时正值茶叶生产大发展，具有雄厚的茶叶基础，可以易马，并认为以茶易马较之以铜钱、帛及其他物资易马更为合算，而少数民族又“不可一日无茶”，在此情形下，宋代的茶马商贸在规模上大有发展，政策和措施上亦进一步完善，近似后期明朝提出的“茶马国之要政”实质。

宋代，在北方相继出现了以经营畜牧业为主的少数民族建立的辽、金、夏政权。这些政权长期威胁着宋朝边境，使得宋朝政府不得不在国防与外交上下足功夫。因此，宋代的茶马互市制度较唐代有了很大的发展。宋代易马主要依赖川茶，川茶法在北宋初期为自由通商法，但禁出境，其余路茶也不可以入川境，至北宋后期则逐渐全面禁榷。川茶的禁榷在物质上确保了宋代官营茶马贸易繁荣发展。宋代官营茶马贸易的管理机构为都大提举茶马司，该司统筹兼管茶马二政，专职榷茶易蕃马。熙宁十年（1077），提举成都府等路茶场司脱离市易司成为一个独立机构，标志着宋代官营茶马贸易机构的正式创立。崇宁四年（1105），茶马二司合并成茶马司，成为茶马事务的最高管理机构。

宋王朝为了稳定发展茶马贸易，根据质量差价、季节差价、地区差价、规格差价等制定了一系列茶马比价政策。为了获取更多的马和满足边疆少数民族对茶叶的需求，宋政府还规定了茶马贸易年额。宋初政府每年买马五千余匹，至熙宁三年（1070）升至一万匹，徽宗初期买马数最多，一度突破年额二万匹。徽宗以前陕西买马用茶年额一般均在二万驮上下波动，崇宁时期由于买马额稍有增加，加之马价变动，年用茶额遂增至五万驮以上，为北宋最高年额。南宋时，政府偏安于江南一隅，但为了巩固局势，抗击金兵，马匹来源至为重要，于是互市的重点便由原来的北方转向西南，主要与大理政权之间进行。

（三）茶马互市商贸暂停于元朝

元朝是以蒙古族贵族为主成立起来的多民族国家，没有沿袭宋朝茶马互市商贸的缘由主要是：蒙古族自己产马，加上西藏、青海、甘肃等地均属元朝版图，马源非常充足；元朝对边疆少数民族的管理，较以往任何时候都要严密，羁縻政策已失去意义。土司要承担对元政府的朝贡和纳税义务，从朝贡与赏赐的物品看，元朝仍有茶马互市商贸的痕迹，只是它是一种变相的商品交换，但其地位和功能及其意义已大大地淡化转变了，茶马互市商贸基本处于停顿状态。

（四）茶马互市商贸变革于明朝

1．明继宋制建立茶马互市商贸的原因

明朝从太祖朱元璋洪武元年（1368）至思宗朱由检崇祯十七年（1644）灭亡，共计276年，始终处于战争环境中。古代作战，骏马多少，是决定战争胜败的重要因素。马匹短缺，对军事上危害极大。而明朝兵多将广，缺乏的就是战马。面对严厉的军事形势，朱元璋谕羁王朱椿时指出："国家榷茶，本资易马。"据《明名臣奏议》载："国家令蕃夷纳马，酬之以茶……非中国（本地）果无良马，而欲市之蕃夷也……故以是羁縻之耳"。"互市者，和亲别名也，然贤于和亲，贤于数十万甲师矣"。又据《明孝宗实录》载："彼得实用之物，吾得攻战之具"。明政府决意易西蕃之马，其缘由非常清楚。

2. 明政府茶马互市商贸的政策

"茶马，国之要政。"（《明宪宗实录》）明朝继元朝将西藏正式纳入版图的客观实际，对内地与边疆区域的商贸往来，无论政策、制度和方式都发生了很大的变化。茶马互市商贸既体现了明中央政策对藏区的经济来往，是一种经济关系；又表现了对藏区的统治关系，而且是属于第一位的。据《明太祖实录》载："（帝）敕谕松州卫指挥佥事耿忠曰：'西番之民归附已久，而未赏责其贡献。闻其地多马，宜计其地之多寡以出赋，而三千户，则三户共出马一匹；四千户，则四户共马一匹，定为出赋，庶使其尊君亲上，奉朝廷之礼也。'"朱元璋这段话有两层意义："溥天之下，莫非王土"，"食土（指农畜产品）之毛，谁非君臣。"其次是中原内地农民种地要交粮赋，西藏不产粮而产马，应出马作为赋税，以表示其归附中央政权和尊君，政治上才表现君臣关系。

同时朱元璋勉力奉行"以（茶）制戎狄"政策，其在告谕蜀王朱椿时说："国家榷茶，本资易马，边吏失讥，私贩出境，惟易红缨杂物，使蕃人坐收其利，而入中国者少，其以是制戎狄哉?"在《甘肃通志》中也有记录。"假市易以羁縻控驭，为制番上策"。茶马互市商贸发展到明朝，其性质已经转化为明政府强化中央政权的一项重要政策。

3. 明朝茶马互市商贸法规

明朝茶马互市商贸始于洪武五年（1372），"马一匹，茶千八百斤"。稍后推行"差发马制度"。为了防备官员假朝命以济私，洪武二十六年（1393）特制"金牌信符"。据黄瑜《双槐岁钞》说："洪武初于陕西洮州、河州、西宁各设茶马司，制金牌四十一，上曰：皇帝圣旨；左曰：合当差发；右曰：不信者斩。上号藏内府，下号藏各藩族，三年一差官来往对验，以茶易马，上马八十斤，中马六十斤，下马四十斤。"又据《明史·食货志》载："考金牌之制……夫不日互市，不日交易，而谓之差发。"但金牌制好景不长，遭到各方势力的挑战：挑战一，私茶猖獗，对金牌制冲击很大。明虽立法严禁私茶，出境重罪者处以凌迟，但经营茶叶可获厚利，官吏则倚权舞弊。驸马欧阳伦在陕西以官茶私买，朱元璋知道后震怒："以布政司不言，并伦赐死，保（欧阳伦家人）等皆坐诛，茶货没入于官。"（《明太祖实录》）可见明茶法不避显贵。但在茶农茶商中仍然有"以细茶私卖，粗茶纳官。"万历年间，湖南黑茶兴起，产量多，质量也好，私商越境贩卖，蕃人也以湖南茶价低味醇，喜好购置湖南茶，不愿与政府易马。对金牌制冲击很大。不得已政府只好用一部分湖南茶易马，因而湖南茶在茶马互市商贸中占据一定地位。挑战二，国力衰弱。蒙古军进犯辽东、宣府、甘州等地，英宗亲率十五万大军征讨，在土木堡被俘，官军死伤惨重。一些纳马部落也遭侵略，金牌丧失，使金牌制无法继续执行，不得已停止使用金牌制。

4. 明朝改革茶马互市商贸的措施

建立巡视监察制度。明洪武年间，为了确保茶马商贸顺利开展，对边境关卡管理很严，

“守把人员若不严守，纵放私茶出境，处以极刑，家迁化外”。并不定期派遣朝廷官员巡视检查。成化年间，调派御史巡视陕西茶事，从而建立了专职巡视监察制度。但明初，陕西马政由巡抚兼管，后朝廷准都御史杨一清奏请由巡茶御史“兼官马政茶法二事”，使御史巡视监察制度更加完善，这是明朝的一项创举。除此，明朝还对官茶的加工、贮藏、调拨极为重视。明初，四川、陕西易马的官茶，除茶马司保藏一部分外，其余均由各州县分散贮存，这样既不利于保管，也不利于调运，经常发生茶叶霉烂变质造成损失事故。为此在洪武三十年（1397）决定在成都、重庆、保宁、播州（明时属四川）成立四大官茶专仓保管，并在襄城、紫阳（均属陕西）成立制茶作坊，专门加工统购的官茶。为了确保运输线路的畅通，还修筑道路，增设驿站，以官运为主，商运为辅，组织军民专业运输，这些措施，使官茶的贮藏、加工、运输有了一个完备的体系和制度，这也是明朝的创举。

茶马互市发展到明代，其性质已发生很大的变化。在实行茶叶专卖的同时，制定了更加完备的茶马市易制度。所易之茶，初期仍是唐宋以来传统的“巴茶”，后来逐渐为物美价廉的湖南茯茶所取代。明朝还对茶马互市采取了一系列的新举措，以保障茶马互市的正常进行。一是在洪武十六年（1383）出台了“土赋”制度。二是实行金牌信符制度，即差发马制度。洪武三十年间，对西北各“纳马之族”给发金牌，以为纳马凭证。金牌信符成为明代茶马贸易的合法凭证。三是实行“收纳差发马匹，给以价差”的茶马比价制度。蒙古族地区每年输出如此大量的马匹，但他们的生活必需品茶叶却受到明廷的限制，经常得不到满足。于是“万历五年俺答款塞，请开茶市”，反映了蒙古游牧民族对扩大茶叶贸易的迫切要求。

（五）茶马互市商贸衰亡于清朝

1. 清朝实施茶马互市商贸的缘由

实施茶马互市适应清初大规模战争形势的需要。清朝是我国封建社会多民族统一国家空前发展和巩固时期。清朝初期，前朝遗臣期望复辟而据地称帝，各地反清波涛汹涌澎湃，中央政权很不稳固，大规模战争不断，导致战马严重短缺，国家财政“一岁所入，不敷一岁之支”（《清世祖实录》），“国家财赋大半尽于用兵”的困难局面，故“踵前朝故事”，积极推行茶马互市商贸，适应贯彻“因俗而治”方针的需要。为了对边疆少数民族地区实行有效的统治，“因俗而治”这一统治边疆的传统思想，便成为清政府奉行不移的政策。雍正帝明确指出“从俗从宜”、“各安其习”。乾隆也强调“从俗从宜”、“不易其习。”蒙、藏、回等少数民族，自唐始盛行饮茶习俗，茶马互市商贸历代相传，清朝也势必沿袭，才能做到“不易其习”。同时，清政府鼓励“慕义驰贡”（《清朝文献通考·榷茶》），对边疆上层首领驱马来朝贡者，都以茶赏赐，“抚赏以鼓远人之心，以示怀柔之意。”

2. 清朝茶马互市商贸的政策与措施

据《清史稿·食货志》载：“明时，茶法有三：曰，官茶储边易马；曰，商茶给引征课；曰，贡茶则上用也。清因之，于陕、甘易番马”。顺治元年（1644），在西北地区设立五个茶马司（西宁司、洮州司、河州司、庄浪司、甘州司），同时，沿袭明制，设巡视茶马御史一人，统一管理五个茶马司。后令甘肃巡抚兼管，最后划归陕西总督管理。顺治三年（1646），诏“几外藩各蒙古来易马者，俱令驻于边口，照常商贸，毋得阻抑”。顺治八年

（1651），西藏五世达赖喇嘛要求在北胜州（今云南永胜县）拓荒市场，换取普洱茶。康熙四年（1655）正式开市。普洱茶以普洱府为集散地，由马邦运至下关，经四川运往西藏。康熙三十五年（1696），又开四川打箭炉（今甘孜藏族自治州康定县）市场。

清政府对边疆商贸持稳重态度，实行较为宽松的政策，如康熙三十六年（1697），清政府曾令西藏第巴桑结嘉错护送班禅额尔德尼进京，他借故要求缓期。当时有人认为这是对朝廷的不恭，建议“禁止第巴遣人商贸”，予以经济制裁。康熙非常明智，他说：“彼所属之人，皆赖商贸为生。朕为天下主，何必以班禅之故，泥于小见，禁其商贸，绝其生计乎!”又如乾隆三十五年（1770），经户部议准，“新疆五屯兵民混居，生齿日繁，现据茶商等请由懋功厅（属四川）增给腹引一千张，于灌县采配茶斤，运往各地销售”，确保了边疆地区茶叶供给。这些政策，对和缓边疆民族矛盾，增加民族团结有积极意义。清朝为确保茶马互市商贸的顺利进行，对茶实行禁榷，除官茶储边易马外，商茶则实行茶引制。同时严禁私茶出关，“查前明诏谕，通接西番关隘地方，拨官军巡守，不许私茶出境。”（《食货志·茶法》）

3. 清朝茶马互市商贸走向衰亡的缘由

清朝茶马互市商贸，大致可分为三个阶段：顺治初年（1644）到康熙七年（1668），为恢复、发展、繁荣兴旺阶段；康熙七年至雍正末年（1735），为时兴时罢阶段；乾隆元年（1736）至道光二十（1840），为衰落消亡阶段。

顺治年间的茶马互市商贸，是在硝烟四起，政局不稳定，朝廷急需战马的情况下进行的。到顺治未年（1661），全国统一局面基本形成。康熙亲政后，对发展农业生产，增加国库收入，巩固统治政权非常重视，采取了一系列明智而有效的政策；奖励垦荒，劳动者获得实惠，种植面积大幅度增加，康熙八年（1669），实行“更名田”，把明朝藩王的土地“给以原种之人，号为更名田，永为世业”（《清朝通典》）。使无田的农民有了合法的土地，同时实行“蠲免赋税”政策。康熙十五年（1676）又实行“滋主人丁，永不加赋”，刺激了人口增长。雍正元年（1723），诏令“摊丁入田”，即按财富和负担能力交税。既改变了赋税不均的状况，又减轻了劳动人民的负担。这些政策和措施，推动了生产的发展，商业的繁荣，社会的安定。特别是平定“三藩”（1681），收复了台湾（1683）之后，基本达到了全国的政治统一，朝廷对茶马互市商贸开始逐步淡化。康熙四十四年（1705）中止以茶易马事务，改征茶叶税款并且允许商人自由贸易。随着清朝在全国范围内统治秩序的建立、社会的安定，以及农牧业经济的发展和民间贸易的繁盛，茶法、马政也开始发生了相应的变化，特别是对新疆的军事（1731）行动结束，所需马匹仅靠贡赋形式就可以满足，茶马贸易转由民间经营，冲破了官办茶马互市商贸的樊笼，延续近千年的茶马互市制度至此正式宣告结束。

第二节　两代茶圣与中国茶德形成

一、唐代茶圣——陆羽（约733—约804）

《陆文学自传》（761）是陆羽于二十九岁时为自己写的小传，可信度较高。他在自传中写道："字鸿渐，不知何许人，有仲宣、孟阳之貌陋；相如、子云之口吃。"《新唐书·陆羽传》载，他稍大一些，"以《易》自筮"，占得"渐"卦，卦辞曰："鸿渐于陆，其羽可用为仪"，于是按卦词由智积禅师定姓为"陆"，取名为"羽"，以"鸿渐"为字。

（一）自古寒门出贵子，从来纨绔少伟男

陆羽是个被僧人收养的弃婴。深秋的一个清晨，竟陵龙盖寺的智积禅师路过西郊一座小石桥，忽闻桥下群雁哀鸣之声，走近一看，只见一群大雁正用翅膀护卫着一个男婴，男婴让严霜冻得瑟瑟发抖，智积把他抱回寺中收养。而且"不知何许人，有仲宣、孟阳之貌陋；相如、子云之口吃。"就是这样一个出生连寒门都算不上的人，因为陆羽面世于"古雁桥"，根本没有什么门，做出了"夫茶之著书，自羽始；其用于世，亦自羽始。羽诚有功于茶者也。……山泽以成市，商贾以起家，又有功于人者也。"

人生主要取决于你对生活的态度与感受，态度决定行为，行为决定结果。如果你是一个积极进取的人，那么你一定会有一个积极进取的人生！命运给你一个比别人低的起点，是想告诉你，让你用你的一生，去奋斗出一个绝地反击的故事。

（二）人生自是有情痴，此恨不关风与月

茶圣陆羽终身没有成家，曾憧憬有朝一日能建立家室，有子孙继世，得享人生的天伦之乐。虽然他要遵循儒说"不孝有三，无后为大。出家人能称有孝吗?""羽将授孔圣之文。"但终究未能称孝。陆羽有一个红颜知己叫李季兰（李治），传说在陆羽被僧人捡来时是寄养在李季兰家，当时李季兰刚满周岁，两个孩子在一起生活七八年，可以说青梅竹马、两小无猜，之后李季兰跟随父亲返回故乡湖州，这也许就是陆羽学成后要到浙江湖州定居的一个缘由。就是在浙江湖州、嵊州这片热土上，通过忘年交皎然又再一次与儿时的伙伴李季兰相聚，也就是在与红颜知己的交往和鼓励下，诞生了世界上第一部茶学专著《茶经》。有时常说"男人是茶，女人是水"，"茶性必发于水，八分之茶遇水十分，茶亦十分矣；八分之水试十分之茶，茶只八分耳。"当得知红颜知己因上诗朱泚被德宗所杀时，受到了极其沉痛的打击。随即赋诗，借怀凭吊孝女曹娥之名寄托对红颜知己的难言之情（留在世间第二首诗歌）。

《会稽东小山》

陆羽

月色寒潮入剡溪，青猿叫断绿林西。
昔人已逐东流去，空见年年江草齐。

在季兰死后第二年（785），陆羽毅然离开了他曾寓居二十余年——也是他成名之地的

湖州和留下美好回忆的古越繁荣地，来到了人地生疏的江西上饶，隐居城北茶山，寻求人生的自我慰藉。

《湖上卧病喜陆鸿渐至》

李季兰

昔去繁霜月，今来苦雾时。
相逢仍卧病，欲语泪先垂。
强劝陶家酒，还吟谢客诗。
偶然成一醉，此外更何之。

《茶恋》

杨晨晖

寒夜静，故人归，
红泥小炉火初沸。
人似月，皓腕雪，
茶香浮动静默的喜悦。
那年谷雨，绿海翠，
夕阳洒下了斜晖。
茶香散入心扉，
佳人的笑也如兰似蕙，
你煮一壶千羡万羡西江的水，
沸腾成千年寂寞的眼泪。
你簪一朵清雪落时嫣然的梅，
告诉我地老天荒要追随。
你为浪迹四海尝遍茶的滋味，
任情花凋零成雨中的蕊。
你问我是否会记得那抹浅笑，
在某一个，月色式微。
更已深，人难寐，
为谁风露立清辉。
有志者，自古累，
辜负了深情百转千回。
天晚欲风，烛影红，
人走茶凉泪朦胧。
是茶仙还是墨客？
是我此生最美的伤痛。

（三）纸上得来终觉浅，绝知此事要躬行

荀子说“不登高山，不知天之高也；不临深谷，不知地之厚也。”陆羽从二十一岁开始（754），游历天下，足迹遍布巴山蜀水、荆楚大地、吴越山川的茶树生长之地，可谓风餐露宿。每至一处，驻马采茶，下鞍品水，细心观察茶叶之外形，品尝茗茶之口感，研究茶树培育之道，向当地百姓请教如何种茶、制茶技术，并将途中所见所闻的资料详细记入“茶汇”。资料统计显示，陆羽的足迹涉及14个省，156个县市和地区，主要集中在浙江、江苏、湖北、江西等省份。期间朝廷曾多次对陆羽设官，但都未赴任，这一精神也体现在他写就的《六羡歌》中。

《六羡歌》

陆羽

不羡黄金罍，不羡白玉杯。

不羡朝入省，不羡暮入台。

千羡万羡西江水，曾向竟陵城下来。

《访陆处士羽》

皎然

太湖东西路，吴主古山前。

所思不可见，归鸿自翩翩。

何山赏春茗，何处弄春泉。

莫是沧浪子，悠悠一钓船。

经过十六年的游历后（769），将自己这些年的茶事见闻和专研所得撰写成书，五年后完成《茶经》初稿（775），后来又用五年时间增补修订（780），历时二十六年，终将世界第一部、仅7200余字的茶学专著——《茶经》完成。

陆羽秉承神农衣钵，凡茶都亲历其境、“亲揖而比”“亲炙啜饮”“嚼味嗅香”。如果没有躬身力行，怎能撰写《茶之出》，如何能了解的到当时（唐朝）八大茶区（山南、淮南、浙西、剑南、浙东、黔中、江南、岭南）的茶叶生产优劣。如果没有躬身力行，如何能够创新设计那么多的茶具茶器！

（四）知之者不如好之者，好之者不如乐之者

陆羽是一位历史学家，曾经编著过《江表四姓谱》《南北人物志》《吴兴历官志》和《吴兴刺史记》等一些史学著作。陆羽还是一位研究山水和编写地方志专家，曾编写了《吴兴记》《吴兴图经》《慧山记》《虎丘山记》《灵隐天竺二寺记》《武林山记》等多种地志和山志。他还是演员和剧作家，幽默机智，演丑角极为成功，后来还编写了三卷笑话书《谑谈》。他工于诗文，可惜传世不多。

陆羽从小不喜欢念经，喜欢饮茶泡茶，但师父不准他泡，他立下志向“喝遍天下的水，饮遍天下的茶”。陆羽的一生，就像那起浮回旋的茶叶，虽然一路冲荡，却终得茶香般的善果。

山一程，水一程，身向茶区那畔行，夜深黄卷青灯；
风一更，雪一更，聒碎初心梦难成，地老天荒无悔。

他开启了一个茶的时代，为世界茶业发展做出了卓越贡献，颜真卿也曾为他建亭题字（图6–1）。陆羽被尊为“茶圣”，基本上是他逝世以后的事情。在他生前，他虽然以嗜茶、精茶和《茶经》一书就名播社会或已有“茶仙”的戏称，但在世人眼中，他还不是以茶人而是以文人的形象受到推崇。这是因为其时茶叶虽在《茶经》问世以后已成为一门独立的学问，但其影响和地位，无法和古老的文学相比。其次《茶经》撰于陆羽在文坛上已崭露头角之后，即陆羽在茶学上的造诣，是在他成为著名的文人达士以后才显露出来的。这其实给了我们一种处理兴趣爱好和本职工作关系的方法，也给当前科学研究人员提供了处理单位科研考核指标和引领行业科研发展的一种模式。

图6–1　三癸亭

二、当代茶圣——吴觉农（1897—1989）

1992年7月，上海市闸北区共和新路街道办事处领导，带领辖区内的一批少儿辅导员到闸北革命史料陈列馆，商讨共和新路街道暑期爱国主义教育系列活动。商讨决定利用“当代茶圣”吴觉农先生（图6–2），在闸北居住过七年之久的史料馆，联合举办“学习中共挚友吴觉农，弘扬传统茶文化活动”。

“觉农先生毕生从事茶事，学识渊博，经验丰富，态度严谨，目光远大，刚直不阿。如果陆羽是‘茶神’，那么说吴觉农先生是当代中国的茶圣，我认为他是当之无愧的。”陆定一在《茶经述评》序言中对吴觉农所做中肯评价。

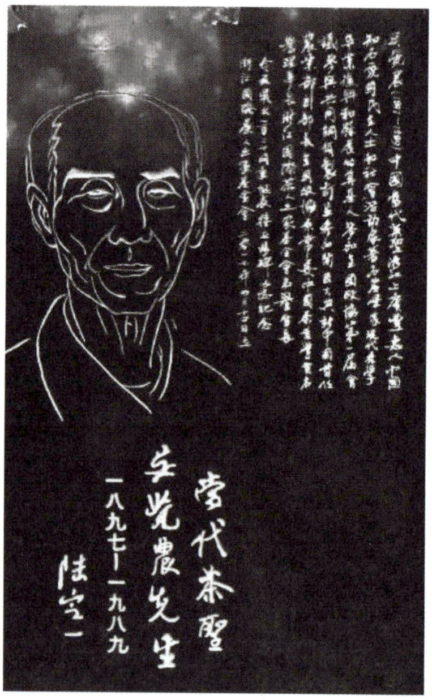

图6–2　吴觉农像

1927年“四·一二”事件时，吴觉农同胡愈之、郑振铎等七人在报上发表了抗议反动派血腥屠杀革命群众的公开信，被周恩来称之为“中国正直知识分子大无畏的壮举”。中国社会科学院院长胡绳同志就曾这样评价他：“吴觉农先生出生于苦难的旧中国，具有高度的爱国主义精神，不断求进步的革命知识分子，他的身上表现着富贵不能淫、威武不能屈、贫贱不能移的高贵品质。”

“中国茶叶如睡狮一般，一朝醒来，绝不至于长落人后，愿大家努力吧。”短短二十七个字是吴觉农《中国茶业改革方准》一文末尾的结论。在事隔七十年之后，他原封不动地题写了他当年青春年华时代的宣言（图6-3）。这段题词，现悬挂在中国茶叶博物馆。

1914年十七岁的吴荣堂立志以“振兴中华农业”为己任，考入浙江省甲种农业专科学校（现为浙江大学）。政府的腐败、苛刻的残酷、农民的穷困、欠租农民在站笼里的哀号给农家出身的吴荣堂留下了深刻的印记。

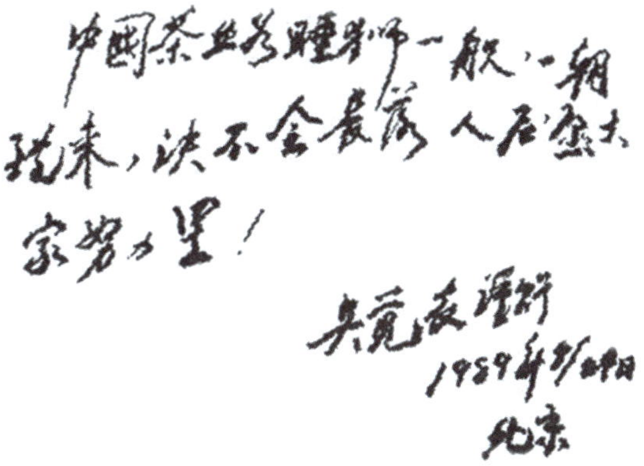

图6-3 吴觉农词

“中国农民要翻身，只有自己觉悟起来”，“农民要站起来，要革命奋斗，必须要具备自觉”，为此他毅然决然将自己改名为：吴觉农。“觉”乃佛家所说的“自觉悟”是也，只有“自觉”方能“觉人”，这是“觉”的真正内涵与本质。自己要成为有觉悟的农民，同时也含有要启迪农民要有觉悟的双重含义。

吴觉农最早论述了中国是茶树的原产地（《茶树原产地考》），向世界证明了茶的起源是中国。他创建了我国第一个高等院校的茶业专业（复旦大学农学院成立茶叶系和茶叶专修科）和全国性茶叶总公司，又在福建武夷山麓首创了茶叶研究所（福建省崇安筹建财政部贸易委员会茶叶研究所），为发展我国茶叶事业做出了卓越贡献。

中国茶叶的上千年历史中，涌现了无数茶学家，他们同劳动人民一起创造了丰富绚丽的中国茶文化，中国茶文化独树一帜，影响深远，是中华文化教育的重要组成部分。1988年，中国茶学界公推出20世纪的十大茶学家，这十大茶学家就是我们所说的“二十世纪中国十大茶学家”。他们分别是吴觉农、胡浩川、冯绍裘、蒋芸生、方翰周、王泽农、陈椽、庄晚芳、李联标、张天福。

吴觉农纪念馆于2005年在上海成立，是弘扬吴觉农茶学思想和中国茶人精神的爱国主义阵地，吴觉农曾说：“茶叶工作者大多一生勤勤恳恳、埋头苦干、清廉自守、无私奉献，具有君子的操守。”朴素的茶人精神显露无遗。

学习吴觉农先生的茶人精神，要从三个方面进行——茶德、茶艺和茶文化，三足鼎立而成精神，缺一则不能成方圆。吴觉农先生的一生都在为了社会和谐、人类健康和百姓的美好生活而奋斗，他的精神不是平面的而是立体的，不是单一的而是十分丰富广阔的。

三、“廉美和敬”中国茶德的形成

（一）中国茶德的萌芽

早在1982年庄晚芳先生就提出“茶文化”，其中“中华茶文化”被海内外茶学界所采用，并于1984年撰文发表在《中国农史（1984年第二期）》的《中国茶文化的传播》中有过这样的一段论述“茶文化与人生关系极为密切，与政治经济、教育卫生、科学技术和文艺等都有密切关系。”“茶的传布，……它受到许多因素的综合影响，其中以人类生活及其经济活动的影响最为显著。茶的传播也就是中国文化的传播。”“我国陆羽《茶经》和日本荣西《吃茶养生记》，均带有修身养性，清神得道之义。我国的‘茶德’，日本的‘茶道’更成为极为考究的一种饮茶礼节。”这是第一次提到“我国茶德”。1986年，庄先生在《光明日报》上发表《茶文化与清茶一杯》文章中指出“新中国成立以后一段较长时期，我们茶叶界只抓茶叶生产、销售的研究，对于茶叶物质文化的其他方面和精神文化方面无人宣传，不敢触动，基本上是处于顺其自然。”“茶叶本身是一种很广泛的文化，……对社会起到了其他文化所不能达到的既广泛又深远的影响。”1987年庄先生又在《茶叶（1987年第一期）》发表《发扬茶叶文化，促进文明建设》一文中总结性地提到“近年来，每与茶人谈及今后茶叶工作，我几乎总要强调这一点‘重视茶叶文化的总体发展，促进茶叶工作更好地为社会主义现代化和两个文明建设服务。’”“强调要‘重视茶叶文化的总体发展’，并非指我们现在对茶叶文化及其发展，还不够重视，……至于在茶的精神文化方面，毋庸讳言，至少在党的十一届三中全会之前未被重视，破多立少，没有得到相应的发展。”庄先生利用各种场合、满腔热情地向领导和群众宣传，于是以弘扬茶文化为宗旨的杭州“茶人之家”和厦门“茶人之家”就顺势建立。

（二）中国茶德的倡导

1989年，在庄先生等老前辈的积极推动、大力弘扬中国茶文化的影响下，茶学界开始逐渐觉醒着力弘扬中国茶文化，5月份庄先生在上海《茶报》上首次提出了“廉、美、和、敬”的中国茶德。茶文化发展的氛围促成了10月份商业部、外经贸部和农业部在北京举办“首届茶与中国文化展示周”活动，全面展示了中国茶文化。庄先生于1991年先后在《茶叶（1991年第三期）》和《农业考古（1991年第四期）》上以“四字守则，四句浅释”和“（陈）文华同志留念”形式，建议宣传“中国茶德”，以增进当前两个文明的建设，提高经济效益和社会效益。四字守则“廉、美、和、敬”即“廉俭育德、美真康乐、和诚处世、敬爱为人”。四句浅释分别是“廉俭育德：清茶一杯，推行清廉，勤俭育德。以茶敬客，以茶代酒，减少‘洋饮’，节约外汇。”“美真康乐：清茶一杯，名品为主，共品美味，共尝清香，共叙友情，康乐长寿。”“和诚处世：清茶一杯，德重茶礼，和诚相处，做好人际关系。”“敬爱为人：清茶一杯，敬人爱民，助人为乐，器净水甘，妥用茶艺，为茶人修养之道。”

1993年又在《茶叶（1993年第四期）》撰文《再论茶德精神——廉、美、和、敬》继续阐释中国茶德。“廉俭育德，茶德精神首先必须培育人民德行为的主要宗旨。茶饮是人民日常生活主要内容之一。反腐倡廉，勤俭清朴，必须大力提倡饮茶，这是茶德精神首要任务。”“美真康乐，茶要美，沏茶用具要美，水要美，境要美，美中不能作假，以此为茶德精神的主要内容。妥用‘茶艺’，适当采纳‘茶道’‘茶礼’等一些礼仪，茶品要优美，水要活、甘、甜，器具因茶而异，洁净为要。给人增添情趣，心旷神怡，健身益寿，快乐无比。”“和诚处世，和字有许多意义，就饮茶人来说，要给人体生理心理的融和，在进饮茶场所要和畅，做人要温和，助人为乐，才可以达到茶德的和好。不但外表和，同时内心要诚，把和诚结合一起，才可以使茶德达到完善之地。”“敬爱为人，指以茶敬客而言的，宾客有男女老少，东西南北各种不同的，因此应用茶艺也应当相应的变异，不能一成不变，同时也要适应客人的要求。敬字在茶道上茶礼上均作为主要宗旨，要敬人爱民，要敬老爱幼，把敬爱结合一起，以免敬茶表面化，失去了敬茶意义，失了茶德精神。”

（三）中国茶德的发展

近年在“茶为国饮、传承文化”和“以茶育德、立德树人”实践探索中不断丰富“廉美和敬”的中国茶德内涵。孔子在《论语·述而》中说：志于道，据于德，依于仁，游于艺。意思就是说“目标在道，根据在德，依靠在仁，艺是追求仁德过程中的活动方式。”换句话说“道行在外，德修在己，若要想求道行于天下，就必须得先据守自己的德，以德为根据地，方可得道、行道而不失道。”由此可见，德是根本。陆羽《茶经》云：“茶之为饮，最宜精行俭德之人。”他把饮茶看成“精行俭德”，进行自我修养、陶冶情操的手段。因此大多数人都认为，茶道的重点在“道”，是以修养身心为宗旨，参悟大道的饮茶艺术。孔子在《论语·为政》中说：“道之以政，齐之以刑，民免而无耻；道之以德，齐之以礼，有耻且格。”意思就是说政刑能使人暂时免于犯罪，而德礼却可以潜移默化地改变人。换句话说就是“用德来引导、用礼来整顿。”由此可见，德是内在自省的、礼是外在遵循的。因此，在庄晚芳先生倡导的“廉、美、和、敬”中国茶德和张天福先生倡导的“俭、清、和、静”中国茶礼背景下，提出了中国茶道至少包括三个层面含义：首先是人们在饮茶过程中遵循的规范程序，并乐在其中；其次是人们可以通过饮茶活动，陶冶情操、修心悟道；最后还应是依据中国茶礼规范行为、中国茶德传递文明的精神活动。

关于对中国茶德和中国茶礼的传承发展，建议不要再去另搞一个新说法，当然可以丰富新内涵、新理念，但关键仍在于知行合一的去贯彻执行，而不是提出新说法。如同浙江“八八战略”一张蓝图绘到底，“一片叶子，成就一个产业，富裕了一方百姓”，“青山绿水就是金山银山”的两山生态文明发展理论，以及我们既可以“酒逢自己千杯少”，也可以“品茶品味品人生”的关于“和而不同与多元化一体”著名茶酒论的论述一样，关键在于落实执行，而不是另起炉灶重提新说。这也是庄先生的九字箴言“天地人，你我他，昨今明”的新注脚。

第三节　中华茶文化传承发展

一、新时代茶文化发展思想

中国特色社会主义新时代茶文化传承发展思想主要包括三个方面：一是坚守中国是茶故乡立场和坚定文化自信的发展总思想；二是坚持人与自然和谐共生的发展思想；三是坚持茶文化创造性转化与创新性发展思想。

在坚守中国是茶故乡立场和坚定文化自信的发展总思想时，必须坚信没有高度的文化自信，就没有茶文化的繁荣兴盛；中国是茶文化的发祥地，茶文化是中华传统文化的优秀代表，中华优秀传统文化是中国特色社会主义文化的源头。

在坚持人与自然和谐共生的发展思想时，既要树立“一片叶子，成就了一个产业，富裕了一方百姓”发展思路，更要践行“绿水青山就是金山银山”生态文明理念，让茶文化服务于乡村振兴战略和美丽中国的新征程。

在坚持茶文化创造性转化与创新性发展思想时，需要通过茶文化“进学校、进社区、进机关、进企业、进家庭”，使其逐步转化为人们的情感认同和行为习惯；在实践创造中进行茶文化创造，在历史进步中实现茶文化进步，使中华茶文化最基本的文化基因与新时代茶文化相适应、与人民日益增长的美好生活需要相协调。

二、文化自信从茶为国饮做起

（一）文化自觉、自信、自省

1. 文化自觉

“文化自觉”是费孝通先生于1997年在北京大学社会学人类学研究所开办的第二届社会文化人类学高级研讨班上首次提出，目的是为了应对全球一体化的形势发展，而提出了解决人与人关系的方法。主要有三层内蕴：文化自觉建立在对“根”的找寻与继承上；建立在对“真”的批判与发展上；对发展趋向的规律把握与持续指引上。文化自觉是对文化的自我觉醒、自我反思和理性审视，是指生活在一定文化历史圈子中的主体对自己的文化应该有自知之明，既清楚长处，也了解短处，同时也要了解和认识其他文化，处理好本土文化与外来文化的关系。“各美其美，美人之美，美美与共，天下大同。”东西方文化不同，直接体现在行事方式的差异。如美国人把自己的事说成全世界的事，中国人把为人类做的贡献说成是自己的事；西方是在冲突中成长，东方讲求约束自己；西方文化代表知识，东方文化更多代表智慧，知识是可以学来的，但智慧是一种体验。东方文化之中国文化，儒释道三家代表着眼光、胸怀、实力，它们的背后是脑力、心力、体力。三者结合统一，才能形成良性循环。西方文化好还是东方文化好？都好，合在一起才更好。黑不一定坏，白也不一定好，黑白间的曲线最美，东西方兼容者赢。中共中央办公厅和国务院办公厅印发的《关于实施中华优秀传统文化传承发展工程的意见》，第一次以中央文件的形式阐述了中华优秀传统文化的传承发展，这从根本上体现了我们党深刻的文化自觉。

2. 文化自信

文化自信是主体对自身文化的认同、肯定和坚守。文化自觉是文化自信的前提，文化自信是建立在文化自觉的基础上的。当前是社会转型时期，也是矛盾凸显期，要形成思想和文化上的共识，不能靠不争论来解决，而要靠文化思想的对话、碰撞乃至激辩来解决。“自信人生二百年，会当水击三千里。”作为一种凝聚中国力量的“向心力”，文化自信是对中华文化价值的充分肯定，以及对中华文化生命力的坚定信念。文化，国家根之所系，民族脉之所维。文化至刚，可以移山填海；文化至柔，可以润物无声。我们要担负起新的文化使命，在实践中进行文化创造，在历史进步中实现文化进步。党的十九大报告提出，文化自信是一个国家、一个民族发展中更基本、更深沉、更持久的力量。发掘传统，立足传承——从悠久的历史文化，奠定自信；放眼世界，不惧挑战——从国际化视野，建立自信；勇于实践，知行合——在实践中，加强文化自信；立足创新，把握未来——在创新中，升华文化自信。

3. 文化自省

历史和现实表明：一个民族的觉醒，首先是文化上的自省。文化既是一种生存战略，也是一种意义之网。在5000多年文明发展进程中，中华民族创造了博大精深的灿烂文化，“不忘本来才能开辟未来，善于继承才能更好创新。”文化既是土壤，也是果实，是一个完整的生命体。它要解决的是人类“从哪里来、到哪里去”的问题。中国文化的发展长期处于缺乏“对文化传统的正确认识”或“文化发展规律的认识”的两种不自觉状态。任何事物只有顺从其本质与规律去发展，才是科学的发展。违反其规律与本质就是反科学——在文化上就是反文化的。没有文化自信，就难以增强民族凝聚力和自信心；没有文化自省，就难免盲目自大、故步自封。仅有文化自信的民族，往往会出现文化强行输出，搞文化霸权；仅有文化自省的民族，往往会缺乏屹立于世界之林的魄力和勇气；唯有二者有机统一，才能真正发挥文化软硬双重实力！

（二）新时代真正实现“茶为国饮”

茶叶，几乎是每一位国家领导人的共同爱好，而体现在大国外交上，与其他领导人普遍以中国土特农产品代表之国礼相赠的做法不同，习近平主席向世界传播更多的是文化：立足中华五千年精粹、纵览国茶与世界，他以很多专业茶人犹不及的高度和深度，向世人阐述着“茶——中国博大精深传统文化最亮丽的符号之一”！2013年3月22日，中国新任国家主席习近平启程对俄罗斯、非洲三国进行国事访问。在演讲中便特别提及始于17世纪的连通中俄两国的“万里茶道”，并把它与当今“世纪动脉”并列。它是继丝绸之路衰落后，东亚大陆上兴起的又一条国际商路，虽然其开辟时间比丝绸之路晚了一千多年，但是其经济意义以及巨大的商品负载量，是丝绸之路无法比拟的。习近平主席所说的“万里茶道”正是中国茶界普遍认定的“万里茶路”，也就是俄国人所称的“伟大的中俄茶叶之路”。

2014年4月1日，习近平主席在比利时发表“茶酒论”。茶和酒不是不可兼容的，人们既可以酒逢知己千杯少，也可以品茶品味品人生。中国主张和而不同，欧洲主张多元一体。酒茶是文化的不同表达，和而不同与多元一体则是文明哲理的不同切入，都在以不同方式展现人类文化的多样以及世界文明的多彩。最后一天在比利时布鲁日欧洲学院发布著名的“茶酒论”，他以茶比喻东方文明，提出中国“和而不同”的文化主张，用“和”诠释人类各种文明的兼容。在弗拉芒语中，布鲁日就是“桥”含义。桥不仅方便了大家生活，同时也是沟通、理解、友谊的象征。习近平主席说：“我这次欧洲之行，就是希望同欧洲朋友一道，在亚欧大陆架起一座友谊和合作之桥。”中国是东方文明的重要代表，欧洲则是西方文明的发祥地。正如中国人喜欢茶而比利时人喜欢啤酒一样，茶的含蓄内敛和酒的热烈奔放代表了品味生命、解读世界的两种不同方式。

自2014年以来，习近平主席先后多次与外国元首茶叙，其中与美国奥巴马、越南阮富仲、朝鲜金正恩分别茶叙两次。茶事外交呈现常态化，且频率高。中国是茶的故乡，外国元首请到访的习主席品茶，是他们了解习主席爱茶；习近平主席请来访的元首品茶，则体现了中国传统礼仪客来敬茶。但不管在国外还是在国内，可以体会和感悟茶在外事活动中以茶会友、以茶联谊、交流合作、互利共赢的内涵。习近平主席之经典茶语“品茶品味品人生”等经典茶语，意蕴深厚，物质与精神、人文与自然完美融合，将茶文化作为中华文化之优秀代表，推向了崇高境界。充分说明茶文化在习近平主席外事交往中已呈常态化，这是他推崇高雅精神生活的写照，也是对人们追求美好生活的最强引领与倡导。

三、新时代茶文化传承发展

对中华优秀传统文化的创造性转化，就是要“使中华民族最基本的文化基因与当代文化相适应、与现代社会相协调，以人们喜闻乐见、具有广泛参与性的方式推广开来”。与当代文化相适应、与现代社会相协调，这两点比较容易理解和践行，那么“以人们喜闻乐见、具有广泛参与性的方式推广开来”该如何理解与践行呢？“以人们喜闻乐见、具有广泛参与性的方式推广开来”，其实就是要对中华优秀传统文化资源进行“系统梳理传统文化资源，让收藏在禁宫里的文物、陈列在广阔大地上的遗产、书写在古籍里的文字都活起来。”用符合时代需要的形式对其做出新的阐释，达到经世致用，学以致用目的。对中华优秀传统文化的创新性发展，就是要“把跨越时空、超越国度、富有永恒魅力、具有当代价值的文化精神弘扬起来，把继承传统优秀文化又弘扬时代精神、立足本国又面向世界的当代中国文化创新成果传播出去。”不忘本来，才能开辟未来；善于继承，才能更好创新。对历史文化特别是先人传承下来的价值理念和道德规范，要坚持古为今用、推陈出新，努力用中华民族精神财富来以文化人、以文育人。

（一）以文化人

从以文化人来观察，茶文化具有“教育人民、服务社会、引领风尚”的人文追求，包括以文致信的信仰功能、以文致思的思考功能、以文致行的行为功能等。要发挥好茶文化育民功能，用优秀的中华茶文化培育人、塑造人，提升人的素质，丰富精神内涵，滋养城乡群众。以“文化”中这个“文”字留下人类生活的“花纹”和烙印，用人文的道理来造就人的世界；“文化”中这个“化”字则表示用人的标准和尺度去改变对象的行为过程及其结果。孔子在讲儒家经典时讲过一段话，也是强调要“以文化人”。他说：“其为人也，温柔敦厚，《诗》教也；疏通知远，《书》教也；广博易良，《乐》教也；恭俭庄敬，《礼》教也；属辞比事，《春秋》教也。”庄子也说过“《诗》以道志，《书》以道事，《礼》以道行，《乐》以道和，《易》以道阴阳，《春秋》以道名分。”孔子和庄子，讲的都是文化对于人的发展的培育和完善作用。

1. 以文致信的信仰功能

所谓信仰功能，是指对圣贤的主张、主义或对神的信服和尊崇、对鬼、妖、魔或天然气象的恐惧，并把它奉为自己的行为准则。信仰是人对世界观、人生观和价值观等文化信念的选择和持有。首先，信仰是以信为根的宗教文化。“信则有则灵不信则无则不灵”，道出了宗教文化是以信为根的。宗教是一种社会意识形态和历史文化现象，它是一种信仰、一种信念，具有精神动力的作用。其次，信仰是以信为魂的党章文化。我们常说，理想的滑坡是最致命的滑坡，信念的动摇是最危险的动摇。在任何时候，都要坚信马克思主义的真理性、共产主义的科学性、社会主义的优越性，对这“三性”笃信不移。

2. 以文致思的思考功能

所谓以文致思，是指读文章时妙在慎思明辨，学而不思则罔，思而不学则殆。思维的这种问题性的心理素质，体现了个性思维的深刻性与创造性。强烈的问题意识，是思维的内动力，创造精神的基石、科学创新突破口。首先，是以学致思的生存文化。从人的生存来看，学习是新生命力；从人的发展来看，学习是新生产力。人有自然生命，更有精神生活，缺乏知识和才智的生命，那不叫真正的人的生命。其次，是以政致思的修身文化。孔子云："道之以政，齐之以刑，民免而无耻；道之以德，齐之以礼，有耻且格。"这里讲的是从事国家政治就在于政令畅通，德治为先。从政，在旧时也指从事集体生活的事务，如校政、家政。

3. 以文致行的行为功能

荀子云："能言之，身能行之，国宝也。口不能言，身能行之，国器也。口能言之，身不能行，国用也。口言善，身行恶，国妖也。治国者，敬其宝，爱其器，尽其用，除其妖。"这强调的是言行一致、行高于言。首先，是依法而行的法治文化。衡量一个社会、一个国家是不是法治的社会、法治的国家，其主要标准如下：一是需要建立和存在一套法律规则；二是这套规则要建立在民主的基础之上；三是这套规则必须体现人类最低的道德追求。其次，是依纪而行的纪律文化。纪律是一个团队生存和作战的保障，没有铁的纪律作保障，这个团队就会像一盘散沙，各自为战，没有前进的方向。纪律文化由制定、执行、养成三部分组成。中国传统文化讲究的是个人的修养，讲究的是独善其身。再次，是依规而行的规范文化。没有规矩，不成方圆。著名哲学家威廉·詹姆斯说："播下一种行为，收获一种习惯；播下一种习惯，收获一种性格；播下一种性格，收获一种人生。"把良好行为习惯看成是一种精神储蓄，那么人在其整个一生中都在享受着行为习惯所产生的利息。

（二）以文化印

从以文化印来观察，茶文化具有"人过留痕，文过留印，化则升华"的人文特征，包括改造自然功能的印记、制作器物功能的印痕和创造精神文明的印证等。要发挥好茶文化惠民功能，大力推进茶文化"五进"服务体系建设，重心下移，覆盖基层，让人民群众从茶文化传承发展中获得看得见、摸得着、受得到的实惠。以人化印的意思，说的是人们在自然活动、生产活动和文化活动累积过程中打下了人的"自由自觉活动"的印记。有从文化功能的维度来把握，包括人们留下了改造自然功能的印记、制作器物功能的印痕和创造精神文明的印证等，具有"人过留痕，文过留印，化则升华"的人文特征。

1. 改造自然功能的印记

从文化的功能来看，人的历史就是在变革和改造自然界的过程中使自然界不断人化和人不断自我生长、自我更新、自我创造、自我完善的历史。在人类已探测到的自然界中，到处都留下了人的印记；人化的自然界还在不断地更新着这个印记。那些人类通过已往劳动所积累起来的历史文化遗产，我们把它称之为人文。人文与自然界这个天然是对立的。在中国传统见解里，一面用人文来对抗天然，并使天然成为天文；一面主张天人合一，既不让天然来吞灭人文，也不想用人文来战胜天然。首先，人类对自然界有所作为的印记，包括从自然界索取资源与空间，享受生态系统提供的服务功能，也包括向环境排放废弃物。恩格斯说：

"只有人才给自然界上打上自己的印记。"其次，人类对自然界有所畏惧的印记，包括资源环境对人类生存发展的制约，也包括自然灾害、环境污染与生态退化对人类的负面影响。人类应该而且完全可以积极地变革和改造自然，但这种变革和改造不是随心所欲、恣意妄为的，必须符合人与自然和谐发展的规律。

2. 制作器物功能的印痕

文化是人类创造物质文明和精神文明成果的特有功能。前者通过五官或者四肢可以去感知器物，后者通过大脑和心灵才能领悟精神。人类在可视可触物中留下的特有功能，通常指语言文字、艺术作品、文化遗产、文明成果等。中国印——这是2008年北京举办的第29届奥林匹克运动会会徽，她似印非印，似"京"非"京"，潇洒飘逸，充满张力，寓意的是舞动的北京；她是有中国精神、中国气派、中国神韵的中国汉文化的符号。除此之外，还有此届奥运会开幕式上呈现的"茶"字。

首先，功能性器物历史版是"文物"，即我们通常所说的文物古迹。通过了解它们，我们可以感受到人文变迁和巧工造物的历史痕迹。例如，一艘满载金、银、铜、铁和瓷类文物的宋代商船，对现代来说，几乎整船都是稀世珍宝。图6-4所示为陕西省宝鸡市法门寺地宫出土唐代宫廷鎏金茶具（世界上最早的宫廷茶具）。

其次，功能性器物的文学版是"文思"。即我们通常所说的文思润物。通过了解它们，我们可以感受到文学家们的文思泉涌和多愁善感。文学是一种与人生最密切相关的艺术。《茶经》成稿于公元761年前，几经修改；刊行于公元780年。北宋梅尧臣曾有"自从陆羽生人间，人间相学事春茶。"

最后，功能性器物的科技版是"痕迹"，即我们通常所说的痕迹检验。能作为痕迹检验对象的，主要是留在承受体（即痕迹载体）上能反映造型体（指留下痕迹的客体）接触面结构特点的形象痕迹。宋代有很多龙凤团茶，也称龙团凤饼（图6-5），都是进贡的。也有很多的画作表现了当时点茶的场景。

3. 创造精神文明的印证

文化创造精神文明的特有功能，已经得到人类历史的印证。这是毋庸置疑的。但是人们一旦提到这些印证，往往举例说创造了诗歌、散文、戏曲、杂技等，这固然都是人类所创造的精神文明，但大多属于表层的，还谈不上深层意义上的创造。一般来讲，"创造"可按照三分法来分类：一是产生前所未有的东西，表示从非存在到存在的变化。原先从未存在过的东西的产生，才能称作创造。如果先前已经存在过，哪怕是久远前的存在，这种东西的出现也不能算作创造。创造必须指首次出现的东西。二是由异己力量、有目的的活动而产生的东西。创造活动是一种超常规的活动，创造物是一种非己力量而产生的东西；如果是由"规律"决定不得不如此而产生的东西，人们就不称它为创造性活动。三是世间只有人是能够从事创造性活动的存在物，"创造"概念也只能用于人的活动。从创造精神文明的维度，它是指在文本上的内容原创、在文风上的个性特征、在文胆上的拓荒气。

首先，是原创性文本的印证。恩格斯曾劝告过人们，对马克思的理论要"根据原著来研究"，而"不要根据第二手材料"，说"这确实容易得多"。就如同现代研究宋代点茶法，一定要研究宋徽宗（图6-6）的《大观茶论》一样。《大观茶论》中详细解释了点茶的方法：把

图6-4 1987年于陕西省宝鸡市法门寺地宫出土的唐代宫廷鎏金茶具

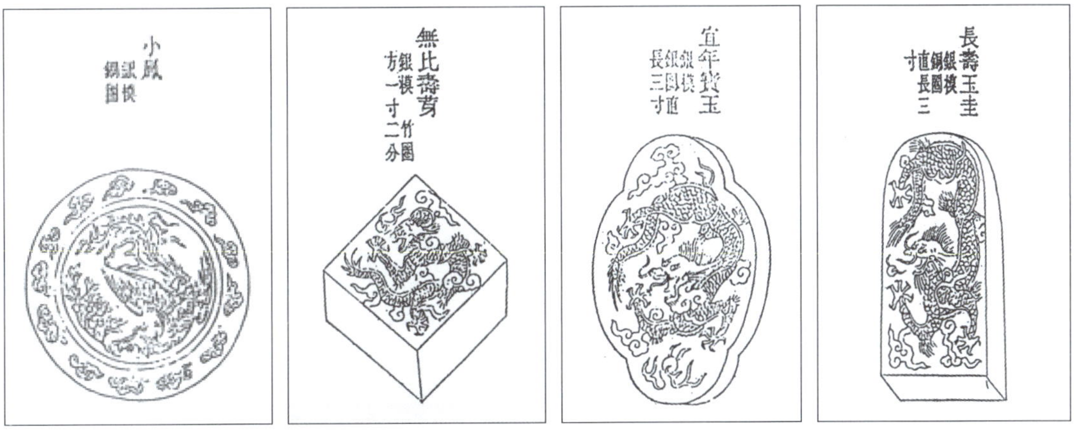

图6-5 龙凤团茶图谱

茶团碾磨成粉末，放入茶碗中，注入开水调成糊状，如同浓膏油，谓之“调膏”，然后再次注入开水，用“茶筅”搅拌，一手注水，一手持茶筅搅动茶膏，旋转击打和拂动茶碗里的茶汤，使茶汤成为乳状。

其次，是个性化文风的印证。所谓文风，就是著文立说的风气，既包括写作者的态度和方式方法，也包括文章、著作的风格特征。文以载道、把诗言志，“载道”也好、“言志”也好，那是文人墨客之事，从人类创造精神文明的具体活动来看，人民群众既是物质文明创造者也是精神文明创造者，这个“道”就是指由人民大众参与的多样化实践过程。

图6-6 宋徽宗赵佶像

最后，是高智商文胆的印证。文胆，就是为高阶政治人物草拟文案、出谋划策的人。其实就是这些“文胆”，在或明或暗地布局，影响历史格局和政治局势的走向和变化。“善作者不必善成，善始者不必善终”。“凭栏观史”“天下文胆”的高智商和运筹帷幄，在一定程度上影响着中华大地的风云流转。

（三）以文化国

从以文化国来观察，茶文化具有“每个人全面而自由发展”的人文魅力，包括文化立国硬实力、文化兴国软实力、文化强国巧实力等。要发挥好茶文化富民功能，不断完善促进优秀传统文化发展的政策，做大做强茶文化产业，激发茶文化发展活力，吸引更多人投身到茶文化创意产业，携手构筑美好生活需要共同体。以文化国一词，源自《周易・贲卦・彖辞》的“观乎人文，以化成天下”之说，指的是人文的功用不可估量，小而言之，可使每个受文化熏陶的人都能具备独立之人格与优雅之气质，即通常人们所说的“完善人格”“变化气质”等；大而言之，使中国与世界各国以化成天下，成为“大化”之国，完善国家的统治权。

1. 文化兴国软实力

所谓文化软实力是国家软实力的核心因素，是指一个国家文化的影响力、凝聚力和感召力；文化软实力和文化硬实力一起构成文化力。在信息时代，软实力正变得比以往更为突出。文化是贯穿文化力的经纬，是维系文化力的灵魂；缺乏文化高度的文化力是短时的，缺乏文化深度的文化力是肤浅的，缺乏文化包容的文化力是狭隘的，缺乏文化创新的文化力则必然会僵化和枯萎。文化，国家根之所系，民族脉之所维。文化至刚，可以移山填海；文化至柔，可以润物无声。

党的十九大要求，推进国际传播能力建设，讲好中国故事，展现真实、立体、全面的中国，提高国家文化软实力。从国家级的博物馆，到地方的纪念馆，都在传承民族的历史文化，构筑每个中国人的精神家园。普通百姓，更注重家族祠堂，这是灵魂的安息之所和文化坐标。家国的情怀、精神的家园，让我们知道自己从哪里来，也让我们懂得将到哪里去。唱响“中国声音”、讲好“中国故事”，展现中国理念、表达中国主张，让一个多彩、美丽、生动的中国更加清晰地展现在世界面前。

2. 文化立国硬实力

人们经常以为文化只是相对硬实力的一种软实力；岂不知，一旦她转化成文化产业，就是涵盖了软实力和硬实力的双实力，成为拉动当地发展的综合生产力。所谓文化硬实力，是指一个国家生产经营传播文化产品和信息产品的产业能力。要提高国家文化软实力，就必须强化国家文化硬实力；而要强化文化硬实力，就必须发展文化产业。

文化产业最重要的价值不仅仅在于提供文化产业增加值，而是提供文化附加值，通过文化和其他传统行业以及新技术的结合，来推动整个经济的发展。从这个角度来讲，文化产业是能够引领和推动整个经济转型和升级的产业。根据发达国家的发展实践，当一国的人均国内生产总值突破5000美元之后，文化业将处于高速发展期。根据国家统计局发布数据表明，2014年，我国国内生产总值63.6万亿元，人均国内生产总值超过7000美元，而2016年，国内生产总值达到74.4万亿元，人均国内生产总值超过8000美元，我国文化业已经进入集约式的、较高水平的中级发展阶段。

华夏大地正在掀起一场“深入挖掘中国茶文化的丰富内涵和深刻精髓，讲好中国优秀文化故事，展示中国茶文化的独特魅力，让世界人民更好触摸中华文化脉搏、感知当代中国发展活力”工程，积极引导茶产业与休闲、旅游、文化、科普教育、养生养老深度融合，积极发展直供直销、个性定制、加工体验等新业态和新模式。茶以文兴，文以茶扬，茶文化与茶产业如车之双轮、鸟之双翼，唯有浸润和涵养了文化的茶产业，才会有蓬勃的生命力。广大茶叶生产区域，结合当地茶乡民俗，开发茶文化创意产品、创意产业是文化产业的核心；应该唤醒“沉睡”的“生态资本”，打造以“生态、休闲、养生”为主题的绿色生态茶之旅，实现“一片叶子，成就了一个产业，富裕了一方百姓”。

中国茶叶，美了环境、兴了经济、富了百姓，呈现“六茶共舞、三产融合”魅力景象！讲好中国茶故事，充分发挥好茶文化软硬双重实力作用，将茶产业发展与茶文化传承相融合，使其成为促进“一带一路”沿线贸易有利“通行证”，让世界感知中国活力。文化事业是根，文化产业是叶，根深才能叶茂，否则是无本之木。文化事业是源，文化产业是流，源远才能流长，否则是无源之水。当今世界，发展文化产业不仅是丰富人民精神文化生活、提升国家文化软实力的重要途径，而且是增强综合国力和国际竞争力的重要举措。

3. 文化强国巧实力

党的十九大报告中提出：“文化是一个国家、一个民族的灵魂。文化兴国运兴，文化强民族强。没有高度的文化自信，没有文化的繁荣兴盛，就没有中华民族伟大复兴。要坚持中国特色社会主义文化发展道路，激发全民族文化创新创造活力，建设社会主义文化强国。”文化强国目标是指与其他先进国家相比较而言的。它既不以文化立国硬实力为目标，也不以文化兴国软实力为目标，而是要将这两者综合起来运用，也即第三者——“巧智慧”。既要团结朋友，也要接触对手；既要巩固原有联盟，也要展开新的合作。习近平指出：“茶叶深深融入中国人生活，成为传承中华文化的重要载体。从古代丝绸之路、茶马古道、茶船古道，到今天丝绸之路经济带、21世纪海上丝绸之路，……希望你们弘扬中国茶文化，……，把国际茶博会打造成中国同世界交流合作的一个重要平台，共同推进世界茶业发展，谱写茶产业和茶文化发展新篇章。”

2017年12月，在中国共产党与世界政党高层对话会海报《共饮一泓水》（图6–7）上，青花瓷茶杯中盛着清茶，杯内茶水清澈，呈现出世界地图的映像，寓指各国人民共饮一泓水。茶桌上，以茶杯为圆心，扩散出一圈圈涟漪，寓意“构建人类命运共同体，共同建设美好世界”。

图6–7 《共饮一泓水》海报

拓展阅读

茶博士《茶经》心得

和很多习茶人一样，大学时就想认真研习《茶经》，但是每每翻上几页就又随手放置一旁，直到工作时才算完整阅读完《茶经》，可惜仍然是一知半解。我们该如何研习《茶经》?《茶经》又能给我们现代人怎样的养分？我们当今的爱茶人又该如何去传播《茶经》？这些问题一直困扰着我。我想其实我们缺的不是精读茶经，更不是精通茶经，而是在大众层面对茶经传统文化的传播和普及。因此我就想能否以一个茶学工科研究者的视角，聊聊我的《茶经》心得。

一、天时——察天时以授民，则历象不可不谨也

《茶经》大约诞生于中国唐朝（618—907）的中期（764—780)，大家都有一个印象，唐朝是我国封建社会国力最强盛、经济最发达、文化最繁荣的时代，作为当时一个世界性的大国，唐王朝的政治、经济、文化影响远远超出国界。

国家的统一、交通的发达（隋统一全国并修凿了一条贯穿南北的运河；现在除了高铁之外，更重要的是互联网的广泛应用）以及南北文化交流的密切，都为茶叶的生产和传播提供便利条件。

佛教的发展与繁荣，为唐朝茶文化的兴起奠定了基础（这或许也是为出生于寺院的陆羽撰写《茶经》提供便利）；文人对饮茶的嗜好，对唐代茶文化的发展起到了推波助澜作用（当时的陆羽文学成就要远好于茶艺成就，同时他又特别嗜好饮茶，无疑为他撰写《茶经》提供条件）。

宫廷对饮茶文化的重视，也推动了唐朝茶文化的发展（陆羽当时居住的长兴就是贡茶院的建造地，也为陆羽研制明前贡茶提供便利）；当然还有一条是不能遗漏的，中国是一个一直在追求国家大统的民族，不像其他国度（如欧洲国家）一直在期盼各自独立，因此诞生了一直没有中断绵延的文化。

二、地利——司空掌邦土，居四民，时地利

《茶经》之所以能诞生于中国，很大程度上取决于中国是茶的故乡，西南的云贵川地区是野生茶的发源中心。关于茶树原产地的争论由来已久，争论最激烈的要说在印度发现阿萨姆野生茶树，正因为有类似的发源地争论，才越来越多吸引更多人关于茶树原产地探究，现在才逐渐慢慢平息；不过现代的人也越来越开始炒作古树茶了，是否在冥冥中昭示着什么呢？

那么《茶经》为何会产生于中国的唐朝呢？其实与中唐时期的茶叶生产发展有很大程度

上的关系，因为陆羽生活的时代，唐朝茶叶已经有很大发展，茶区已经遍及今天的十五个省如四川、陕西、湖北、云南、广西、贵州、湖南、广东、河南、浙江、江苏、江西、福建、安徽、海南。

陆羽将其划分为八大区，分别是山南茶区、淮南茶区、浙西茶区、剑南茶区、浙东茶区、黔中茶区、江南茶区、岭南茶区，同目前有中国农业科学院茶叶研究所提出的四大茶区划分江南茶区、江北茶区、华南茶区、西南茶区比较接近了，仅相差几个省份如山东、台湾、甘肃、西藏、河北及后来的重庆。

还有《茶经》为什么会完成于浙江湖州呢？除了陆羽游学路迹之因外，更大程度是浙江湖州靠近安徽、江苏，基本上可以算是当时茶叶生产发展相对较好的中心地带了，这是否也为后来浙江杭州被定为茶都种下因缘呢？

更为重要的是，后来在杭州聚焦了众多的国字头茶叶科研教育文化机构，如中国茶叶博物馆、中国茶叶学会、中国国际茶文化研究会、中国农业科学院茶叶研究所、中华全国供销合作总社杭州茶叶研究院、国家茶叶质量监督检验中心、全国茶叶标准化技术委员会等机构。

当然《茶经》之所以能够诞生于中国、产生于唐朝、完成于浙江，还有一个重要的因素，那就是当时已经兴盛的京杭大运河和开挖完成的隋唐大运河给考察茶区情况提供交通便利，还有正在兴起的茶马古道和走向鼎盛时期的丝绸之路，还给撰写者提供一个放眼全局的视野与胸怀。

通过研习《茶经》发现，尽管中国是茶的故乡，但是目前中国还不是茶叶发展的强国，红茶做不过印度、出口做不过肯尼亚、深加工比不上日本、经营比不上英国，就好比中国西南地区是中国的茶叶生产发源地，可惜很长一段时间发展比不上东部地区，最近几年才慢慢醒悟、发力迎头赶上。

2016年10月，农业部第一次独立发文《关于抓住机遇做强茶产业的意见》，2017年1月，中央办公厅、国务院办公厅联合颁发《关于实施中华优秀传统文化传承发展工程的意见》，2017年5月，在杭州举行首届中国国际茶叶博览会，并将其常态化，是否给中国的茶叶发展、赶超他国提供了新的机遇！

三、人和——更有人和胜天时，地利攻守相攸关

“天喜时相合，人和事不违。”具有如此崇高地位的《茶经》，为什么偏偏有一个并没有什么太大影响力的陆羽去撰写完成呢？陆羽到底有什么优势去完成流芳百世的不朽经典呢？我想大概有三个方面的优势值得借鉴。

第一点，在唐朝茶叶通常有三个方面的作用，一是大家都比较熟悉的，也是茶叶的主要作用即饮用；二是作为贡奉帝王的贡茶，当然不可避免部分达官贵人也享用到皇帝的御赐贡茶；三是充当祭祀祖宗、先贤及神灵的祭品茶，一说到祭奠神灵和祖先的祭品茶，往往会与寺庙佛门等宗教有千丝万缕的关系。

假如一个有过佛门净地生活经历的人，一定会为撰写《茶经》提供诸多便利优势，谁也没有想到陆羽当年的一段青灯黄卷佛门童年时光，会为日后撰写不朽著作埋下一颗神奇的种

子！因此让孩子们在年轻时有段苦难岁月不见得就是坏事，一个有大成就的精英伟人，无不在幼时就养成了能吃苦甘吃亏的好品行呢！

第二点，一个取得巨大成功的人士，他一定生活在一个大咖云集的时代，看看与陆羽同时代到底有哪些大咖们：李白、杜甫、王维、刘禹锡、画圣吴道子、草圣张旭、韩愈、柳宗元、白居易、柳公权、怀素、杜牧、寒山、拾得、孟浩然等。

这些同时代的大咖们一定对陆羽给予提携或产生影响；当然对陆羽提携和帮助最多的应该是颜真卿（湖州刺史）、皎然及韦应物，因此每个取得丰功伟绩之士，在他周围一定有一群互帮互助的仁贤挚友！

第三点，一个要想在某一领域取得丰功伟绩，尤其是这些需要灼烧脑细胞的著书立说工作，更需要异性好友知己，如谁也不能抹杀李季兰对陆羽撰写《茶经》贡献。因此我们鼓励年轻的大学生朋友可以多交诤友、交异性朋友，甚至于男女朋友，只要引导正确、把握好度，往往对双方以后的事业都有互利互鉴作用。

如浙江大学茶学系原学科带头人刘祖生教授与同窗好友胡月玲结为伉俪，中国农业科学院茶叶研究所原所长程启坤研究员与同窗好友王慧结为伉俪，他们在茶界取得的成就无不令茶界年轻后生们敬仰和羡慕！

四、篇章——何必寻木千里，乃构大厦，鬼神之言，乃著篇章

《茶经》是世界上第一部茶叶专著，这部著作7200多字，共三卷十章。卷上为三章：一是“源”，介绍茶树的起源，茶的性状、名称和品质；二是“具”，介绍各种采茶、制茶的用具；三是“造”，论述茶叶的种类以及采制方法。卷中为一章：四是“器”，介绍煮茶、饮茶的器皿，说明各地茶具的优劣，使用规则和器具对茶汤品质的影响。

卷下为六章：五是“煮”，介绍煮茶方法和水的品质；六是“饮”，介绍饮茶风俗和饮茶方法；七是“事”，引述古代有关饮茶的故事、药方；八是“出”，论述全国名茶产地和茶叶品质高低；九是“略”，论述在一定条件下怎样省略茶叶采制工具和饮茶用具；十是“图”，就是教人用绢写《茶经》悬挂，以便全书一目了然。

源（茶树起源）→具（采制用具）→造（采制方法）→器（煮饮器皿）→煮（煮茶水品）→饮（饮茶方法）→事（故事药方）→出（各地名茶）→略（省略器具）→图（茶经挂图）。

7200余字的旷世神作，经典名著不在于字数多寡，我们现在的专著也好，论文也罢，不管内容如何、框架结构搭配是否合适，字数不够都很难发表；《茶经》共三卷十章，每卷撰写角度不同，循序渐进；各章详略迥异，几章撰写堪称经典，一篇著作有1～2章很是超凡脱俗，就已经很是了不起了。如“七之事”，辑录了自上古神农氏到唐代中叶数千年间有关茶事的记录，系统而全面地介绍了我国古代茶的发展演变，尤具史料价值；除此之外，“茶之为用，味至寒，为饮，最宜精行俭德之人。”陆羽对于茶道的思想内涵，也做出了高度总结。

CHAPTER 7

第七章

茶需要生产更需要设计

第一节　茶叶生产许可与流通信息服务

一、茶叶生产许可

食品生产许可是以《中华人民共和国食品安全法》为前提，根据《食品生产许可管理办法》《食品生产许可审查通则》以及符合《食品生产许可证审查细则》的要求，由企业提出申请，经许可部门材料审查和专家组现场核查后，符合生产要求条件的即能取得食品生产许可证。茶叶自纳入生产许可后，生产企业的总体状况有了明显的提升，生产较以前更为规范，企业的产品质量安全意识也有了很大的提高。但由于食品生产许可的要求在不断完善和提高，监管力度在不断加强，特别是2013年国家将工商、质监部门相应的食品安全监管职能、队伍和检验检测机构划转到新组建的食药监管部门，对食品药品实行集中统一监管后，食品监管部门对食品生产许可的条件和要求都发生了变化。2015年开始，新的《中华人民共和国食品安全法》《食品生产许可管理办法》《食品生产许可审查通则》和《茶叶生产许可证审查细则》都陆续进行了修订。

（一）2015版《中华人民共和国食品安全法》对食品生产许可要求变化

现行的《中华人民共和国食品安全法》于2015年10月1日实施，内容条款共有154条，与原有的2009年版食品生产许可要求有关的变化主要体现在产品执行标准、农药管理、企业生产经营人员和检验要求四个方面。

1．产品执行标准

产品执行标准的变化主要是地方标准和企业标准。对于地方标准，2015版《中华人民共和国食品安全法》第二十九条规定："对食品安全地方标准，报国务院卫生行政部门备案。食品安全国家标准制定后，该地方标准即行废止。"如果产品执行的是地方标准，一旦有新的国家标准发布，该地方标准即行作废。第三十条规定："国家鼓励食品生产企业制定严于食品安全国家标准或者地方标准的企业标准，并报省、自治区、直辖市人民政府卫生行政部门备案。”不再要求“企业生产的食品没有食品安全国家标准或者地方标准的，应当制定企业标准，作为组织生产的依据。”在茶叶生产许可现场核查过程中发现，很多企业碰到的问题是：在没有国家标准、行业标准和地方标准的前提下，制订了企业标准，但在卫生行政部门备案时却备不了案，造成了因产品无执行标准，无法进行生产许可证的申请。针对这种情况，目前企业可以通过以下3种办法来解决：一是在没有安全性指标要求的前提下，企业可制定至少有1项或1项以上的指标的限量要求高于同类产品国家标准要求20%及以上的企业标准，再经卫生部门备案后实施；二是在有相应安全性标准的前提下，企业可以根据产品本身具有的品质特征，规定产品的品质指标（含感官）要求，在“企业标准信息公共服务平台”公示，对企业标准进行自我公开声明，作为产品的执行标准；三是如果是某个区域范围内具有的特色食品，可以由行业协会提出并制定该类产品的团体标准。

2．农药管理

对农药管理的要求，2015版《中华人民共和国食品安全法》第十一条规定：“国家鼓励和支持开展与食品安全有关的基础研究、应用研究，鼓励和支持食品生产经营者为提高食品安全水平采用先进技术和先进管理规范。国家对农药的使用实行严格的管理制度，加快淘汰剧毒、高毒、高残留农药，推动替代产品的研发和应用，鼓励使用高效低毒低残留农药。”加强了“国家对农药的使用实行严格的管理制度，加快淘汰剧毒、高毒、高残留农药，推动替代产品的研发和应用，鼓励使用高效低毒低残留农药”的条款要求。茶叶中的农药残留一直是媒体和消费者关心的敏感性问题，尤其是不得在茶叶中使用的三氯杀螨醇和氰戊菊酯农药、未登记和撤销登记的农药的使用至今未得到有效的遏制。茶叶中的农药残留主要在茶树生长环节控制，但由于目前许多茶园是分散性的，茶园规模小，茶农文化水平局限、质量管理意识淡薄，不能掌握茶叶的安全用药知识，再加上一些加工企业对原料中农残的把控不严，既没有对原料摸底调查，也没有检验，以致茶叶中农药残留的超标现象时有出现。

3．企业生产经营人员

对企业生产经营人员的规定，2015版《中华人民共和国食品安全法》第三十三条中规定：“有专职或者兼职的食品安全专业技术人员、食品安全管理人员和保证食品安全的规章制度。”明确了专业技术人员可以“专职或者兼职”，而以前是不允许的。第四十四条规定：“食品生产经营企业应当建立健全食品安全管理制度，对职工进行食品安全知识培训，加强食品检验工作，依法从事生产经营活动。食品生产经营企业的主要负责人应当落实企业食品安全管理制度，对本企业的食品安全工作全面负责。食品生产经营企业应当配备食品安全管理人员，加强对其培训和考核。经考核不具备食品安全管理能力的，不得上岗。食品药品监督管理部门应当对企业食品安全管理人员随机进行监督抽查考核并公布考核情况。监督抽查考核不得收取费用。”取消了管理人员的“专职或者兼职”，强调企业主要负责人应当落实企业食品安全管理制度，对本企业的食品安全工作全面负责，并要加强培训和考核，并公布考核情况，经考核不具备食品安全管理能力的，不得上岗。

4．检验要求

对检验要求的规定，2015版第五十一条规定：“食品生产企业应当建立食品出厂检验记录制度，查验出厂食品的检验合格证和安全状况，如实记录食品的名称、规格、数量、生产日期或者生产批号、保质期、检验合格证号、销售日期以及购货者名称、地址、联系方式等内容，并保存相关凭证。记录和凭证保存期限应当符合本法第五十条第二款的规定。”与以前相比对记录的要求增加了“保质期”和“地址”；规定记录和凭证保存期限按第五十条第二款的规定的不得少于产品保质期满后6个月，没有明确保质期的，保存期限不得少于2年。

（二）2015版《食品生产许可管理办法》和《食品生产许可审查通则》要求变化

国家食品药品监督管理总局发布《食品生产许可管理办法》（简称《许可办法》）于2015年10月1日起施行。本着“放管结合、方便企业、从严监管”的原则，根据《食品生产许可管理办法》要求，对《食品生产许可审查通则》（简称《通则》）和《食品生产许可证审查细则》（简称《细则》）进行了修订，修订后的《通则》具有“两通一简”的特点：实现了《通则》的通用性和许可与监管的联通，简化了许可审查程序，已于2016年10月1日开始实施。

1. 将“QS”证更名为“SC”证

《许可办法》第二十九条规定：“食品生产许可证编号由SC（‘生产’的汉语拼音字母缩写）和14位阿拉伯数字组成。数字从左至右依次为：3位食品类别编码、2位省（自治区、直辖市）代码、2位市（地）代码、2位县（区）代码、4位顺序码、1位校验码。”这组编号一经确定便不再更改，以后申请许可证延续及变更时，编号也不再变，相当于企业唯一的“身份证号码”。之前的食品生产许可证是“QS”证，标志由“QS”，12位阿拉伯数字组成，其中“QS”是“Quality Safety”（质量安全）的缩写，可以延续使用到2018年10月1日。

2. 实行“一企一证”和新服务机制

《许可办法》第四条规定：“食品生产许可实行一企一证原则，即同一个食品生产者从事食品生产活动，应当取得一个食品生产许可证”。将以前按各类别产品均应取得相应生产许可证的“一企多证”改为“一企一证”制，减轻了多类别产品生产企业的许可工作，也方便监管部门的日常监管。同时，新规定对许可证有效期限进行了调整，将食品生产许可证书由原来的3年有效期限延长至5年。把许可决定权力尽可能下放到申请人所在的地市县级许可机关申请许可事项，准许申请人委托代理人申请生产许可证。同时推进了电子政务，运用信息网络等现代技术手段，提高了管理水平和效率，简化了申证程序，减少了许可环节，提高了行政效率和管理水平，强化服务、方便群众。茶叶的生产许可，《许可办法》和《通则》全部下放到了县（市、区）级，为申请人提供了更多的方便。

3. 重新划分许可审查方式

规定中，对生产许可审查的方式划分为申请材料审查和现场核查。对生产许可延续、食品品种变化、法人代表人事变更等，可以通过申请材料的审查决定是否准予许可；对工艺流程、主要生产设备设施、食品类别等发生变化的，必须进行现场核查；对于许可换证企业，首次提出了可以免于现场核查的条件，在厂房及环境、生产设备与设施、生产工艺、产品品种与标准等所有生产条件都不变的情况下，可以免于现场核查，但必须加强证后监管，进行“监督评审”和“双随机检查”。以下6种情况下的许可换证应当进行现场核查：一是生产场所发生变迁，工艺设备布局与工艺流程、主要生产设备设施、食品类别等事项发生变化；二是生产条件发生变化，可能影响食品安全的；三是对变更或者延续申请，需要对申请材料内容、食品类别与相关审查细则及执行标准要求相符情况进行核实的；四是生产场所迁出原发证辖区范围的；五是企业信用信息记录载明监督抽检不合格、监督检查不符合、发生过食品安全事故，以及其他保障食品安全方面存在隐患的；六是法律、法规和规章规定需要实施现场核查的其他情形的。

4. 优化现场核查要求和增设现场观察员

《通则》第十九条规定了必须进行现场核查的情况，第三章全面规定了现场核查的人员、核查的内容、核查的程序、工作时限要求、核查记录、核查结果确认等内容。优化了核查评分表、签到表，明确了核查内容，提高了现场核查的可操作性。现场核查条款共有34款，包括：生产场所、设备设施、设备布局与工艺流程、人员管理、管理制度及其执行情况，以及试制产品检验合格报告。总体上体现出“重制度、轻记录”，对制度的要求，至少应制定进货查验记录、生产过程控制、出厂检验记录、食品安全自查、不安全食品召回、不合格品管理、食品安全事故处置及审查细则规定的其他保证食品安全的管理制度，内容应符合法律法规等相关规定。而记录是在有制度的基础上，体现对制度的具体实施。规定了现场核查工作需要观察员参与，对现场核查实行监控、规范核查工作、提高核查质量、降低核查风险。

5. 对现场核查时限及核查结果做出了新的规定

《许可办法》对许可时限规定为：材料审查后3个工作日内组成核查组，并将现场核查决定书面通知申请人及负责对申请人实施食品安全日常监督管理的食品药品监督管理部门；核查组接受核查任务之日起10个工作日内完成对生产场所的现场核查；许可机关自受理申请之日起20个工作日做出许可决定。《通则》规定了现场核查结果的判定标准：核查项目单项得分无0分项且总得分率≥85%的，该食品类别及品种明细判定为通过现场核查；核查项目单项得分有0分项或者总得分率<85%的，该食品类别及品种明细判定为未通过现场核查。完全改变了之前按条款数来判定是否符合许可要求的规定。

6. 许可检验机构自行选择制度

《许可办法》规定申请人可自行检验或者委托有资质的食品检验机构对其产品进行检验。许可机关接到生产许可检验申请后，应当及时按照有关规定抽取和封存样品，并告知申请企业在封样后7日内将样品送交具有相应资质的检验机构的要求。首次申请的应按《通则》审核条款6.1款“试制产品检验合格报告”提供试制产品所执行的食品安全标准和产品标准及细则规定全项目的合格检验报告；许可换证申请的对《通则》6.1款不适用，按5.5款“食品安全自查制度”进行自查并记录，包括每年至少2次的产品合格检验报告，可以用产品的型式检验合格报告或由食药监部门组织的包含产品执行标准要求安全性指标监督抽查的合格检验报告。这一规定提高了企业对检验机构的选择余地，减轻了企业负担，使工作更加便捷高效。

二、茶叶生产流通信息服务

茶叶生产流通信息服务是指茶叶在生产流通过程中信息服务主体对各环节产生的信息进

行收集、加工、分析，并通过相关媒介进行传播、共享有价值的信息，帮助产业链上的各类用户提升茶叶生产流通效率，实现生产流通效益最大化的过程。从信息服务主体采集、加工、传递有效信息给服务对象的角度，提出茶叶生产流通信息服务运行过程（图7-1）。

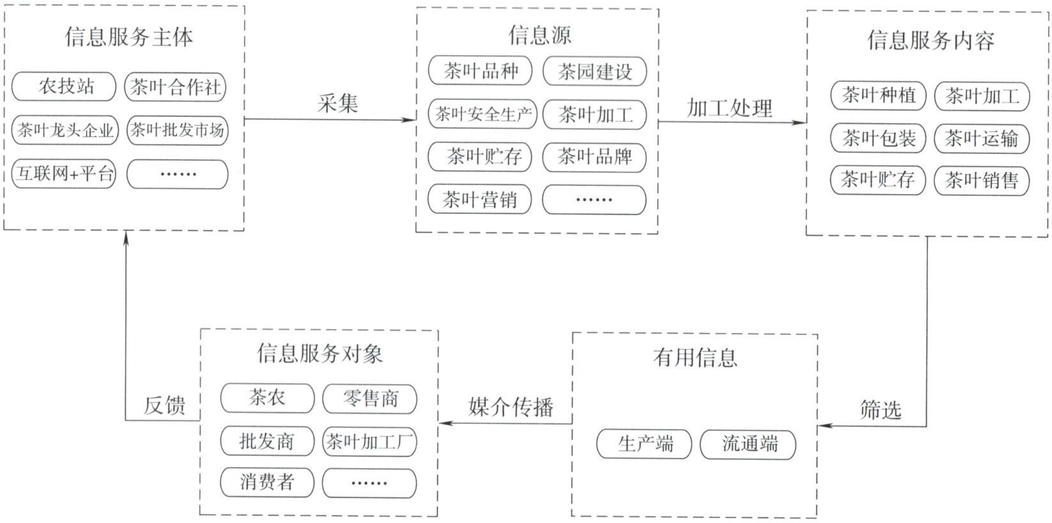

图7-1　茶叶生产流通信息服务运行图

信息服务主体一般由农技站、茶叶合作社、茶叶龙头企业、茶叶批发市场以及“互联网+”平台组成，信息源为茶叶种植到销售到消费者手中的整个过程所涉及的如茶叶品种、茶园建设、茶叶加工信息等，信息服务内容分为茶叶种植、加工、包装、运输、贮存以及销售6个方面，信息服务对象为茶农、零售商、批发商、茶叶加工厂和消费者。信息服务主体对信息源进行采集、加工、处理为信息服务内容并筛选有用信息，通过媒介将有用信息传递到信息服务对象手中，信息服务对象再将信息反馈给信息服务主体。由于信息服务主体的不同导致信息服务过程的差别，会产生不同的信息服务模式。

（一）茶叶生产流通信息服务模式类型

按照信息传播方式的不同将农业信息服务模式分为门户网站服务、基于移动互联网的服务和多渠道服务等七种。根据信息服务内容、主体、客体、环节的不同，将茶叶生产流通信息服务模式归纳为农技站与农技员模式、茶叶合作社模式、茶叶龙头企业与农户模式、茶叶批发市场带动模式以及“互联网+”平台模式。结合茶叶生产流通信息服务运行图，提出5种茶叶生产流通信息服务模式运行过程（图7-2）。

1. 农技站与农技员模式

农技站全称是“农业技术推广站”，为农业农村部的下属机构之一。以农技站作为信息服务主体，主要收集茶叶种植、加工信息，将信息传递给茶农，主要是在生产环节发挥作用。农技站的主要职能是直接面向农民，指导农民生产，提供农业服务。农技员下村入户进行技术指导，组织生产环节的技术培训和新技术的推广。农技员对茶叶品种、农药化肥使用、茶叶采摘等方面专业性知识了解较多，但对茶叶包装、运输、销售等信息了解不多。

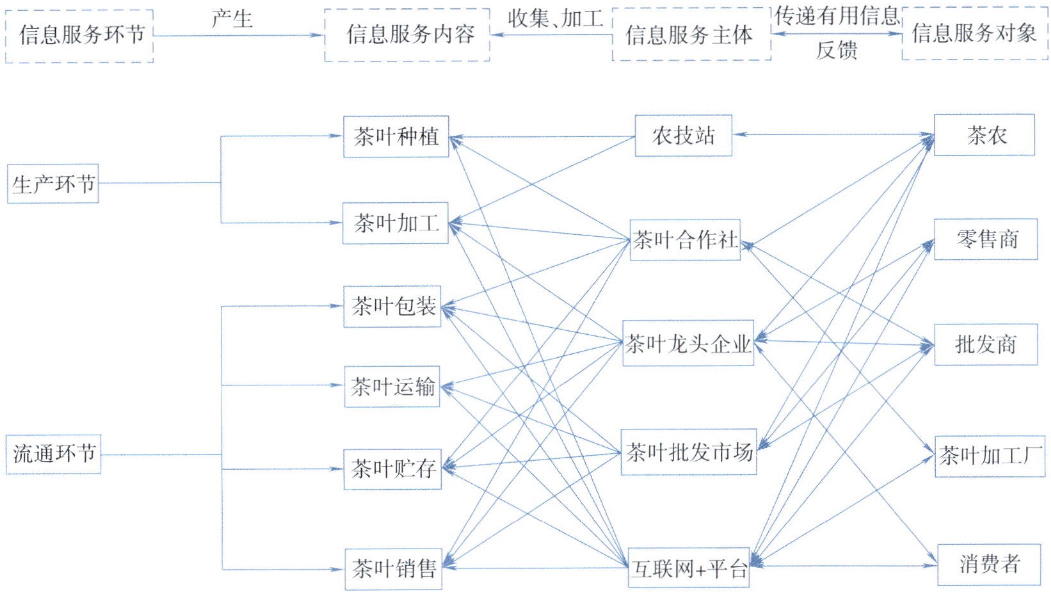

图7-2 五种茶叶生产流通信息服务模式运行图

2. 茶叶合作社模式

茶叶合作社模式是指依托农业主管部门或科研院校，整合政府、科研院校的资金、技术、信息等资源，由乡镇、村委会带头成立茶叶合作社。以茶叶合作社作为信息服务主体，主要收集茶叶种植、加工、包装、贮存信息，将信息传递给茶农、批发商和茶叶加工厂。茶叶合作社紧紧围绕技术服务、市场信息等内容，为会员提供信息服务，辐射带动茶农生产。茶叶合作社在销售方面虽有涉及，但其茶叶品牌经营和销售能力较弱。

3. 茶叶龙头企业与农户模式

以茶叶龙头企业作为信息服务主体，主要收集茶叶加工、包装、运输、贮存以及销售信息，将信息传递给茶农、零售商、批发商和消费者。依托茶企辐射带动茶农生产，企业负责茶叶加工、包装、销售，为茶农提供技术支持，茶农负责茶叶种植，为企业提供茶鲜叶。通常龙头企业有独立的品牌、商标、专利等，在全国建立品牌旗舰店、加盟合作专卖店，通过实体店、网络营销等实现线上线下同步销售，销售网络覆盖全国。茶叶龙头企业注重产品的品牌打造，产品包装和销售，拥有自己的加工和贮存基地，在产品的营销方面占据优势。

4. 茶叶批发市场带动模式

政府或企业集团出资建成茶叶批发市场，以茶叶批发市场作为信息服务主体，主要收集茶叶包装、运输、贮存以及销售信息，将信息传递给茶农、零售商和批发商，批发市场主要在流通环节发挥作用。茶叶批发大户将茶叶卖给各个零售商、批发商以及消费者，再由它们将茶叶市场供求信息、消费者喜好信息等反馈给广大茶农，茶农得到信息后调整茶叶生产。茶叶批发市场是茶叶从产区到销区的主要场所和流通渠道，对茶叶价格、消费者需求等信息具有较强优势，市场反应灵活，对于引导茶农生产，合理调整生产具有重要意义。茶叶批发市场品牌运营和市场推广能力较弱，自建物流比例较低，物流配送服务较弱。在茶叶交易旺季通常出现商流、物流的拥挤和混乱，购物体验比较差。

5.“互联网+”平台模式

“互联网+”平台是指B2B、B2C、C2C、独立商城以及微商微博等电子商务平台，以互联网，平台作为信息服务主体，主要收集茶叶种植、加工、包装、运输、贮存以及销售信息，将信息传递给茶农、零售商、批发商、茶叶加工厂和消费者，覆盖生产和流通两个环节。一个互联网，平台连接着茶叶的生产端和消费端，买卖双方依托平台进行连接、交易。“互联网+”平台通过对行业内优质的茶叶资源进行整合，借助平台为企业、消费者提供智慧化、个性化的产品，并且结合自身的物流优势降低各环节的仓储成本，从而提高茶叶流通的效率。

（二）茶叶云信息服务模式

龙头企业和“互联网+”平台主导的信息服务模式生产流通一体化程度比较高，合作社和农技站主导的信息服务模式主要服务于生产环节，批发市场主导的信息服务模式主要集中在流通环节。在大数据时代，“互联网+”平台模式会快速发展壮大，“互联网+”平台模式早期主要联结生产端和消费端，中长期则更可能将触角延伸到茶叶生产端，打造集生产、流通一体化的综合服务信息大平台，茶叶云将是“互联网+”平台模式未来演变的一种重要趋势。建立以茶叶云信息服务模式，不同层次的信息需求者向茶叶云平台输入信息需求，茶叶云平台对问题类型进行判断，选择最适的茶叶信息服务机构，将问题加工发送给信息服务机构，相应的信息服务机构为其解答并将结果输送给信息需求者。信息需求者一般由茶农、茶叶批发商、零售商、茶叶加工厂以及消费者等构成，茶叶信息服务机构由政府、农技站、茶叶合作社、茶叶批发市场、茶企、专家以及个人等构成。茶叶云平台整合了农技站、茶叶合作社、茶叶龙头企业、茶叶批发市场以及“互联网+”平台的信息服务模式，改变了传统的信息传播方式，信息服务对象由被动接收信息转变为信息需求者主动获取信息，将传统信息服务主体整合起来，共同为信息需求者提供咨询和答疑服务。茶叶云信息服务模式运行过程见图7-3。

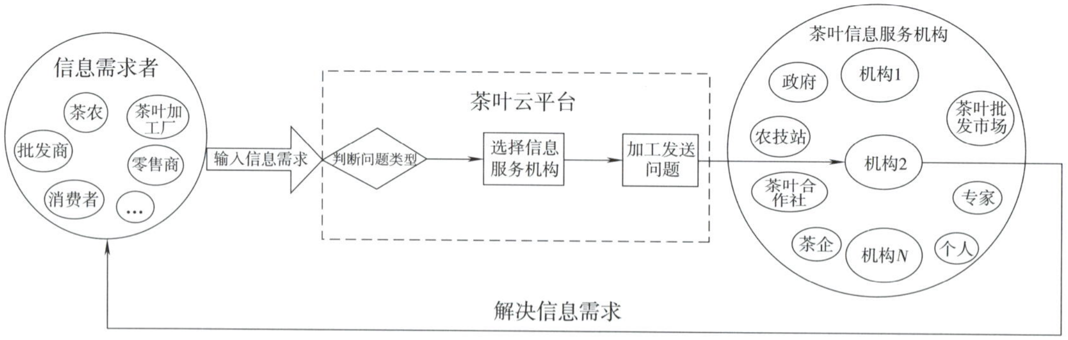

图7-3 茶叶信息服务模式运行图

第二节　茶叶包装设计

“茶者，南方之嘉木也。”中国是“茶的故乡”，有着非常悠久的产茶和饮茶历史。据《神农本草》记载，“神农尝百草，日遇七十二毒，得茶而解之。”可见神农氏是最早发现茶叶药用价值的，食用方式是连叶带茎咀嚼吞咽。茶叶从最初的药用发展为日常饮用，又从普通食品发展为中华传统文化的象征和载体之一，茶道之中蕴含了古老的中华文化之哲学精髓。随着茶叶的不断推广，以及商业的发达，对茶叶贮藏和运输的需求促使了茶叶包装的诞生。

茶包装设计过程具有一定的多学科综合性和系统性。茶文化内涵丰富，民族性和地域性特征性极强，因此，茶包装设计所体现的世界性特征需求明显。茶包装对资源利用、消费需求越多元，茶包装设计中的时代性特征也就越显性。从理念、功能和要素3个维度探讨茶叶包装设计，是对茶叶包装的设计思维进行综合性分析的过程，是通过包装设计引领人与自然和谐发展的实践与应用。

好的茶叶包装带给消费者的感觉，就如同一件艺术品一样给人美的享受。进入知识经济时代的今天，消费者在决定购买时，商品所发出的“信息价值”比原来的“物质价值”显得更加重要。茶叶在销售中，包装理所当然担当文化的使者，起到提升人格力量的作用。茶叶包装设计框架：思想上以中国儒、释、道理念为魂，西方理性精神为才，形式上以现代视觉元素构成理念，运用传统诗、书、画、印手法出新。

一、中国古代茶叶包装形态演变

中国茶叶包装自诞生以来，就不仅仅具备简单的包裹和贮藏功能，还是中国传统文化不可或缺的组成部分，既承载了文人雅士的审美情趣，也反映了民间淳朴生活的审美观；不同时期的茶叶包装也反映了当时的社会生产力、消费倾向、审美理念以及社会文化需求。纵观中国茶叶包装发展史，茶叶包装经历了从简朴到奢华；从单调到丰富；从粗拙到精致的过程。

（一）丝麻织品和陶罐贮藏的茶叶包装

1．以丝麻织品为主的战国时期茶叶包装

有史料记载的茶叶包装从战国时期开始。战国时期，茶叶的需求量逐渐增加，从商业角度出发，为了贮藏和长途贩卖，人们开始将茶叶晒干或晾干来贮藏，茶叶包装也随之而产生。男耕女织是战国时期社会的经济基础，农业生产的发展使桑麻植物大规模种植，染织工艺技术也进入了一个飞速发展时期，相应的民间手工艺作坊与各诸侯官营作坊大量出现。因而丝麻织品成为当时包装茶叶的主要材料，这类包装材料轻便，运输便利，但防潮性能欠佳。迄今未见战国时期茶叶包装设计的相关文字和图形记载。推测并无专门设计，而是以织物纹样为主，除了几何纹，还出现了鸟兽、龙凤纹样。

2．陶罐贮藏的西汉时期茶叶包装

西汉时期的茶叶包装设计未见于文字记载。西汉时期，茶叶得以普遍种植，产量提高。从当时的画像砖中可以看出，饮茶在文人及贵族中比较流行。西汉时期的陶瓷工艺技术也有了很大的创新和提高，陶器在社会生活中得到广泛的使用，逐渐开始取代之前的漆器，日用器皿以灰陶为主。官窑和民间窑并兴，每座窑都铭文戳记，或添加吉祥语作为字铭。当时的茶为团饼茶，其存放的容器主要是当时流行的陶罐，陶罐肩部或刻有“茶”字，陶罐透气性好可以吸收茶叶中的杂味，还可以防潮、遮光。

（二）花样繁多的唐宋茶叶包装

1. 白纸白绢囊袋的唐朝茶叶包装

唐朝始于公元618年，前后近300年，国家统一，社会安定，经济上升，自然科学技术进步，这也是茶叶生产以及发展的第一个兴盛期。茶叶开始在民众中普及，也影响着经济税收和文化，如“安史之乱”后开始征收茶叶赋税。“税天下茶漆竹木，十取一”这是中国第一次征收茶税。唐代“茶圣”陆羽的《茶经》中记载：“纸囊，以剡藤纸白厚者夹缝之，以贮所炙茶，使不泄其香也。”可以看出唐代开始使用纸张包装茶叶用以储存。唐代文人以互送新茶作为一种交往方式，一般用白纸或者白绢多重包装，在纸上写相关的诗句，用囊袋包装的方式也十分普遍。

2. 箬叶棉麻包裹的宋代茶叶包装

宋代饮茶比唐代更为普及，当时茶叶形态有两种，一种是团饼茶，一种是散茶。对饼茶最简易的包装是用箬叶包裹，外再以棉麻丝带。这种用箬叶包装茶叶的方法也传到了日本。散茶包装有本盒，宋朱弁的《曲洧旧闻》中曾经记载蜀公与温公相约游嵩山，各自带着茶叶，温公用纸包装，蜀公用小本盒包装，温公见了，惊曰：“景仁乃有茶器也。”可见当时包装的茶器已经极为精巧了。随着宋代漆器制作工艺大大提高，漆器的普遍使用，以漆为材料制作的茶奁和茶篋在宋代也很流行。宋代的印刷技术颇为成熟，因而使纸制包装得以广泛使用。

唐宋时期的手工艺分为官营和私营，在技术和艺术以及规模上都远远超过前代，茶叶包装也同样分为宫廷和民间。宫廷茶叶包装多选用上等的包装材质，不计成本的精益求精，造型多样，装饰繁缛，富丽堂皇，工艺精美。许多装饰纹样设计严格遵循统治阶级的等级区分，代表着统治阶级的审美情趣。如宋代生产的“密云龙”，分好几个等次，用不同的颜色区分，供给皇帝的茶，包装用黄色，赐给大臣们喝的茶，包装用绯色（官服色）。“瑞云期龙”是贡茶，包装奢华讲究，多为制作精良的金银器和漆器本盒等。民间茶叶包装则注重实用，制作成本比较低廉，外形简单，纹样朴实，但同样具有吉祥的意义。在唐宋时期中国的吉祥纹样得到广泛的使用，吉祥纹样起于商周，发展在唐宋吉祥图案的特点是“图必有意，意必吉祥”，茶叶包装使用的吉祥图案也不例外。如法门寺出土的唐朝的茶叶包装盒，造型圆润饱满，规整而富有变化华丽精致，植物与飞鸟，多取吉祥之意。

（三）丰富多彩的元明清茶叶包装

1. 多元文化审美的元代茶叶包装

元代是由中国蒙古族贵族建立的一个多民族的封建时期，因为这一历史原因而形成了独特的多元文化。元杂剧《刘行首》有唱词“早起开门七件事，柴米油盐酱醋茶”，说明茶叶是当时生活中不可或缺的生活用品。由于统治阶级长期过着游牧生活，追求豪华享受，和蒙古族随时迁徙、游动的生活习惯而成的游牧文化，影响了茶叶包装，包装风格浑厚、坚实、高大、厚实、抗摔、便携，具有耐久性。统治阶级的喜好也影响了包装的风格。来自草原统治者们对蓝色、青色、白色的偏爱，影响着当时包装的色彩，使白底蓝花或蓝底白花的包装装饰色彩十分流行，如元青花釉里红镂雕的茶叶盖罐（图7–4），设计制作极为精美。

图7–4　元代青花釉茶叶罐

2. 精工细作的明清茶叶包装

明清是封建社会的末期，高度专制的政治统治对艺术也产生了一定的影响。相当长的一段时间里政局稳定，经济繁荣，人们开始喜欢烦琐华贵的包装。上层统治阶级对生活品质的追求，促进了包装行业的发展，官营艺术品制作机构和繁荣的民间艺术品作坊并存。明代的饮茶方式从唐代的煮茶、宋代的点茶演化为散茶。散装茶叶成为一种流行，也改变了茶叶包装的形态，散装茶容易受潮，于是对茶的包装密封性要求有所提高。许次杼《茶疏》中说道：茶盒是用来放日常喝的零茶的。茶罐有大小，用瓷、紫砂作为材料，最大限度保持茶叶的原味。明代利用紫砂材料制作的茶叶壶（图7–5），造型朴拙大气，密封性上佳。到了清代，喝茶的方式与明代无差别，装茶叶的容器也没有太大的差异，只是茶叶罐的设计更为花样繁多（图7–6 ~ 图7–8）。材料在瓷、紫砂的基础上又添加了陶、锡、铁、银、玻璃等材料，密封性更好。在明代青花瓷的基础上又添加了单色、粉彩、古彩以及斗彩等，茶罐外还有黄陵布包装，既有防潮实用价值又有审美价值。民间云南地区的普洱茶，采用当地盛产的箬竹叶来包装（图7–9），这种包装材料易获得，又能防潮，从宋代开始沿袭至今。

图7–5　明代紫砂茶叶壶

图7–6　清代陶瓷茶叶瓶

图7–7　清代竹制茶叶桶

图7–8　清代黑漆描金茶叶盒

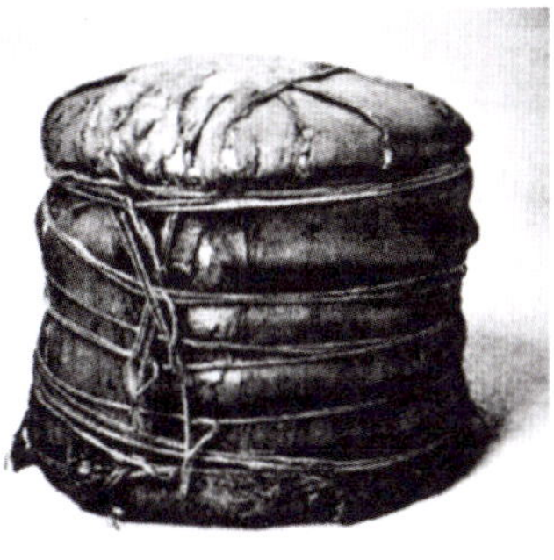

图7–9　清代箬竹叶包装的普洱茶

从简单的织物包装到陶罐包装，到花样繁多的包装，以及多元化审美影响的包装，再到精工细作、丰富多彩的包装，经历了一个漫长的时期。社会经济的发展，政治转变，科技进步，制作工艺的完善，匠人与文人的合作都影响着茶叶包装与设计。纵观古代茶叶包装的发展演变，不难发现每一个时代的茶叶包装，都将那一时代人们对哲学思想的诠释、审美情趣、文化特色、对传统文化的尊重和书画艺术手法的运用，以及每一时代的新科技和新材料运用，都融入在茶叶包装中，使茶叶包装既符合茶叶储存和运输的需要，又具备一定的审美价值，将功能美与形式美完美结合，这是现代茶叶包装设计需要借鉴的典范。

二、常用的茶叶包装形式

在现代社会中茶叶作为商品，从产品定位到上市销售，都直接影响着最后的销售成果，这就对产品的包装设计提出更高的要求。由于茶叶对外界的异味极其敏感，当包装的气密性不符合要求时，茶叶中的多酚类物质会自动氧化，导致茶汤的色泽变暗，茶叶本身的清香会逐渐散失，还会吸附周围环境的各种气味，味道变淡，甚至变质不能饮用。因此，茶叶的包装必须具备密封性好、遮光、避气、防潮、防挤压等条件。茶叶包装形式主要有软包装和硬包装两大类。不同形式的包装，在保质效果、视觉和触觉感受上会有一定的差异。

（一）茶叶纸包装

1．绵纸包装

绵纸价格低廉，质量轻，易折叠无异味，适合用于包装茶叶。云南的普洱茶、沱茶大多用绵纸包装，但是绵纸较薄，在运输中容易蹭破。为了获得更好的经济效益，可以把绵纸与纸盒或木盒来配套使用。绵纸还可以做成袋泡茶，茶叶的浸出率高，方便使用，受到广大消费者的青睐。

2．多层复合喷铝纸包装

多层复合喷铝纸不透光，防潮，气密性好且轻薄，价廉，对茶叶有很好的保质效果。只是用这种包装抽成真空后，表面皱巴巴的茶砖模样极为不雅。因此有必要结合其他形式的包装来改善，如装进一个精美的纸盒里达到美化效果。

3．纸盒包装

纸盒包装通常分为外包装纸盒和内包装纸盒两大类。外包装纸盒气密性较差，一般与其他密封材料配套使用；内包装硬纸盒一般带有盖，通常是纸塑复合包装盒，兼具复合薄膜袋和纸盒的优点。

4．纸盒罐包装

纸盒罐的防潮、防锈、保香、隔热等效果都比传统的铁罐好，且集合了金属的刚性以及复合薄膜袋的防潮性等优点。用纸筒罐来包装茶叶，不但有很好的保质效果，且方便人们使用。

（二）金属容器包装

1．马口铁罐包装

马口铁罐防潮、避光，密封性好，且外观华丽、高贵，是比较理想的包装容器，可用于高品质的茶叶包装。不过，马口铁易生锈，用它来包装茶叶最好配合密封袋来使用。

2．银罐包装

银可以杀菌，是众多金属中杀菌效果最好的一种。把茶叶置于银罐中，可以达到很好的保质效果。但银价昂贵，不利于普及。

3．锡罐包装

锡罐也有很好的杀菌效果，是茶叶的理想包装容器，且有着悠久的历史。但锡罐成本相对较高，可以用于高级礼品茶包装。包装高品质的茶叶，不妨选用一些罐壁刻有表现饮茶乐趣小浮雕的锡罐，让人产生一看到锡罐就想饮茶的欲望。

（三）其他形式茶叶包装

1．竹包装

竹筒包装的茶叶又称“竹筒茶”。竹筒外观朴实，雅致，有着良好的防潮效果。用竹筒做外包装，内部需放置镀铝纸袋密封的茶叶，不仅美观还能有效保护茶叶。

2．塑料容器包装

用于茶叶包装的塑料薄膜有单层膜和复合膜。低档茶叶多用聚乙烯（PE）或聚丙烯（PP）单层薄膜包装，防潮性较好，但阻气性较差，不能避光和防止串味，保存期较短。中高档茶叶多用复合薄膜包装。用于茶叶包装的复合薄膜内层不能用胶水胶黏，而须用热熔剂黏合，或用热熔法涂覆聚乙烯，要避免胶水所用熔剂的加工残留物造成茶叶串味。

3．茶叶特殊包装

茶叶包装除了防潮、阻气、遮光之外，高档茶叶包装为了保全其特有的清香，并能长期保存，常采用真空充氮包装。有时除了小包装袋内真空充氮外，其外包装的大袋里也充入氮气。茶叶的礼品包装一般采用复合薄膜作为内包装，外装硬纸盒，这种包装方式广泛用于中高档茶叶包装。

三、茶叶包装的材料选择

随着科学技术的进展，在茶叶包装材料的选取和设计上呈现出了多样性。根据市场需求的不同，开发出的包装材料多种多样，设计上也呈现出了现代化、特色化的趋势。因此什么样的包装最合适、最经济、最有价值，成为目前茶叶包装的材料选择与设计上的首要问题。

（一）常见茶叶包装材料种类

茶叶的包装分为软包装、半硬包装、硬包装3种类型，根据顾客需求的不同，材料和材料本身的成本也存在差异。软包装主要是以纸袋、塑料食品袋、复合袋为材料。硬包装通常以竹盒、木盒、铁盒、玻璃罐等材质为材料。

1．塑料食品袋、复合袋包装受众人群广

以塑料食品袋、复合袋为主的包装材料，具有方便、质量轻、易携带等特点，对茶叶的防潮保香防异味等方面也具有良好的功效，适用于大多数品类的茶叶。对于大多数商家来说，亦是销量占比较高的类型。此类软包装茶叶，由于其包装的简易性，多用于顾客购买后自己饮用，所以消费者更加注重的是包装本身的功能性和价格。

2. 纸袋类型包装吸引年轻人关注

备受年轻人喜爱的纸袋包装类型的茶叶，也占有较大的市场份额。目前年轻人对于茶叶的消费能力不容小觑。纸袋包装的茶叶具有简便、易清理等特性，可以直接放入茶具中进行煮泡。因此需要考虑纸质多次泡水后的完整性，对材料选择要求较高。面向的人群，是以时下年轻人为主，包装的主要种类也多以保健茶、戒烟茶等功能性茶叶为主。

3. 硬包装创造更多样的包装可能性

硬包装对于茶叶的包装提供了更加多样的可能性。不同的材质也为茶叶提供了更合理的保存空间，而且在美观程度上增加了多样性。金属盒、竹盒、纸复合罐等类型的茶叶包装，具有易造型、易印刷、易雕刻等特点，经常被用于礼盒包装，价格较高，大多数消费者选择此种类型作为礼品，赠送亲友。竹盒更是作为最具有中国特色的包装礼盒备受人们青睐。茶与我国传统文化中竹的定位类似，极易勾起人们的文化认同感。竹盒包装对消费者形成了视觉和文化冲击，所以在茶叶市场中具有一定的优势。但由于其密封效果较差，因此经常搭配铝箔覆膜带来进行包装。

（二）包装材料选择基本原则

以市场、环保、可持续为导向，从消费者需要、茶叶保存、生产成本等方面进行考虑。茶叶包装材料的选择与设计应科学化、实用化、经济化和标准化。

1. 科学化

具备科学化的设计是对茶叶包装的基本要求，成品茶叶易断、易潮、易变质，极易受环境的影响。因此一个好的包装首先具有阻氧、防潮、防异味的功能，而且要具有抗压、抗震、阻光等性能。即可根据产品功能和价值进行科学选择，避免一些不必要的设计浪费。

2. 实用化

实用化的包装设计既能方便消费者的使用，又能增强消费者的认同感。通常茶叶在冲饮食用的过程中，需要多次的取用，这在设计的功能性上提出了更多的要求，既要考虑到多次取用茶叶时如何利用包装进行保存，也要考虑到如何控制每次取出的量。

3. 经济化

包装材料的选择应该注重市场中消费者的经济承受能力，以及包装所带来的经济效益。一般来说，越高档的包装，其包装成本越高，这对茶叶的销量和市场占有率是有一定影响的。适合相对应区域的经济消费水平的包装才是最为合适的。过度繁杂或是过于简单的包装，都不是最好的，要根据市场的形式、当地居民的消费能力、市场占有率，来制定合适的包装水准。只有实现两方面的协调统一，才能以合适的包装，优异的品质来满足不同层次消费者的需求。

4. 标准化

标准化在茶叶的包装中是一个十分重要的因素。无论如何创新茶叶的包装，在选材和设计的过程中，要以食品安全为重中之重。包装材料的选择应严格执行相关法律法规和食品安全监督条例的要求。产品标识、生产厂家、产地、生产日期、保质期等基本内容要完善。

四、茶叶包装设计遵循的三个维度

产品包装对消费者而言是一场视觉体验，传递着品牌理念和产品特性等信息，以此激发消费心理。茶叶包装必须以满足茶叶形、色、香、味的物质形态要求和天然、营养、保健的内在品质要求为核心，必须满足不同消费群体和消费层次需求。茶叶包装设计是一个融美学与自然科学、文化与艺术、市场与消费心理等综合因素的创造呈现过程，其中茶文化传承、时代特征和设计创新尤为关键，优秀的茶叶包装设计通常遵循以下三个维度。

（一）遵循理念维度

理念反映产品设计过程的主导思想，是赋予产品文化内涵和风格特点的关键。在茶叶包装设计中，茶文化理念、交互式理念和绿色理念是必须遵循的三种理念。

1. 茶文化理念

我国的茶文化源远流长、博大精深，其蕴涵着中华民族特点的精神价值、思维方式和文化意识，也体现着民族的生命力和创造力。茶文化的内涵丰富，涉及面非常广，包括茶与诗词、茶与歌舞、茶与祭祀、茶与禅教、茶事掌故、茶道茶俗、茶艺表演、茶馆茶楼、茶食茶疗、茶具茶器等。因时代变化和地域差异，茶文化被赋予了多元的文化元素和艺术内涵，茶文化的发展构筑了其独特的“廉、美、和、敬”的茶文化精神，因此，茶包装不仅要体现所包装茶叶品质、功能等商品属性信息，而且还具备有别于其他商品的文化属性和精神属性。

2. 交互式理念

对于产品的包装设计来说，商品的包装设计让消费者获得产品的基本信息包括材料、用途，同时还可以体会产品设计者在设计产品时的灵感、创意以及情怀，其主要内容是预测产品的使用与影响产品与用户之间的关系。在交互式设计理念下，设计师的产品包装设计方案不但要按照传统设计流程去理解产品提供者的设计意图，而且要根据消费者体验反馈做出综合性的判断，进而优化包装设计方案。同时，必须通过业内专家评价或大数据采集分析，对产品进行合理的消费层次、消费年龄的准确定位，优化包装形式和丰富设计元素，赢得更多的消费市场份额，交互式理念设计流程示意见图7-10。在茶叶消费中，单一消费、瞬间决策、跟风好奇是消费者购买茶产品时常见的现象，因此，采取交互式设计理念是茶叶包装设计在大数据时代把握消费者需求的重要设计原则。

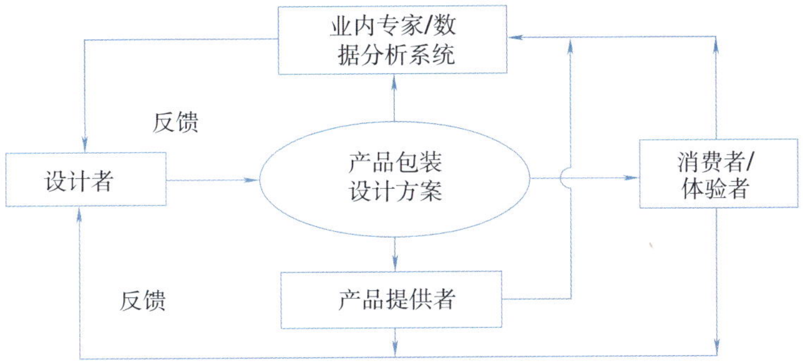

图7-10　交互式理念设计流程示意图

3．绿色理念

绿色设计理念是指在产品的设计过程中合理分析并总结出产品的一系列性能、功用、质地、开发周期以及产品的成本，对产品是否影响资源和环境应当作重点考虑，使得绿色产品较传统的产品在各方面都更具优势，力求在各方面都做到绿色节能环保。绿色理念包装相对传统包装而言更具有深层次的内涵和人文关怀，它所传递和表达的信息量大且涵盖的范围广，因此，在茶叶包装设计阶段，就要将环境因素和预防污染的措施纳入产品设计之中。茶包装的绿色包装设计内容主要指围绕生产、使用和回收处理等过程，综合考虑周期、材料、成本、环境影响等技术指标，进而对产品结构、材料选择、产品使用环境性能、产品资源利用性能四个方面，产品绿色设计框架示意见图7-11。

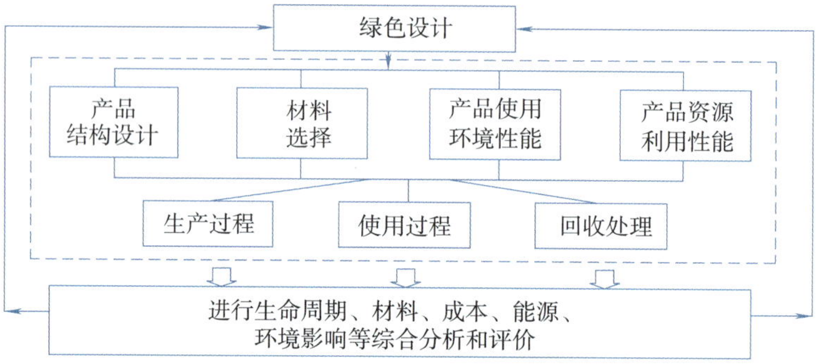

图7-11　产品绿色设计框架示意图

（二）遵循功能维度

包装是为在流通过程中保护产品、方便储运、促进销售，按一定的技术方法所用的容器、材料和辅助物等的总体名称。茶叶包装主要有保护茶叶品质、方便物流需求、茶叶品牌形象构建和装饰美化等基本功能，前三项功能是呈现茶叶包装功能的核心指标。

1．保护品质

通过包装来保护茶叶天然健康品质要求，具体是以外在的色、香、味及形呈现，其中外形和香气是关键指标。茶叶的外形品相决定了茶叶品质，但成品茶具有易碎的特点，一般使用较硬质的外包装来保护茶叶外形品相，如使用竹盒、木盒、陶瓷罐、金属罐、纸复合罐包装等。由于茶叶极易吸湿受潮、吸附环境异味和光变反应，因而包装材料选择和包装结构设计是保护茶叶品质的关键，如金属罐包装具有防破损、防潮和密封性能优异的特点；再如茶叶小包装化，复合薄膜袋包装具有质轻、不易破损、热封性好等优点被广泛应用。

2．物流需求

茶叶作为高附加值产品，整体包装上必须具备保鲜、耐腐蚀、防潮、防渗漏、耐挤压、耐磨损、防伪等诸多功能。一般内包装保护茶叶品质，运输包装必须考虑物流需求。茶叶运输包装须符合GH/T 1070—2011《茶叶包装通则》的规定，运输包装一般采用瓦楞纸箱，瓦楞纸箱虽然符合环保要求的包装容器，但是在设计时必须考虑物流环节对其要求，考虑运输空间、包装模数和环保的要求。因此，在茶叶包装设计上，合理布局茶叶包装造型和结构可以有效提高产品的包装强度和刚度，降低茶叶包装成本，满足包装废弃物回收和再循环利用的需求。

3．品牌形象

品牌传播和营销相辅相成，茶叶的生产有一定的地域性，强化茶叶生产厂家的标识，与地域特征和茶文化融合容易对消费者产生视觉冲击，促进消费心理和品牌忠诚度。因此，在茶品牌包装设计中，以消费群体定位确定茶品牌特征，用最简洁的图文指向性地将茶的用途、功能与各种特性展示，以吸引特定的消费群体关注。将使用便捷性、储存密封性和包装循环利用性完美结合，使销售包装在茶叶品牌传播中体现出特有的高附加值。

（三）遵循要素维度

文字、图案、色彩是平面设计的三要素，与材料、造型共同构成包装的视觉效果。在茶叶包装设计中，一定需要融合文字、图案和色彩等要素。

1．图案要素

图案起着吸引消费者视觉作用。中国茶文化中有丰富的图形元素和图案表现。常见图案以茶场地风景、茶道、茶具、茶画、茶建筑等为主，展示茶文化的审美取向和价值，将茶文化精神中的“廉、美、和、敬”内涵和意境得以传递和延伸。视觉冲击较为直接明了的设计图案一般采用茶园或采茶图、茶叶形状、茶汤色泽、茶具等图案，以设计图案的真实性再现产品的用途，表现手法简洁直白。指向含蓄的设计图案，其视觉的凝视作用强，一般采用茶叶产地的自然风光、国画、琴棋或茶舞、历史人物或故事，给消费者留下严谨含蓄的印象，传递茶文化的净静和美意境与特有的文化底蕴和精神感染力。在茶叶包装设计中，运用点、线、面和各种纹样等表现手法，使茶包装设计呈现不同的层次和韵味。

2．文字要素

文字是体现展示商品的品质并体现其蕴涵的文化价值的重要元素。中国文字是象形文字，有形象之美。汉字书法有极强的语言和视觉冲击力。汉字字体中，隶书方劲古拙，楷书稳定庄重，行书潇洒飘逸，草书恣意随性，设计师可以根据茶的特点选择与之相匹配的字体。如红茶味道醇厚，设计师通常会选择雄劲浑厚的颜体字；又如绿茶清新自然，设计师会选择清傲灵秀的柳体字。设计师可以根据茶叶包装的文化意境要求对字体进行变异并创新性设计，创造出标志性的新型字体形式，营造一种深邃的茶叶包装文化意境。

3．色彩要素

色彩能够产生视觉刺激，进而引发受众的情感反应和变化。在茶叶包装设计中，色彩的合理使用能够瞬间影响消费者对茶产品的品牌认可度和品质认知度。如绿色是茶包装设计中常见的构图基调，设计中再加入茶文化元素，可以将显性的茶绿、茶香和隐性的悠远意境通过色彩和图案实时传递给消费者，拓展和提升所设计的商品附加值。茶包装设计的色调选择一般以绿、黄、红、黑白、金银和褐色为主，主要是以茶叶的品种、生长环境、特性、档次、采摘过程、消费者习俗和欣赏习惯等为设计出发点。针对茶产地、茶品种的特点以及不同消费群体特征，综合象征寓意和深化印象作用，通过色彩和整体风格的统一，展示茶包装的视觉效果，充分诠释“天人合一”的茶文化内涵。

五、茶文化融入茶叶包装设计方式

茶文化与含蓄内敛的中国文化一脉相承，是中国文化元素的重要组成部分。作为产品的“茶”，其包装设计要体现出“茶”产品的物质价值，同时也要体现出茶文化的精神价值，以茶文化作为文化元素与现代平面设计相结合，不仅仅能够为产品的“茶”提供更贴切的包装设计，同时也能为包装设计注入新的内涵思想，丰富包装设计中的文化底蕴。

（一）茶文化对现代平面设计的影响

1. 传统文化的体现

茶文化本身即是优秀的中国传统文化的重要组成部分，将茶元素的清新、宁静、致远的核心思想境界引入现代平面设计中，无疑是传统文化的重要体现途径。茶文化的传统性体现在含蓄美、意境美、简约美等方面，含蓄美将传统茶叶的特征展现出来。意境之美，既展现出茶的宁静致远，又体现出茶的悠远神秘的独特特征。朴实无华的茶文化设计将中国传统文化中所提倡的淡泊、宁静、悠远展现得淋漓尽致。

2. 哲学思想的展示

茶叶本身并不具有哲学内涵，但是由于其所蕴含的意蕴，反而使其具有了深刻的哲学思想。其所代表的宁静、致远、清新、自然，恰好是儒释道文化精髓的集中展现，使得茶文化具有了深刻的哲学思想。在包装设计中引入茶文化的思想精髓，即哲学思想引入了包装设计，从而使茶叶包装设计具有了更深层次上的哲学底蕴。

3. 构图元素的宝库

茶文化设计内容非常广博，涉及种茶、选茶、加工茶、茶具、茶道等方面，每一方面都具有丰富的图形图像元素，从而构成了一个丰富的构图元素数据库。庞大的数据库给茶叶包装设计提供了创意设计元素源，使茶叶包装设计灵感、创意、图案源源不断。

（二）茶文化在包装设计中的体现

1. 茶文化在色彩设计上的体现

色彩是包装设计中最为重要的元素之一，任何包装设计都离不开色彩的渲染，茶叶包装设计自然也离不开色彩。茶叶由于加工工艺被分为六大类，同时色彩上也被自然进行了划分，绿茶、红茶、黑茶、青茶、白茶、黄茶，每一种类的茶叶都具有自己特定的色彩，同时也具有了自身的“色彩能量”，比如绿茶清新，红茶醇厚；另外，红、褐、青、白、黄也是茶叶包装常选用的色彩元素，既能反映包装茶叶本身性状，又能体现出古朴、神秘的茶文化厚重。

2. 茶文化在图案设计上的体现

传统的茶文化图形图案为茶叶包装设计提供了大量丰富的素材。茶文化图形图案多，造型构图复杂，设计师通过点、线、面的设计和配合，使茶文化图形图案素材更加具有层次性、自然性，更符合现代平面设计特征。图形图案的再造过程，包含了设计师的情感和理念，蕴含了茶文化的哲学底蕴，使茶叶包装设计更具有意境化。茶叶包装设计通过摄取茶叶形状、色彩、冲泡的色泽、产地风光等来获得图形，可以更准确地体现设计的真实性。

3. 茶文化在字体设计上的体现

包装设计中字体是又一重要的设计元素。字体不仅仅具有审美价值，而且还能够反映出产品的信息，是重要的包装设计组成元素。汉字是中国传统文化的主要代表，茶文化是中国传统文化的一部分，汉字文化与茶文化本就是具有相同意境之美的艺术形式。茶俗、茶典加以文字设计，不仅仅反映出茶叶的信息，更能够起到宣传茶文化、传播传统文化的重要文化价值。在茶叶包装设计中，设计一首以书法形式书写的茶诗，瞬间提升了设计作品的艺术性及内涵性，同时展示出了中国文化的博大精深，极具中国风特征。

六、茶叶包装的简约风格

“柴米油盐酱醋茶”之茶叶是中国传统饮品，经过几千年的积淀，已经形成了其独特的文化底蕴进入品牌消费时代，品牌包装成为产品与消费者之间的信息传递纽带。传统茶叶的包装也应随时代需要融合茶叶的绿色天然性、自然性特点，在设计中注重人与自然和谐共生。承载茶叶的文化内涵、体现品牌信息的风格简洁，必将成为未来茶叶品牌包装一种趋势。

（一）简约主义

1. 简约主义定义

简约主义是20世纪末设计师们通过反省工业化的进程而诞生。简约主义注重美学表现和设计语言，强调尽量减少无谓的材料消耗，重视再生材料使用，其删繁就简，简约不简单特点被定义为简约主义的思想内涵。在简约设计中简单并不等于简约，是舍与得的一种体现；是取其精华，去其糟粕；也是设计师在长期思考中总结出来的经验，赋予产品文化和时代品味的一种表现。简约主义在当下社会已慢慢变成现代设计中的主流之一。

2. 简约主义特性

（1）色彩的单纯性　在市场众多产品包装中，简约包装往往以它独特的高纯度的色彩，与灰色调形成鲜明的对比。在通过色彩表达产品包装时尽量保持产品原本的色彩，让消费者通过颜色就能知道内部产品信息，并且通过主色调为主和辅助色搭配，使整体包装展现其产品大方、简约、时尚的特征。

（2）材料的节约性　材料的节约性不仅仅是简单的节约而是物尽其用，使其材料发挥其最大的价值，是显示其各要素完美的结合。在包装过程中材料要属于绿色无污染的要求，最好以环保为材料，能符合国际中的3R使用回收再利用的价值。材料方面最能体现节约性的是纸制包装以及各种天然材质包装。共同点是纸质包装方便、节约、成本低，适合大批量生产、利于运输、成型性强、方便折叠，还可以印出精美的图片和回收再利用的环保的特点。

（3）结构的纯粹性　纯粹性指的就是“简单而不平凡”。结构是三维空间的变化，结构的纯粹性体现在实际运用上面，要考虑轻便易拿、节省空间、经济实惠、安全稳定、方便运输、美感、人体工程学等方面，让产品能够直观地展示给消费者，体现结构的简单不平凡的特质。

3. 简约化设计

简约起源于现代派的极简主义。简约风格就是简单而有品位，这种品位体现在设计上就是对细节的把握，每一个细小的局部和装饰，都要深思熟虑。“简约化设计”一词用于现代包装设计中就是传达一种新型的设计思维和表达方式，力求在风格上追求明快、简洁、去除烦琐元素，保持绿色简约的视觉敏感度。齐白石先生曾说“艺术创作宜简不宜繁，宜藏不宜露。”但是简约并不是简单，简约是一种更高层次的创作境界。随着绿色包装理念影响的深入，节约型包装设计逐步被认可，在充分考虑产品包装功能要求基础上，追求包装结构和材质的简洁性和再利用，从设计的环节出发就要开始注重包装的材质和结构的环保性。

（二）茶包装符号识别简约化设计

1. 简约化茶包装的图形设计

品牌包装的辅助图形是重要的视觉识别符号现在茶叶产品包装设计，主要的表现形式为简单传统纹饰、辅以书法文字等，传统文化视觉符号在现代设计中的运用，意在以传统文化来表现茶文化的历史渊源，使设计平添文化品位和传统韵味。但是在茶叶的包装设计中，外观辅助图形的设计不是简单地生搬硬套，把中国非物质文化形象的吉祥纹样、龙纹、图腾等传统图形直接贴图在茶叶包装上就万事大吉。要结合品牌形象要求，提炼出与茶叶产品气质相协调的摄影图片、图形纹饰，使二者巧妙结合起来形成该产品特有的符号。例如连续纹样做成包装纸的形式，都可以一改传统的茶叶包装的面貌，如图7-12所示。

图7-12 茶叶包装插画图形设计实例

2. 简约化茶包装的色彩设计

色彩是包装设计重要的视觉元素，色彩创造价值、是品牌定位的视觉体现。不同的色相、明度、饱和度的色彩，带给人们视觉的感受是不同的，是影响人类情感变化的重要视觉因素，影响着消费行为在色彩心理认知上，人们一直认为色彩具有强烈的语义性，白色纯洁、红色喜庆、蓝色忧郁等语义。在实际生活中，我们常会说气得脸都绿了、他黑着脸、她脸红了等，都是人的色彩情感体现。色彩表达的意义是多变的，因为地域环境的变化，相同色彩会带给人不同的情感感受。成功的色彩设计具有独特的表现风格。茶叶包装的色彩设计，要根据目标市场定位来选择色彩形式，或特立独行，或选择融入。不同的颜色选择，表现不同的品质和风格。通常的品牌包装会采用品牌的标准色、辅助色相互搭配。见图7-13。

（1）　　（2）

图7-13　茶叶包装色彩设计

3. 简约化茶包装的文字设计

文字是信息传达的重要元素。文字设计是品牌包装设计不可忽略的形态，包含字体设计和文字排版设计，讲究产品主题文字与说明文字动静相宜。茶叶包装设计中产品名称和品牌文字追求字体形式的独特艺术设计表现，优秀的字体艺术形态设计，可有效强化文字的视觉表现力和视觉冲击力，提升文字的视觉感染力，吸引消费者的关注，达到信息传播的目的。与产品主题文字相比，产品说明与附注信息的表现形态相对要低调很多，其一般以标准字体进行规范的页面排版，注重文字的清晰度，不以个性为目的，而是以信息有效传达、增强信息传播力度为目的。

第三节　茶叶品牌与区域公用品牌

品牌是产品与消费者之间的关系，是一种消费者的体验。著名的市场营销专家利普·科特勒指出："品牌是一种名称、术语、标记、符号或图案，或是他们的相互结合，用以识别某个消费者或者某群消费者的产品或服务，并使之与竞争对手的产品或服务相区别。"农产品区域品牌是指在特定的地理环境中，以独特自然资源及长期的种植、养殖、采伐方式与加工工艺等生产的农产品为基础，经过长期的积淀而形成的被消费者所认可的、具有较高知名度和影响力的区域农产品标识。茶叶区域公用品牌作为农产品区域公用品牌的一种，指的是一定区域内的相关机构、企业和农户共同拥有或使用的，以独特的自然环境和悠久的种植与加工生产的茶叶为基础，在茶叶生产区域范围、品质管理、品牌许可、品牌营销与传播等方面具有共同诉求与行动，经过长期的积淀而形成的被消费者认可的、具有较高知名度和影响力的区域茶叶产品标识，是茶叶产品与区域形象共同发展的区域公用品牌。

一、茶叶品牌与设计策划

（一）中国茶叶市场品牌现状

1. 名茶多，名牌少

中国是名茶之乡，西湖龙井、云南普洱、武夷岩茶等如雷贯耳。但中国人似乎把炒制工艺和品牌以及地区载体和品牌载体混淆了。一提到龙井、普洱等马上就想到是驰名品牌，而同时中国少量的茶叶品牌因缺乏深度打造，不能形成对消费者消费行为的引导。另外，品牌商标的乱用滥用导致茶叶市场失去了品牌识别功能，从而陷入了一流原料、二流技术、三流包装、四流价格的尴尬处境，进而削弱了中国茶叶的市场竞争力。

2. 中国茶，品牌杂

品牌的缺失就导致专用权受不到法律的保护，导致部分茶企可以利用名茶的名气去谋眼前的利益，而不用对名茶的名声负责任。不免出现众多茶企为挤占市场抢夺客户，以次充好用同一茶品牌的乱象。在低价竞销、恶性竞争的情况下导致了茶叶质量的下降，从而使得消费者买到了茶叶的品牌却没有买到符合该品牌质量茶的叶，逐渐失去了茶叶品牌公信力。

3. 茶品牌意识淡

中国茶业总体缺乏品牌经营意识，品牌对于激烈竞争的重要性被长期忽视。许多茶叶企业不能区分“做品牌”与“做品质”的区别，认为做品牌就仅仅是要把好质量关，从而把更多的精力投入到茶园建设以及工艺改进方面。而有的企业虽然注册了商标，但在品牌的建设中更多的是把焦点集中在短期的效益上而没有去认真挖掘品牌内涵形成知名品牌力。

4. 茶品牌定位模糊

中国的茶品种多样，每一种茶也会形成不同的品牌，例如西湖龙井、洞庭碧螺春等中国名茶，名气很大，售价也很高。“茶王”的拍卖价甚至有可能高过黄金，但消费者在购买茶叶时，则很难分辨茶叶品牌，极少数消费者买茶叶时指定品牌，因为消费者并不知道这个品牌有什么特殊之处。这显示了由于茶品牌定位不足，无法给消费者留下清晰的印象反映。

5. 茶品牌同质化，创新不足

中国茶品牌总是在喝茶有益健康的提法上做文章，而没有在茶叶品质提升创新上下功夫，总是一味模仿和实行地方保护，无法形成品牌的差异性，更不会让品牌的价值做大和释放。另外，中国茶总是给人一种信息，喝茶仿佛只是某一类儒雅的消费者才可以做的事情，在茶文化底蕴挖掘上仅停留在表象，没有构成形而上的文化软实力。

（二）茶品牌个性的塑造

1. 个性化的品牌定位

差异化和个性化的品牌定位是形成品牌特色和品牌个性的基础。与众不同的、独特的、个性化的品牌定位，可以使茶叶产品和品牌与其他的茶叶产品和品牌区别开来，使茶品牌信息凸显在消费者面前。经验表明，产品与产品间的差别，可以通过调整经营策略和改进工艺技术来缩小和同化，产品之间真正无法接近的只有产品的个性。没有个性化的定位，平庸的品牌只会淹没于市场海洋中。茶叶企业的品牌定位可以联系自身的特点，迎合相应的顾客需求，在品牌中加入文化的元素、健康的元素、时尚的元素等，以此来实现品牌的个性化定位。

2．个性化的产品

产品是品牌行为最重要的载体，品牌的个性要以产品及服务的特征为基础。个性化的产品可从三方面来体现：第一是独特的、具有创新意义的产品，以市场为导向，实现产品创新，打破原有产品类别的界限，将不同茶叶产品的特色融为一体；第二是个性化的产品名称，如凤牌滇红、狮峰山西湖龙井等；第三是可靠的品质保证，“金杯银杯不如老百姓的口碑”，有了好的品质才有好的口碑，过硬的质量保证才是获得消费者忠诚的前提，才能赢得了消费者的信赖。

3．个性化的产品包装

包装是产品和品牌的“无声推销员”，是消费者在终端见到的最直接的广告，是产品在货架上的形象代言人。杜邦定理表明“有63%的人会因为产品的包装而做出购买的决策”。目前很多茶叶包装，因产品名称占据了醒目位置，而错误弱化了消费者对品牌的认知。品牌茶叶的包装要从突出企业形象出发，通过注入时尚的、科技的元素寻求差异性，迎合目标顾客群的消费观念和消费习惯，力求风格独特、个性鲜明。让包装不但有利于促进茶叶销售，更体现了企业的文化和品牌的个性。

4．个性化的服务

个性化就是按照顾客的需要提供特定的服务，是为了促进商品的销售而推出特别的服务，因此服务也是张扬品牌个性的领域。茶企门店的服务内容常有：客人上门免费奉茶，可以奉上不同口感的茶，方便客人决定自己喜欢喝的茶类；顾客挑选茶叶后，为顾客免费试泡，消除顾客担心买回去的茶不合口感的顾虑；免费教学茶艺，提高客人沏泡茶技能。真挚、温馨的个性化服务，可以极大地提升茶企茶叶品牌的价值。

5．个性化传播促销

营销传播大师舒尔茨说“在同质化的市场中，唯有传播能创造出差异化的品牌竞争优势”。这种传播，是从产品概念的开发到产品包装设计以及公关、广告、促销等营销推广工具的综合运用。“皇帝的女儿不愁嫁”的时代已经一去不复返了，再好的茶叶产品也要广为宣传，充分利用茶文化的优势，创新传播方式和传播途径，提高知名度。促销是最好的扩大产品影响力和品牌知名度的方法之一。茶叶企业在产品和服务中要注入一定的文化理念，让消费者在体验之后加深对企业的认可，强化消费者对品牌的忠诚度。

（三）茶品牌的常规误区

1．名字误区

中国茶企普遍的做法是，把茶叶的通用名称（品类名）当成企业的产品品牌名，把它放在产品包装的显眼位置，重点宣传。如西湖龙井、黄山毛峰等历史名茶，无论政府怎样保护，由于历史的原因，日益演变成了一个出产于特定区域、代表某种茶叶形状的品类名称，而不是品牌。大家普遍有个共识，名字不重要，重要的是产品质量、价格等。忽略了品牌是在消费者的心智中打造的，而名字仅是思维的符号，依赖于名字无法将品牌挂到消费者心智中。

2．名牌误区

在很多茶企看来，中国驰名商标是中国品牌的最高荣誉，但名牌不是品牌。中国茶企中有很多企业获得了中国驰名商标称号，但这些企业相对其他行业获得驰名商标的企业而言，大都是国家扶持的政府行为，由于销售额低得多，一些企业只是相对做得不错而已。但知名度只是形成品牌的一个基本条件，品牌的真正核心是品牌的定位，中国茶企千万不要被名牌蒙蔽，找到自己的定位，才是“驰名商标”更上一层楼的前提。

3. 文化误区

中国多有名茶代表的品类名，少有名茶代表品类的品牌。而历史名茶陷入文化误区不能自拔则是最主要的原因。先有定位，后有顾客，再有文化，不能倒过来，去空谈文化，依靠文化去创造顾客。历史名茶要打造品牌，可以借助历史名茶的文化影响力，但更重要的是要宣传历史名茶背后的品类能够给顾客带来的独特好处，创造性转化和创新发展茶文化成果。

4. 质量误区

很多茶企认为做品牌就是做质量，而评价质量最主要的就是外形、香味、口感、汤色等感官指标，卫生指标靠后，营养指标不提。事实上，顾客看待质量的方式可能与此相反。顾客迷信权威，喜欢跟随大众，如果专家说某某产品好或市场上有更多的人在买这个产品，顾客就有充足的理由相信这个茶叶产品质量好。商业运作中最重要的是创造和建立让顾客认同的产品质量意识。茶叶质量的重点不应仅局限于外形等感官指标，还应强调营养卫生指标。

5. 形象误区

这是一个普遍的误区，也是中国茶企在与广告公司合作时尤其要关注的一个误区。品牌不是形象。品牌是某个品类的代表，当消费者想到消费该品类产品时，这个品牌直接引导消费者去购买它。先有定位，后有顾客，再有形象。形象是在企业拥有众多顾客后的一种光环效应。做品牌，首先不是树立形象，而是找到在顾客心智中有效的差异，找到它就找到了顾客购买该品牌产品而不购买竞争对手产品的理由。树立形象很重要，但那是在已经建立了品牌之后需要做的事情。

6. 价格误区

受制于国情和现实，中国茶业短时间内不可能真正实现大规模的机械化、标准化生产，人工种植、修剪、施肥、采摘、制茶将长期存在，而人工成本将不断上升。这就决定了中国茶叶的价格很难在短时间内下降，凭借价格取胜这条路走不通。中国茶企要正视这个现实，把劣势转化为优势。从打造品牌的角度看，手工制作正好是一个优势，它意味着茶叶制作精细、产品独一无二、产量有限。较高的价格是打造品牌的基础，中国茶企打造品牌一定要敢于定一个相对较高的、能够支持企业进行品牌推广和持续发展的价格。

（四）品牌策划主旨内容

1. 找准品牌定位

品牌定位首先指品牌产品当前及未来的产业定位，品牌是具体产业的品牌，离开了具体产业以后，品牌毫无价值可言。正因如此，做品牌策划首先要对品牌进行定位，明确经过策划出来的品牌当前及今后将用于哪个行业、哪个领域，其消费者是哪一群人，性别、年龄、职业、文化程度构成情况。如春兰，作为空调产业的品牌是比较理想的，温馨、浪漫、柔和、宁静，从策划角度看，如果春兰集团只生产空调、冰箱、洗衣机等性别倾向女性的产品，春兰不失为好品牌。但春兰集团准备多元化发展，开始涉足机械、电子、建筑等多个产业领域，就使春兰品牌的局限暴露了。以进入摩托车领域为例，摩托车要求强悍、坚韧、牢固，春兰集团推出“春兰虎”“春兰豹”，把一个很柔美的品牌与虎豹为伍，总感“母夜叉”的味道，若只用“春兰”又显得摩托车太娇气，这便是品牌定位不当表现。

2. 起好品牌名称

从特定产业定位出发，知道了这一品牌将面向哪一群消费者以后，品牌名称就成为企业与消费者沟通的中介，对这一品牌名称的判断自然要消费者好恶来取舍。以“雅戈尔”品牌的演变为例，一个以服装为主导产业，以中高层男士为目标消费群的企业，最早的品牌为“青春”，如此直白粗俗的品牌，显然很难得到中高消费群的青睐，尽管该品牌的产品曾取得过全国质量评比第二名的佳绩，但公司还是决定变更品牌，将“青春”改为“北仑港”（位处浙江宁波市的东方深水大港名称），毕竟“北仑港”与衬衫、西服没任何实质或联想联系，品牌不温不火命运可想而知，直至由青春的英文谐音而来的“雅戈尔”品牌名出现，洋气、挺括、高雅、个性跃然而出，创造了曾经多年蝉联衬衫行业第一品牌殊荣的“中国驰名商标”。品牌名称的策划，除了产业特点、消费者特点的考虑以外，还要考虑同行品牌的参照。

3. 凝练品牌个性

品牌个性是赋予品牌的个性内涵。没有个性的人易被人忽视，没有个性的品牌同样不会让人留下深刻印象。品牌之所以成为名牌，是因为其所营造的品牌个性深深打动并影响着消费者认同。“长虹”产业报国、志为民族昌盛的责任个性；“喜之郎”温馨、浪漫、活泼的可爱个性，都是品牌立足不败之地的基石。品牌个性就像人的性格一样，既要有一定的稳定性，又要有一定的发展性，顺应时代潮流的变化而逐步完善优化。因此，品牌个性有传承、有发展、还要有创新；但是品牌个性不能总是摇摆变幻，会显得不成熟、不自信；同样品牌个性不能僵化不变，要在秉承个性的前提下有所新意，否则显得老化而缺乏生命力。

4. 设计品牌包装

品牌包装是将品牌个性外化为包装视觉效果，使品牌个性可感化和可识别化。品牌包装包括品牌的商标、吉祥物、标准中英文字形、代表色、基本包装个性、产品展示识别等一切通过视觉、听觉、触觉等可感的外在特征。在超市化购物网络中，卖方退居到被忽视的地方，由消费者与商品直接对话，品牌包装成为商品的终端促销者。因此，品牌包装成了品牌策划中不可或缺的重要组成部分。

5. 推进品牌展现

品牌展现是将品牌内在个性与外在包装，在品牌定位的区域内，以品牌名称为聚焦点而系统地展示出来。品牌展现包括广告展现、公共关系展现、人员推广展现、促销展现等几方面，其中最为人熟悉的便是广告语，像农夫山泉“有点甜”“我们不生产水，我们只是大自然的搬运工”，家喻户晓，因为成功的品牌展现而使品牌形象丰富而生动。与品牌展现关系密切的是品牌的延伸，品牌延伸意味着品牌定位的拓展与改变，也就意味着品牌个性与品牌包装上的调整，必定要求品牌展现上随之而调整。

（五）茶叶品牌CI设计三步骤

CI是Corporate Identity（“企业识别”）的缩写，是一种系统的名牌商标动作战略，是企业的目标、理念、行动、表现等为一体所共有的统一要领，是企业在内外交流活动中，把企业整体向上推进的经营策略中重要一环。CI系统是由理念识别（Mind Identity，MI）、行为识别（Behaviour Identity，BI）和视觉识别（Visual Identity，VI）三方面构成。CI的内涵就是根据个人所具有的不同社会群体的成员资格而做出的自我确定，由社会群体决定的个体身份又反映了个体的人格特征、身体特征和人际风格。

1. 导入理念识别系统（MI）

理念识别（MI），是确立企业独具特色的经营理念，是企业生产经营过程中设计、科研、生产、营销、服务、管理等经营理念的识别系统。在新时代，进行茶叶产品CI品牌策划设计时，应在理念识别系统中导入茶叶产品品牌理念。茶叶产品CI品牌策划设计中，其核心品牌理念在于加强消费者对茶叶消费的认识认可，进而乐于消费，从而提高茶叶品牌的市场占有率。第一步，细分茶叶市场，明确不同消费者群体，如人口细分、地理细分以及心理细分等方式，对其进行调研，以为满足客户需求提供现实依据；第二步，茶叶品牌网站设计应具有定制功能，兼顾品牌理念的未来变化。

2. 导入行为识别系统（BI）

行为识别（BI），是企业实际经营理念与创造企业文化的准则，对企业运作方式所做的统一规划而形成的动态识别形态。行为识别系统作为茶叶产品CI品牌策划设计的重要环节，其对于落实和推广品牌具有重要的影响。进入新时代，在导入行为识别系统时，最重要的是要关注茶产品的展示、流程制定以及意见反馈三方面，具体来说，针对不同的方面，应给予不同的重视和关注。在茶产品品牌展示时，应将其作为设计的核心，应对不同茶产品的不同风格给予充分的体现和表达，进而为消费者订制提供参考。另外，在意见反馈方面，其作为改进和完善茶叶产品CI品牌策划设计的保障，为消费者提供意见或建议提供反馈的途径。

3. 导入视觉识别系统（VI）

视觉识别（VI），是以企业标志、标准字体、标准色彩为核心展开的完整、体系的视觉传达体系，是将企业理念、文化特质、服务内容、企业规范等抽象语意转换为具体符号的概念，塑造出独特的企业形象。在茶叶产品CI品牌策划设计中，主要承担茶品牌建立以及传达责任，通过产业产品品牌视觉环境来传达责任。进入新时代，茶产品品牌设计中，不仅包括生产企业视觉导入和网上特许经营店视觉导入。在生产企业视觉导入时，不仅要促使企业获得品牌效益，还需要注重自身茶产品品牌的设计和定位，进而与其他企业相区分；在网上特许经营店视觉导入时，应注重实现统一设计和管理，进而强化消费者的品牌识别度。

二、茶叶区域公共品牌建设

（一）中国茶叶区域品牌市场现状

2018年底，浙江大学中国农村发展研究院中国农业品牌研究中心牵头，联合中国农业科学院茶叶研究所《中国茶叶》杂志、浙江大学茶叶研究所、浙江永续农业品牌研究院对国内107个茶叶品牌进行了评估，并于2019年4月公布了相关的品牌数据（表7–1）。此107个区域品牌的平均品牌价值为17.75亿元，较上一年度平均增长了1.44亿元。其中，西湖龙井、普洱茶、信阳毛尖、福鼎白茶、洞庭山碧螺春、大佛龙井、安吉白茶、蒙顶山茶、六安瓜片、安化黑茶分列区域品牌最具品牌价值的前十位，如表7-2所示。另有洞庭山碧螺春、缙云黄茶、西湖龙井被评为最具品牌溢价力的三大品牌；福鼎白茶、安吉白茶、大佛龙井被评为最具品牌带动力的三大品牌；普洱茶、浮梁茶、西湖龙井被评为最具品牌资源力的三大品牌；普洱茶、福鼎白茶、都匀毛尖被评为最具品牌经营力的三大品牌；正山小种、祁门红茶、六堡茶被评为最具品牌传播力的三大品牌；武夷山大红袍、安化黑茶、凤冈锌硒茶被评为最具品牌发展力的三大品牌。有了政府的主导和推动，茶叶区域品牌在发展中更容易聚集地方优势资源，在短期内迅速发展，并带动当地相关产业的发展，成为地方特色产业的推进力量。对于茶叶生产企业而言，区域品牌有利于降低品牌运营与推广成本，在资源共享中获得竞争优势。

与区域品牌相对应，中国茶叶的企业品牌在近年来也表现出稳定发展的态势。根据中国茶叶品牌价值评估课题组的统计，2019年，参与评估的173个中国茶叶企业，产品的品牌总价值达389.95亿元，平均品牌价值为2.25亿元，较2018年上升1.9%。其中品牌价值在10亿元以上的企业品牌达7个，创下历年来数量之最。从几年前“中国数万茶企抵不过一个英国的立顿”的尴尬境地，到品牌化发展意识的形成、探索和实施，中国茶企的茶叶品牌在从无到有、从少到多、从单一到多元的过程中大胆尝试和创新。一批批口碑好，客户忠诚度高的产品品牌逐渐成熟，在中国茶叶品牌市场上日渐醒目。

表7-1 2019中国茶叶区域公用品牌价值评估结果

单位：亿元

排序	品牌名称	品牌价值	排序	品牌名称	品牌价值	排序	品牌名称	品牌价值
1	西湖龙井	67.4	17	太平猴魁	29.00	33	安溪黄金桂	22.34
2	普洱茶	66.49	18	赤壁青砖茶	28.41	34	霍山黄芽	22.33
3	信阳毛尖	65.31	19	庐山云雾茶	27.70	35	狗牯脑茶	22.22
4	福鼎白茶	44.96	20	武当道茶	27.54	36	紫阳富硒茶	22.20
5	洞庭山碧螺春	44.49	21	越乡龙井	26.40	37	正山小种	21.63
6	大佛龙井	43.04	22	平和白芽奇兰	25.84	38	婺源绿茶	20.63
7	安吉白茶	40.92	23	汉中仙毫	25.69	39	恩施玉露	20.54
8	蒙顶山茶	33.65	24	湄潭翠芽	25.22	40	碣滩茶	20.03
9	六安瓜片	33.25	25	开化龙顶	25.16	41	英山云雾茶	19.90
10	安化黑茶	32.99	26	滇红工夫茶	24.96	42	凤冈锌硒茶	19.57
11	都匀毛尖	32.9	27	浮梁茶	23.76	43	永川秀芽	19.30
12	福州茉莉花茶	32.32	28	英德红茶	23.63	44	岳西翠兰	19.19
13	武夷山大红袍	31.34	29	径山茶	23.56	45	武阳春雨	18.80
14	祁门红茶	31.01	30	六堡茶	23.40	46	雅安藏茶	18.61
15	峨眉山茶	29.74	31	梵净山茶	23.40	47	日照绿茶	17.06
16	坦洋工夫	29.25	32	松阳银猴	22.96	48	长兴紫笋茶	16.81

续表

排序	品牌名称	品牌价值	排序	品牌名称	品牌价值	排序	品牌名称	品牌价值
49	千岛湖茶	16.61	69	沂蒙绿茶	11.49	89	平水日铸	6.10
50	恩施富硒茶	16.44	70	桃源大叶茶	11.26	90	邛崃黑茶	5.64
51	永春佛手	16.41	71	望海茶	11.18	91	余庆苦丁茶	4.87
52	磐安云峰	16.14	72	古丈毛尖	10.53	92	霄坑绿茶	4.71
53	修水宁红茶	15.30	73	仪征绿杨春茶	10.17	93	襄阳高香茶	4.40
54	政和工夫	15.28	74	宜都宜红茶	9.98	94	泾阳茯砖茶	4.02
55	石门银峰	14.07	75	桐庐雪水云绿茶	9.67	95	开县龙珠茶	3.64
56	茅山长青	13.82	76	松溪绿茶	9.23	96	桐柏红	3.40
57	马边绿茶	13.76	77	靖安白茶	8.98	97	资溪白茶	2.93
58	景宁惠明茶	13.65	78	昭平茶	8.92	98	保靖黄金茶	2.65
59	鹤峰绿茶	13.59	79	余姚瀑布仙茗	8.87	99	缙云黄茶	2.30
60	泰顺三杯香茶	12.93	80	遵义红	8.56	100	烟台绿茶	2.03
61	七佛贡茶	12.90	81	仙都笋峰茶	8.51	101	江华苦茶	1.91
62	赤壁米砖茶	12.79	82	筠连红茶	8.03	102	北川茶叶	1.67
63	南江大叶茶	12.73	83	双井绿	8.01	103	南川大树茶	1.67
64	政和白茶	12.43	84	霍山黄大茶	7.87	104	三清山白茶	1.15
65	崂山茶	12.21	85	桐柏玉叶	7.79	105	南川金佛玉翠茶	1.04
66	万源富硒茶	12.19	86	天台山云雾茶	7.43	106	烟台桑叶茶	1.00
67	镇江金山翠芽	12.08	87	舒城小兰花	7.17	107	涪陵白茶	0.18
68	龙谷丽人	12.07	88	江山绿牡丹茶	6.13			

注：本研究中所估算之品牌价值，均基于茶叶区域公用品牌持有单位提供数据及其他公开可得信息，且运用浙江大学中国农村发展研究院中国农业品牌研究中心茶叶区域公用品牌专用评估方法对采集数据处理的结果。本评估所涉及的品牌只包括在中国内地注册的茶叶区域公用品牌。

表7-2 品牌价值前十位的区域品牌

茶叶品牌	品牌价值/亿元	茶叶品牌	品牌价值/亿元
西湖龙井	67.4	大佛龙井	43.04
普洱茶	66.49	安吉白茶	40.92
信阳毛尖	65.31	蒙顶山茶	33.65
福鼎白茶	44.96	六安瓜片	33.25
洞庭山碧螺春	44.49	安化黑茶	32.99

数据来源：浙江大学中国农村发展研究院中国农业品牌研究中心中国茶叶品牌价值评估课题组《2019中国茶叶区域公共品牌价值评估报告》。

（二）茶叶区域公用品牌内涵与特征

1. 茶叶地理标志

所谓地理标志产品是指“产自特定地域，所具有的质量、声誉或其他特性本质上取决于该产地的自然因素和人文因素，经审核批准以地理名称进行命名的产品”。截至目前，我国共有180多个茶叶类地理标志证明商标，茶叶地理标志证明商标是识别茶叶产自哪个地理区域的标记，是一个通过对自身特色产品的保护，促进和发展自身经济的重要手段。茶叶类地理标志商标注册、运用、管理和保护工作的协调发展，可以促进茶产业的健康发展。茶叶地理标志是一种地理证明商标，是受法律保护的特殊茶叶区域公用品牌。

2. 茶叶企业品牌

茶叶区域公用品牌与企业品牌相比，具有鲜明的区域公共性的特征，是区域内的政府、行业组织、茶叶企业、茶农共同努力的结果，是区域内多家企业在市场竞争中逐渐在消费者中建立起来的良好口碑，具有非排他性，区域内的企业都可以享受该区域品牌为其所带来的好处，并且共同维护该区域品牌的价值，其为“集体”所有，由某一地域范围内生产具有相同特征的同一种商品的所有经营者共同使用。如安溪铁观音、西湖龙井等等都是典型的茶叶区域公用品牌。茶叶企业品牌的拥有者是企业，企业拥有对茶叶企业品牌的所有权，而茶叶企业品牌表明其所标志产品的品质特征，主要是由于企业通过改进生产技术和产品售后服务等措施，不断提高产品质量、赢得消费者美誉与信赖的结果。公共品牌模式往往凸显茶叶的地域特征，而企业品牌模式则凸显的是茶叶的质量优势。

3. 地域性特征

从茶叶区域公用品牌的内涵来看，茶叶区域公用品牌的发展是以某个地域独特的自然环境和悠久的种植历史与加工工艺生产的茶叶为物质基础，以受生产地的土壤、水源、气候等自然条件影响，导致茶叶产品在品质、功能和特色上有独特地域差异性为外观呈现。某个区域茶叶生产工艺与生产方式，使得该区域生产的茶叶产品在品质及消费者感知上存在一定的独特性；茶叶产品生产也与茶叶产地历史文化传承密切联系，茶叶生产地的文化积淀也使该区域茶叶产品具有地域性。可见，茶叶区域公用品牌蕴含了特定的地理资源优势、特定的区域生产工艺和方式、特定的历史文化积淀传承，也使其比其他产品更具有地域性的特征。

4. 公共产品特征

茶叶区域公用品牌是由该区域的政府机构、行业组织、企业、茶叶种植农户共同努力的结果；茶叶区域公用品牌是区域内的茶叶生产经营者所共同拥有的公用品牌的利益。共同承担区域公用品牌的风险，其具有非排他性，任何组织和个人只要符合相关条件，都可申请使用茶叶区域公用品牌。正是因为茶叶区域公用品牌的公共产品特征，使得品牌指向范围内的茶叶生产经营者具有“搭便车”的机会主义行为，给公用品牌的建设维护带来一定风险。

5. 品牌效应特征

茶叶消费目前已形成明显的品牌消费倾向，消费者和茶叶生产者之间的信息不对称和茶产品质量的隐蔽性使得更多的消费者选择认牌购买。另外，茶叶生产经营存在大量的中小企业与茶叶种植户，对于品牌建设来说存在规模小、实力弱的特点，限于企业自身实力难以建立自己的企业品牌，更别提规模效益和品牌效应。茶叶区域公用品牌与企业品牌是一种共生关系，对企业品牌成长和发展具有推动作用。区域公用品牌可以通过类似于“地名+产品+特性”的方式，为某个特定区域的茶叶产品给予定位，使消费者通过对区域形象的联想衍生到对区域所生产的茶叶产品的品质和特性的认可，并使消费者能够较为容易地通过区域公用品牌识别茶叶销售者所销售的产品，同其他产品加以区分，进而适应市场的变化和竞争。

（三）安溪铁观音区域公用品牌建设

安溪铁观音茶叶区域品牌于2000年通过国家工商总局证明商标的批准注册；2003年获泉州市知名商标称号；2004年得到国家地理标志原产地认证，并获福建省著名商标称号；2005年底获中国第一枚茶叶驰名商标称号。2008年荣获“福建改革开放三十年最具影响力、最具贡献力品牌”和“2008年度影响世界的中国力量品牌500强”；2009年安溪铁观音入选“中国世博十大名茶”第1位；2011年入选中国著名农产品区域公用品牌全部第2名，茶类第1名和“2011消费者最喜爱的中国农产品区域公用品牌”；2017年安溪铁观音入选由农业农村部主办的首届中国国际茶叶博览会组委会评选的中国茶叶区域十大公共品牌；2019年安溪铁观音连续四年夺全国茶叶类品牌价值第一，达1425.43亿元。茶叶区域品牌的发展具有明显的阶段性，可分为萌芽、初生、成长和成熟4个阶段。安溪铁观音是茶叶区域品牌，其成长路径如图7-14所示。

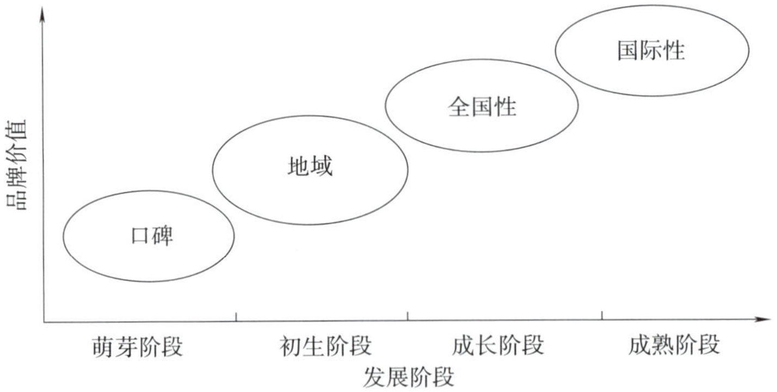

图7-14 安溪铁观音成长阶段

1. 安溪铁观音区域品牌萌芽阶段

1978—1999年为安溪铁观音区域品牌的萌芽阶段。这期间安溪铁观音品牌还未注册成立，但由于其独特的韵味，安溪铁观音在一定区域内有一定知名度。对它的管理主要是由政府完成，主要管理措施有以下三项。

（1）申请注册品牌　1998年安溪县政府委托安溪县茶叶总公司向国家工商局申请注册“安溪铁观音”证明商标。

（2）扩大铁观音种植面积　安溪县政府采取多种措施，扩大安溪铁观音的种植面积，给予补贴并减免农业特产税三年的鼓励。

（3）开展“安溪茶艺”表演和茶王赛　安溪县政府组织相关部门经过潜心挖掘整理，创作形成一套具有安溪茶乡独特风格、融传统茶艺与现代风韵于一体的“安溪茶艺”表演；对茶王赛不断地进行改革和创新，采取“政府搭台、企业唱戏、走出县门、实地比赛”的办法开展活动。

2．安溪铁观音区域品牌初生阶段

2000—2005年为安溪铁观音区域品牌的初生阶段。安溪铁观音证明商标于2000年4月被国家工商总局获准注册，且先后被认定为泉州市知名商标和福建省著名商标。该阶段对安溪铁观音的管理措施主要有三点。

（1）加强证明商标的使用管理　确定安溪县茶业总公司是安溪铁观音证明商标的注册人，负责证明商标的宣传、管理和保护等工作；制定《证明商标使用管理规则》和《证明商标使用管理细则》，明确证明商标的使用条件、程序和标识印制管理等。

（2）申请地理标志产品保护　2004年安溪铁观音得到国家地理标志原产地认证，确认安溪铁观音地理保护标志的管理者为安溪县申报办；成功建立安溪铁观音原产地域产品数码防伪中心，建立专用标志电脑管理系统，提供手机短信、语音电话、网络等产品查询服务。

（3）开展茶文化活动　采用茶歌、茶舞、茶戏剧、茶曲艺和茶影视等多种形式传播安溪铁观音茶文化，特别是由阎肃作词、孟庆云作曲、毛阿敏首演的《铁观音》茶歌；由郭宝昌导演、范冰冰主演的20集电视连续剧《婀娜公主》充分展示了安溪铁观音茶文化的浓厚底蕴。

3．安溪铁观音区域品牌成长阶段

2006—2009年为安溪铁观音区域品牌的成长阶段。这期间安溪铁观音已经是中国驰名商标，具有较高的知名度和品牌价值。该阶段的主要管理措施有两点。

（1）建立第一个中国茶叶质量全程可追溯体系　督促全县各茶企、茶叶生产基地严格按照“生产可记录、信息可查询、流向可跟踪、责任可追溯”的基本要求，实现茶叶生产从茶园到茶杯的全程可查询、可监控，保证茶叶食品卫生安全，提升安溪铁观音的产品质量。

（2）进一步推广安溪铁观音茶文化　提出“安溪铁观音·和谐健康新生活”的新理念；举办“安溪铁观音神州行、东北行、西部行”活动，为茶商和消费者传播铁观音基本知识和茶文化；积极向有关部门申报中国茶文化艺术之乡、国家非物质文化遗产；与央视联合拍摄《铁观音传奇》和《铁爷茶馆》等。

4．安溪铁观音区域品牌成熟阶段

安溪铁观音区域品牌的成熟阶段是从2010年开始，这期间安溪铁观音在全世界范围内具有了一定知名度。该阶段目前的主要管理措施有三项。

（1）建立国外营销中心　一些安溪铁观音代表企业逐步在国外建立营销中心，如安溪铁观音集团马来西亚专卖店在吉隆坡开业；八马、华祥苑、中闽魏氏、坪山、三和这五家茶企联合组成“第一集团军”，统一以“安溪铁观音”大品牌正式进军欧洲奢侈品市场。

（2）开展国际营销　安溪铁观音通过各种形式在国外开展营销活动，提升安溪铁观音的形象。如在加拿大多伦多举行“中国茶文化·安溪铁观音北美推介会”；八马茶业在悉尼启动赛珍珠全球巡回品鉴会；在央视四频道中文国际播出以“中国真茶韵·安溪铁观音”为主题语的安溪铁观音品牌宣传广告片；举办“安溪铁观音产品起运欧洲”“伦敦奥运会”等茶事活动。

（3）产品投入物管理　率先利用物联网技术，建立农资监管与物流追踪平台。整合全县多家农资经营公司，组建安溪县新合作农业生产资料有限公司，实现农资统一招标、统一售价、统一配送、统一服务、统一监管，实现农资经营与使用统一纳入管理，确保农业投入品安全。

拓展阅读

农业部关于抓住机遇做强茶产业的意见

（2016年10月14日）

茶叶是重要的经济作物，也是传统优势产业。近年来，我国茶叶生产快速发展，面积不断扩大，产量不断增加，成为世界第一大产茶国。但是，我国茶产业大而不强、大而不精、大而不彰，质量效益和竞争力差距明显，影响了茶产业的持续健康发展。当前，我国农业发展进入新阶段，"一带一路"建设加快实施，发展方式加快转变，消费结构加快升级，脱贫攻坚加快推进，茶产业发展迎来难得的机遇。必须顺势而为、乘势而上，聚焦重点、突破难点，做强茶产业，提高质量效益和竞争力，助力农业转型升级和脱贫攻坚，大力弘扬中国茶文化，为实现中华民族伟大复兴的"中国梦"做出贡献。现提出如下意见。

一、做强茶产业的思路原则和目标任务

（一）总体思路

深入贯彻党的十八大和十八届三中、四中、五中全会及习近平总书记系列重要讲话精神，以发展新理念为统领，以构建现代茶产业体系、生产体系和经营体系为目标，以布局优化、品质提升、产业融合为重点，统筹国际国内两个市场，坚持市场导向，实施创新驱动，强化政策引导，稳定面积、提高单产、提高品质、提高效益，加快建设一批标准化的茶叶生产基地，培育一批国际化的茶叶集团，创响一批有全球竞争力的茶叶品牌，走产出高效、产品安全、资源节约、环境友好的现代茶产业发展之路。

（二）基本原则

一是坚持政府引导，市场主导推进。发挥政府作用，加强规划引导，划定优势区、确定最宜区，引导资金、技术、人才等要素向优势产区集中。发挥市场配置资源的决定性作用，支持企业与农民联合建设原料生产、加工基地和营销体系，推进产加销衔接，促进一二三产业融合发展。

二是坚持绿色发展，促进生态保护。强化尊重自然、顺应自然、保护自然的理念，综合运用安全投入、物理技术、信息技术、绿色防控等措施，节约资源，保护环境，促进生产与生态协调发展。

三是坚持创新驱动，注重质量效益。加快茶叶科技创新，强化科技基础条件和装备保障能力建设。推进机制创新，培育新型经营主体和新型社会化服务组织，推进标准化生产，提升组织化程度，提高产品质量效益。

四是坚持品牌带动，培育企业集团。实施品牌战略，创响区域公用品牌、企业品牌和产

品品牌，扩大中国茶的知名度。坚持扶优扶强，支持企业通过兼并收购、联合重组、合资合作等方式，打造一批国际知名、国内领先的茶业集团。

五是坚持着眼全球，拓展国际市场。抓住农业深度融入国际的契机，借力"一带一路"倡议实施，弘扬中华茶文化，拓展茶叶国际市场，提升我国茶叶的国际影响力和竞争力。

（三）发展目标

一稳定，稳定茶园面积。划定优势区、发展最宜区，到2020年茶园面积稳定在4200万亩左右。两翻番，实现茶叶总产值和出口额翻番。到2020年，干毛茶产值达到3000亿元、比2015年翻一番，茶叶出口额达到30亿美元、比2015年翻一番。三提高，提高茶叶质量效益、提高茶产业竞争力、提高茶产业持续发展能力。提高茶叶质量效益，加快品种改良，推进标准化生产，推广绿色防控技术，提升茶叶机械化水平，以质增效。到2020年，无性系良种茶园面积占比达70%以上，比2015年提高15个百分点以上。提高茶产业竞争力，发展茶叶精深加工，创建茶叶知名品牌，培育大型茶叶集团。到2020年，培育5个销售额超50亿元的茶叶集团、20个销售额超20亿元的茶叶集团，通过十多年的努力，培育1～2个具有国际影响力和品牌知名度的超大茶叶集团。同时，打造一批国内外有影响力的茶叶知名品牌。提高茶产业持续发展能力，实施茶林间作，培育健康茶园土壤，开展有机肥替代化肥，推广绿色防控，保护茶园生态环境。

二、发挥资源优势，建设茶叶生产最宜区

（一）坚持适区适种

根据自然条件和适制茶类，确定好主栽品种，做到适区适种、适区适制，充分发挥品种特性，实现产量和品质提升。在维护农民利益的前提下，引导非优势区域适时适度退出茶叶种植。

（二）划定最宜区

根据资源禀赋、生态条件和产业基础，进一步优化茶叶生产区域布局，划定优质绿茶、红茶、乌龙茶、黑茶等茶叶的生产最宜区。巩固长江流域茶区，以生产优质绿茶、红茶和黑茶为重点，优先发展南岭以北、长江以南最宜区。提升东南沿海茶区，以生产优质乌龙茶和名优红茶为重点，优先发展闽南、闽北及粤东最宜区。振兴西南茶区，以生产优质绿茶、红茶、黑茶为重点，优先发展滇西滇南、黔中黔东南及桂西南等最宜区。

三、实施创新驱动，提升茶业科技水平

（一）加快育种创新

贯彻新修订的《中华人民共和国种子法》，加快实施茶树品种登记制度，加强茶树资源和新品种保护，鼓励科研机构和企业开展资源引进、品种选育。建设国家级原原种培育基地、省级原种保存及扩繁基地、良种苗木生产基地等三级茶树良种苗木繁育基地。"十三五"期间，通过现代种业提升工程，建设一批区域性茶树无性系良种苗木繁育基地，在贫困地区建设一批茶树无性系良种苗木繁育基地。

（二）推进集成创新

促进企业与科研院校合作，共建技术创新平台。支持科研单位和茶叶龙头企业开展茶叶基础研究及优质高效栽培、名优茶机械化采摘、茶叶精深加工等技术研发，支持利用茶叶开展营养功能性食品创制，力争在核心技术上实现重大突破。组织科研单位与推广机构协作攻关，集成组装并推广一批区域性、可复制的优质高效、生态环保的技术模式。结合新型职业农民培训，重点培训茶叶种植大户、农民合作社和龙头企业的技术骨干，示范带动大范围增产增效。

（三）推进机制创新

培育新型经营主体，在最宜区扶持一批茶叶种植大户、农民合作社和龙头企业，推进规模化经营，引领标准化生产。培育新型社会化服务组织，开展种苗统繁统供、病虫统防统治、肥料统配统施、市场营销等服务，提高生产的组织化程度。

四、推进标准化生产，提升茶叶质量效益

（一）加快标准制定

完善茶叶标准体系框架，制定茶叶产品和生产技术标准。总结茶叶标准园创建经验，完善茶园生产设施标准、栽培技术标准和质量管理标准。加快制定一批农药残留国家标准，推动一批国家标准转化为国际标准。

（二）推进化肥农药减量

深入开展化肥、农药使用量零增长行动。在茶叶优势区和最宜区，选择一批重点县开展有机肥替代化肥试点，推广应用“茶—沼—畜”模式及配方施肥、高效新型肥料、肥水一体化等关键技术，减少化肥用量。建设一批统防统治与绿色防控融合示范区，推广生物防治、物理防治等绿色防控技术，减少化学农药用量。加强茶园土壤治理，用健康的土壤生产优质茶叶。

（三）促进农机农艺融合

开展茶叶生产机具研发，重点攻克名优茶机采技术瓶颈。促进农机农艺深度融合，大力推广茶园整地、茶树修剪、病虫防治、大宗茶机采等关键环节的实用机具及配套技术，提升茶叶生产机械化水平。

（四）提高茶园资源利用率

进一步挖掘春茶生产潜力，巩固和提高全球高端绿茶市场占有率。推广生态栽培和机采技术，增采夏秋茶，增加单产，提高茶叶质量和资源利用率。加强老茶园改造，提高管理水平和产出能力。研发和应用高效率的夏秋茶加工技术，生产优质、安全的系列产品，满足国内大众消费需求。

五、培育大型企业集团，提高茶产业竞争力

（一）建设原料基地

引导企业在优势区、最宜区建设标准化茶园、推广标准化技术、推行绿色防控，发挥示范带动作用。支持企业构建“龙头企业+合作社（种植大户）”的原料供应机制，为农户统一提供苗木、肥料、病虫防控、机械作业等服务，保障茶叶质量安全和稳定的原料供应。

（二）建设加工基地

支持企业建设高标准茶叶加工基地，配套现代化加工装备，实现清洁化、连续化、自动化、标准化加工，提升茶叶加工水平。推进分级包装，减少散装和贴牌等低附加值产品销售，积极发展发酵茶，开发国际市场。鼓励科研单位和企业联合开展协作攻关，开发药物、保健品、功能食品、化妆品等精深加工新产品，延伸产业链，提升附加值，满足消费多样化需求。

（三）培育大企业集团

支持优势企业通过兼并收购、联合重组及合资合作等方式，整合中小企业。鼓励有实力的企业跨区域整合资源，组建产销集团，形成资源集中、生产集群、营销集约的格局。引导大型茶叶集团、相关科研单位和社会组织，组建茶产业联盟，推进信息共享、标准统一、策略同向和行业自律。

六、创响茶业知名品牌，扩大市场影响力

（一）打造区域公用品牌

茶叶主产区要采取多种形式，加大投入、加强引导，创建地域特色突出、产品特性鲜明的区域公用品牌。依托大型茶叶集团或区域茶产业联盟，制定生产规程、加工工艺、品牌使用规则等，维护区域品牌形象，扩大市场影响力。支持茶叶生产最宜区申报农产品地理标志登记保护，制定地理标志产品生产的地理位置、产地环境、生产规程及加工工艺流程等标准，严格规范，保证质量。

（二）壮大茶叶企业品牌

鼓励企业作为品牌经营主体，打造公用品牌下的企业品牌。支持茶叶生产经营企业加快商标注册，制定企业标准，推动技术创新，改良生产工艺，优化包装设计，提升产品档次，塑造品牌核心价值。鼓励企业加强品牌宣传推介力度，培育企业文化，提升市场知名度和社会公信力，增强竞争力。

（三）强力推介茶叶品牌

支持产品品牌主体通过电视、报刊和新型媒体，大力宣传茶叶品牌。通过举办博览会、展销会、推介会等多种形式，加大营销力度，提升品牌知名度。结合实施“一带一路”建设，组织品牌茶产品“走出去”，弘扬中国茶文化，创响中国茶品牌。每年春季、秋季举办中国茶业博览会，展示茶产业发展的成就，交流茶产业发展的经验，并发布中国茶叶品牌。

七、加强市场建设，构建茶叶流通格局

（一）健全市场体系

依托国家级茶叶市场，打造茶叶物流集散、价格形成、产业信息、科技交流、会展贸易等平台，促进传统经营方式向现代营销模式转变。在茶叶优势区，建设有特色的区域性产品批发市场和产地原料市场，完善冷藏、电子结算、信息平台等设施，推进茶叶现货与期货交易同步发展。

（二）发展新型业态

结合实施“互联网+”现代农业行动，建立茶产业大数据，构建信息资源共享平台。适应排浪式大众消费向个性化特色消费转变，传统实体消费向跨区跨境、线上线下、体验分享等多种消费业态转变的新趋势，支持电商、物流、商贸、金融等企业参与茶叶电子商务发展，在时间和空间上创新流通新业态，满足不同群体不断升级的消费需求。引导茶产业与休闲、旅游、文化、科普教育、养生养老深度融合，积极发展直供直销、个性定制、加工体验等新业态和新模式。

（三）开拓国际市场

适应国际茶叶消费的特点和变化趋势，巩固绿茶出口市场，扩大红茶等发酵茶消费市场。支持企业提升出口绿茶档次和出口发酵茶的竞争力，降低成本、提高质量、扩大市场。引导茶叶企业联合开展国际贸易，落实好各项扶持政策，保持茶叶进出口有序推进，提升茶叶国际市场份额。

（四）弘扬中华茶文化

深入挖掘中国茶文化的丰富内涵和深刻精髓，讲好中国优秀文化故事，展示中国茶文化的独特魅力，让世界人民更好触摸中华文化脉搏、感知当代中国发展活力。结合实施“一带一路”建设，发挥孔子学院的桥头堡作用，展示中国茶艺，传播中国茶文化。

八、加强指导服务，促进茶产业健康发展

（一）加强统筹协调

做强茶产业是一项系统工程，要聚合力量、合力推进。要把做强茶产业纳入“十三五”规划之中，作为推进农业供给侧结构性改革和实施“一带一路”建设的重要内容。加强顶层设计，统筹各方资源，构建政府引导、市场主体、上下联动、多方配合的协同推进机制。

（二）加强政策扶持

利用现有的种子工程、标准园创建、农业综合开发、现代农业发展、耕地质量保护与提升、有机肥替代化肥等项目资金，加强高标准茶园建设，推进茶叶科技创新，推广绿色高效关键技术，提升茶叶综合生产能力。发挥财政投入的杠杆作用，通过补贴、贴息等方式，撬动金融资本、社会资本进入茶产业，形成多方投入的机制。依托农业信贷担保体系，解决新型经营主体融资难问题。鼓励地方争取发改、财政等部门的支持，增加茶产业投入，支持茶叶育种创新、老茶园改造、质量追溯体系建设等。

（三）加强指导服务

加强茶叶生产、加工、贸易和管理等方面的人才队伍建设，提高基层农技推广机构指导和服务茶叶生产的能力水平。组织专家制定分区域、分品种的优质高效、资源集约、生态环保等技术模式，制定茶叶生产技术规程、产地环境和产品质量标准，推进标准化生产，提升茶叶质量效益。指导农民落实好科学用药、绿色防控等关键技术，保障茶叶的质量安全。

参考文献

[1] 陈晓阳. 北纬30°——优质茶叶产区带[J]. 茶叶通讯，2005，32（1）：5-7.

[2] 陈富桥. 中国茶叶如何在全球重拾荣光[N/OL]. 农民日报，2018-05-15. http://www.aicn.org.cn/view.asp?id=10753&Page=1.

[3] 罗军. 中国茶的黄金时代就在今天：风云五十年[J/OL]. 茶周刊，2018-02-04. https://www.sohu.com/a/220554944_344880.

[4] 屠幼英. 茶与健康[M]. 西安：世界图书出版西安公司，2011.

[5] 陈富桥，杜佩，姜仁华，等. 中高收入群体茶叶认知与消费行为分析[J]. 中国茶叶，2018（1）：40-43.

[6] 张星海. 茶叶生产与加工技术[M]. 杭州：浙江工商大学出版社，2011.

[7] 张士康. 中国茶产业优化发展路径[M]. 杭州：浙江大学出版社，2015.

[8] 万融. 商品学概论[M]. 5版. 北京：中国人民大学出版社，2013.

[9] 张贵君. 中药商品学[M]. 北京：人民卫生出版社，2016.

[10] 陈椽. 茶叶商品学[M]. 合肥：中国科学技术大学出版社，1991.

[11] 叶乃兴. 茶学概论[M]. 北京：中国农业出版社，2014.

[12] 朱永兴，周巨根. 茶学概论[M]. 北京：中国中医药出版社，2013.

[13] 王岳飞，徐平. 茶文化与茶健康[M]. 2版. 北京：旅游教育出版社，2017.

[14] 施兆鹏. 茶叶审评与检验[M]. 4版. 北京：中国农业出版社，2010.

[15] 陆小磊，周卫龙. 茶叶理化成分检验国家标准概述[J]. 中国茶叶加工，2015（5）：55-58.

[16] 陈椽. 茶业通史[M]. 2版. 北京：中国农业出版社，2008.

[17] 张星海. 庄晚芳先生“中国茶德”的形成——纪念茶学泰斗庄晚芳先生诞辰110周年[J]. 茶叶，2019，45（1）：1-2.

[18] 张星海. 高度文化时代背景下茶艺师的历史使命和社会责任[J]. 中国茶叶加工，2017（1）：49-52.

[19] 张星海. 浅论茶文化的软硬双重实力及二者间关系[J]. 中国茶叶，2017（8）：48-49.

[20] 张星海. 中华茶艺技能大赛的实践创新与发展思考[J]. 中国茶叶，2014（11）：18-19.

[21] 中国茶叶博物馆. 话说中国茶[M]. 北京：中国农业出版社，2010.

[22] 程启坤，姚国坤，张莉颖. 茶及茶文化二十一讲[M]. 上海：上海文化出版社，2011.

[23] 吴觉农. 茶经述评[M]. 2版. 北京：中国农业出版社，2015.

[24] 王旭烽. 茶文化通论[M]. 杭州：浙江大学出版社，2020.

[25] 张星海. 茶艺传承创新[M]. 北京：中国商务出版社，2017.

[26] 陈宗懋. 中国茶业大辞典[M]. 北京：中国轻工业出版社，2015.

[27] 王征国. 论文化功能的三维释放[J]. 贵州师范大学学报：社会科学版，2013（3）：1-14.

[28] 朱红缨. 基于专业教育的茶文化学体系研究[J]. 茶叶科学，2005，26（1）：42–48.
[29] 中国标准出版社. 茶叶标准汇编[M]. 6版. 北京：中国标准出版社，2016.
[30] 钟福先. 标准化是茶叶生产发展的必由之路[J]. 中国标准化，1998（12）：23–24.
[31] 翁昆，方晨，张亚丽. 茶叶标准体系研究[J]. 中国茶叶加工，2011（4）：14–17.
[32] 汪庆华，王晨，刘新. 我国茶叶标准不断完善[J]. 茶叶，2018，44（2）：61–64.
[33] 童小麟，张志刚. 中国茶叶质量安全管理标准化的现状分析[J]. 检验检疫学刊，2011（6）：72–76.
[34] 郭桂义，王广铭，夏晓娟，等. 我国的茶叶产品和安全标准现状及建议[J]. 食品科技，2011，36（1）：289–295.
[35] 曹铭. 关于茶叶标准化研究[J]. 商品与质量，2012（11）：319.
[36] 朱仲海. 我国茶叶标准化体系研究[D]. 北京：中国农业科学院，2009.
[37] 黄善香. 中国茶叶标准史述略[J]. 茶业通报，1991（2）：39–42.
[38] 冷杨，尚怀国，施小云，等. 2018年我国茶叶进出口情况简析[J]. 中国茶叶，2019（4）：30–32.
[39] 郭桂义，曹璐，王在群，等. 我国的茶叶标准（一）[J]. 中国茶叶加工，2009（3）：19–23.
[40] 郭桂义，曹璐，王在群，等. 我国的茶叶标准（二）[J]. 中国茶叶加工，2010（4）：19–22.
[41] 鲁成银. 茶叶标准化生产与品牌建设[J]. 中国茶叶，2014（6）：18–19.
[42] 苏京晶. 国内外绿茶标准比较研究与我国绿茶标准修订建议[D]. 西安：西北农林科技大学，2015.
[43] 徐奕鼎. 我国茶叶标准化现状与发展对策[J]. 茶业通报，2005，27（3）：104–106.
[44] 翁昆，张亚丽. 我国茶叶标准体系及建设方向[J]. 中国茶叶加工，2017（5/6）：5–9.
[45] 翁昆，黄皓. 论我国茶叶标准体系的建设[J]. 中国茶叶加工，2009（3）：3–6.
[46] 刘振，赵洋，梁国强，等. 我国茶叶标准现状、问题及对策[J]. 茶叶通讯，2010，37（3）：21–23.
[47] 尹祎. 中国茶叶标准化工作概述[J/OL]. 茗边，2019–10–22. http://www.puercn.com/czs/cybz/185544.html.
[48] 胡晓云，魏春丽，许多，等. 2019中国茶叶区域公用品牌价值评估报告[J]. 中国茶叶，2019（6）：22–43.
[49] 蒯星合. 茶文化在茶叶包装设计中的体现方式研究[J]. 现代交际，2018（16）：88–89.
[50] 范垚. 茶叶包装的材料选择与外观设计[J]. 绿色科技，2018（5）：224–225.
[51] 徐茂，刘玲. 茶叶包装设计研究[J]. 茶叶通讯，2010，37（2）：33–36.
[52] 沈文薏，周应恒. 茶叶品牌发展中存在的问题与对策研究[J]. 福建茶叶，2019（1）：47–48.
[53] 朱峰. 茶叶品牌建设亟待包装革新[J]. 武汉职业技术学院学报，2012，11（1）：61–64.
[54] 朱峰. 茶叶品牌建设中的产品标准化研究[J]. 长江大学学报：自然科学版，2011，8

（7）：263–265.
［55］张月莉．茶叶区域公共品牌价值共创机制研究——以安吉白茶为例[J]．科学·经济·社会，2018，36（3）：58–65.
［56］陈太盛．茶叶区域品牌建设的管理措施研究——以安溪铁观音为例[J]．台湾农业探索，2016（5）：55–58.
［57］金寿珍．茶叶生产许可新要求解读[J]．中国茶叶，2018（4）：26–30.
［58］张铮．茶叶生产许可新要求解析[J]．茶叶通讯，2017，44（4）：52–56.
［59］钟艳．地方茶叶品牌个性塑造[J]．中国农学通报，2008，24（9）：500–501.
［60］陈富桥，胡林英，张菲．法国香槟酒地理标志保护及其对中国茶叶区域品牌管理的启示[J]．世界农业，2018（3）：50–55.
［61］田子露．基于“互联网+”时代下茶叶产品CI品牌策划设计研究[J]．中国市场，2018（10）：192–193.
［62］单军，姜含春，徐伟健．基于扎根理论的农产品区域品牌生态系统演化路径分析——以茶叶区域品牌为例[J]．安徽农业大学学报：社会科学版，2016，25（3）：20–27.
［63］刘宏芹，李晨．简约风格的传统茶叶品牌包装设计[J]．华北理工大学学报：社会科学版，2018，18（2）：123–126.
［64］石利琴．论茶包装的设计维度[J]．包装工程，2019，40（24）：117–120.
［65］萧力争，黄慈源．论茶叶品牌个性的塑造[J]．茶叶通讯，2005，32（4）：10–12.
［66］余明阳．品牌策划之要义[J]．企业研究，2000（5）：34–36.
［67］成党伟．我国茶叶区域公用品牌形成机理与建设机制研究[J]．江西农业学报，2016，28（1）：132–136.
［68］付磊，张傲，季璇，等．我国茶叶生产流通信息服务模式研究[J]．安徽农业大学学报：社会科学版，2019，28（3）：70–78.
［69］黄凌云，刘亚娜，吴声怡．新兴茶叶区域公用品牌个性的挖掘及塑造[J]．科技和产业，2015，15（1）：48–51.
［70］陈翔燕．中国茶叶品牌发展现状及对策研究[J]．海峡科技与产业，2019（6）：51–53.
［71］鲁建华．中国茶叶品牌十大误区[J]．企业科技与发展，2010（13）：29–31.
［72］奉展英．中国茶叶市场品牌分析[J]．现代农业科学，2009，16（8）：150–152.
［73］吴余青，陈培瑶．中国古代茶叶包装形态及包装设计的嬗变[J]．包装与设计，2017，33（2）：94–97.